LA CREACION DE LA EMPRESA PROPIA

Consejos prácticos
para su puesta en marcha con éxito

Serie McGraw-Hill de Management

COORDINADOR
José Carlos Jarillo Mossi
IMD. Lausanne (Suiza)

CONSULTORES EDITORIALES
Diego del Alcázar Silvela
Director del Instituto de Empresa
Madrid

Josep Chias
Profesor de ESADE
Barcelona

Pedro Nueno Iniesta
Profesor del IESE
Barcelona

LA CREACION DE LA EMPRESA PROPIA

Consejos prácticos para su puesta en marcha con éxito

Manuel Bermejo
Isabel Rubio
Ignacio de la Vega

Instituto de Empresa
Madrid

Prólogo
Luciano Benetton
Presidente del Grupo Benetton

McGraw-Hill

MADRID • BUENOS AIRES • CARACAS • GUATEMALA • LISBOA • MEXICO
NUEVA YORK • PANAMA • SAN JUAN • SANTAFE DE BOGOTA • SANTIAGO • SAO PAULO
AUCKLAND • HAMBURGO • LONDRES • MILAN • MONTREAL • NUEVA DELHI • PARIS
SAN FRANCISCO • SIDNEY • SINGAPUR • ST. LOUIS • TOKIO • TORONTO

LA CREACION DE LA EMPRESA PROPIA

No está permitida la reproducción total o parcial de este libro, ni su tratamiento informático, ni la transmisión de ninguna forma o por cualquier medio, ya sea electrónico, mecánico, por fotocopia, por registro u otros métodos, sin el permiso previo y por escrito de los titulares del Copyright.

DERECHOS RESERVADOS © 1994, respecto a la primera edición en español por
McGRAW-HILL/INTERAMERICANA DE ESPAÑA, S. A.
Edificio Valrealty, 1.ª planta
Basauri, 17
28023 Aravaca (Madrid)

ISBN: 84-481-1818-9
Depósito legal: M. 28.996-1994

Cubierta: Félix Piñuela. Grafismo Electrónico
Compuesto e impreso en: Impresos y Revistas, S. A. (IMPRESA)

IMPRESO EN ESPAÑA - PRINTED IN SPAIN

Contenido

Prólogo vii

Introducción 1

1. **Empresario y empresa** 3

    1.1. Perfil del emprendedor 3
    1.2. La empresa propia: riesgos y recompensas 7
    1.3. Cómo ponerse en marcha: fases en la puesta en marcha de un proyecto empresarial 12

2. **En busca de la idea de negocio** 15

    2.1. Introducción 15
    2.2. La innovación: una necesidad en la búsqueda de la idea de negocio 16
    2.3. Fuentes de innovación 25
    2.4. Sectores emergentes en los años noventa 35
    2.5. Métodos para la evaluación de ideas de negocio 40
    2.6. La investigación: Un factor clave en la búsqueda de ideas de negocio 48
    2.7. Algunas claves para la elección y desarrollo de ideas de negocio 57

3. La puesta en acción: el Plan de Negocio 67

    3.1. Introducción 67
    3.2. El Plan de Negocio: qué es y para qué sirve 68
    3.3. La estructura de un Plan de Negocio 71
    3.4. Desarrollo y elaboración de un Plan de Negocio 73
    3.5. Aspectos formales a la hora de redactar un Plan de Negocio 108

4. La búsqueda de los recursos financieros 111

    4.1. Introducción 111
    4.2. La financiación por deuda 112
    4.3. La financiación por recursos propios 123
    4.4. Ayudas oficiales para la creación de empresas y la inversión de las PYMES 131

5. La constitución y los primeros pasos de la empresa 141

    5.1. La constitución de la empresa: trámites de constitución de una empresa y elección de la forma jurídica 141
    5.2. La importancia de las PYMES en los sistemas económicos 149
    5.3. La importancia de la planificación estratégica en las PYMES 156
    5.4. El marketing en las PYMES 165

6. Fórmulas alternativas para convertirse en empresario 175

    6.1. Introducción 175
    6.2. La franquicia 177
    6.3. La empresa familiar 197
    6.4. La adquisición de empresas 206
    6.5. La intracreación 207

Bibliografía 209

Prólogo

LAS IDEAS QUE CONDUCEN A LOS HECHOS

A menudo me preguntan qué se siente cuando se consigue triunfar como empresario. Y se maravillan, también a menudo, al escuchar mi respuesta, que es inevitablemente la misma: aún no creo que haya conseguido triunfar. Al contrario, pienso que me queda mucho por hacer todavía.

Creo que la creación de una empresa se puede considerar como un viaje en el que, tras cada llegada, se emprende una nueva partida. Tras cada logro, surge una nueva idea de desarrollo.

Así, por ejemplo, la aventura empresarial Benetton comenzó hace casi treinta años ya en Treviso, una pequeña ciudad italiana, a pocos kilómetros de Venecia. Mis hermanos, Giuliana, Gilberto, Carlo y yo comenzamos contemplando la realidad del mercado, observando todo lo que teníamos cerca.

Lo hicimos renunciando a las convenciones y a los lugares comunes, para apostar por un sector, el textil, que en muchos países europeos se juzgaba ya maduro.

En este itinerario nuestro, que ha llevado a Benetton a convertirse en una de las marcas más conocidas, está la gran tradición de Venecia, la República marinera; la exploración de mercados diversos, el intercambio de mercancías y de ideas, el deseo de echarse a la mar a la búsqueda de lo nuevo.

Y ha sido precisamente la búsqueda de lo nuevo lo que ha constituido, desde los primeros pasos, las señas de identidad de nuestra empresa, el carácter dominante de la cultura empresarial de Benetton. De hecho, la innovación no ha quedado limitada a un solo sector de actividad, sino que, de acuerdo a la filosofía básica, se ha transplantado a todas las actividades empresariales mediante un discurrir en paralelo: de los procesos de producción a la investigación estilística, de la organización de la distribución a las redes comerciales.

Nos hemos puesto como meta, desde el principio, la superación del concepto de producto, orientándonos hacia una oferta total que comprendía también todos los elementos de la relación con el consumidor y, sobre todo, aquellos factores inmateriales, a menudo infravalorados y relegados al exterior, como son el estilo de los jefes, la imagen, la presentación del producto en el punto de venta.

Por otra parte, ahora más que nunca es importante conseguir superar la visión tradicional del mundo de la oferta, especialmente para una empresa nueva que se enfrenta cada día con el mercado de muchos países diferentes. Hay que evitar ser «un mundo aparte», reflejando, tanto en el producto como en el lenguaje comunicativo, el mundo actual, su debate, sus colores.

Otro factor prioritario para el desarrollo de una actividad empresarial naciente es, en mi opinión, la necesidad de colaboración, entendida como participación activa y paritaria en la realización de una idea, de un proyecto. El sistema Benetton está basado profundamente en el concepto de *partnership*; tanto los representantes como los proveedores, el gerente como los colaboradores, tienen plena autonomía de acción para formular propuestas de desarrollo.

La misma estrategia ha caracterizado el desarrollo de la red de negocios, independiente y exclusiva: los socios comerciales eligen compartir la aventura Benetton, aportando su capacidad de invertir, con tesón y energía, en ideas nuevas. Se trata de una fórmula que ha resultado triunfadora, como lo demuestran los más de 7.000 puntos de ventas abiertos en 120 países del mundo.

El «partenariado» ha sido también la clave maestra del desarrollo internacional de Benetton. Los acuerdos de *joint venture* con participación paritaria llevados a cabo con importantes socios internacionales —Turquía, Egipto, la India, Brasil y China, por ejemplo— han permitido al grupo integrarse profundamente en los distintos países, colaborando también al desarrollo de los mercados.

Benetton se diferencia, por ello, de las multinacionales tradicionales, activas en el exterior a través de consorcios que son sustancialmente extraños a las exigencias específicas de los distintos países.

Mi opinión es que hay que mirar hacia adelante, sin detenerse en los resultados conseguidos, con el empeño y la voluntad del que comienza una actividad nueva. Actualmente, nuestra atención está volcada sobre todo en la innovación tecnológica del sistema productivo, vista como solución primaria para incrementar los volúmenes de producción y entrar en nuevos mercados. Y ello, para conseguir luchar con la competencia cada vez mayor de los países del Sureste asiático, sin reducir los niveles de empleo.

Búsqueda de lo nuevo, capacidad de dar forma concreta a las ideas y no detenerse en los resultados conseguidos, colaboración a todos los niveles: creo que treinta años de trabajo y esfuerzo de nuestro grupo se pueden resumir en estos valores. Además con una implicación continua en el mercado y una atención también constante a él, a fin de aprovechar las oportunidades que se presenten.

Esta es nuestra fórmula, que espero pueda ser de alguna utilidad a quien desee iniciar una actividad empresarial. Es verdad que estamos viviendo una situación económica difícil, pero creo que las ideas verdaderamente originales —que no son nada por sí mismas, sino enfrentadas a las condiciones reales del mercado—, podrán seguir triunfando.

Desde las páginas de este libro, *La creación de la empresa propia,* quisiera lanzar un mensaje de optimismo y ánimo a todas aquellas personas que tienen la voluntad o sienten la necesidad de crear una empresa, y unirme a la labor constante, valiente y de calidad que el Instituto de Empresa viene realizando mediante la formación de empresarios, desde hace ya más de 11 años.

Luciano Benetton
Presidente del Grupo Benetton

Introducción

El presente trabajo es el resultado de muchos años de experiencia y dedicación al mundo del empresario y la creación de empresas por parte del Departamento de Creación de Empresas del Instituto de Empresa. Más de diez años formando empresarios significan un inmenso bagaje de saber hacer y un importante número de proyectos empresariales que han sobrepasado sus respectivas fases iniciales, convirtiéndose en empresas generadoras de empleo y riqueza colectiva.

Con la misma filosofía pragmática y emprendedora, los autores de este trabajo pretendemos ofrecer al lector una guía práctica acerca de las etapas a cubrir y los elementos que se dan cita en todo proyecto de nueva empresa. En esta línea, hemos optado por un esquema básico de la obra fácil de asimilar. Este esquema comprende el análisis de los cuatro grandes elementos que participan en todo proyecto empresarial: Empresario, Oportunidad de Negocio, Análisis de Viabilidad y Financiación, y se completa en los últimos capítulos con una introducción a los conceptos básicos en la gestión de las pequeñas y medianas empresas y el estudio de las diferentes alternativas a la propia empresa. Si en algo comienzan a coincidir la mayor parte de los agentes económicos sociales y políticos es en el necesario protagonismo de la iniciativa privada como creadora de empresas para garantizar el desarrollo de un tejido industrial sólido sobre el que se sustente la generación de riqueza, empleo y bienestar en las sociedades modernas.

Este es el espíritu con el que los autores hemos abordado esta obra, animados por la creciente, pero aún insuficiente, actividad emprendedora que se observa en la realidad española y que podemos hacer extensivo a las economías emergentes de nuestro entorno geográfico (Este de Europa) o cultural (Hispanoamérica).

Vivimos una nueva revolución en lo económico, lo que algunos autores han denominado la «Revolución silenciosa» y otros, especialmente en el Instituto de Empresa, la «IV Ola de la Revolución Industrial». Ambas expresiones aluden al auge del movimiento creador de empresas en el mundo y al reconocimiento del fenómeno de la Innovación como factor de primera importancia en toda actividad económico-empresarial.

En el terreno académico, el desarrollo de aquello que los anglosajones denominan *Entrepreneurship,* esto es, la aplicación de un espíritu innovador a la creación de nuevas empresas y a la gestión de las ya establecidas, resulta evidente. En EE.UU. y en el año 1967, solamente 10 Escuelas de Negocios ofrecían en sus programa MBA cursos específicos sobre *Entrepreneurship*. En 1927, eran ya 350 las Universidades cuyas Escuelas de Negocios ofrecían programas específicos sobre nuestra materia. En España, el Instituto de Empresa estableció casi 20 años atrás el Departamento de Creación de Empresa. Nacía este Departamento con el objetivo principal de fomentar el movimiento de creación de empresas en nuestro país, principalmente a través de la conversión de estudiantes de los programas regulares del Instituto de Empresa en empresarios. En esos años, han sido más de 2.500 los alumnos de programas MBA que han cursado las asignaturas impartidas por el Departamento. De ellos, entre un 5 y un 7 por 100 han optado por el difícil camino de la empresa propia, con una tasa de fracasos inferior al 0,1 por 100. Otras grandes Escuelas españolas han acogido en sus programas cursos específicos como *Entrepreneurship,* como es el caso de las catalanas Iese y Esade.

Además de su acogida «oficial» en los programas de las principales Escuelas de Negocios, son innumerables los artículos de opinión, trabajos de investigación y manuales que se han ocupado en los últimos tiempos de aquello que hemos denominado *Entrepreneurship*. La mayoría de estos trabajos tienen su origen en los EE.UU., donde la «generación rebelde» de los años sesenta se ha transformado en la «emprendedora» de los ochenta.

Recientemente se han publicado muchos de los manuales norteamericanos relatando historias de éxito de conocidos emprendedores, pero existe poca bibliografía que recoja de forma sistemática toda la problemática que afecta al acto creador de empresas en todas sus posibles manifestaciones. Esta obra pretende, en esta línea, dotar de un marco mínimo a aquellos emprendedores que aborden la difícil tarea de convertirse en empresarios.

El presente trabajo, elaborado de manera conjunta por los tres profesores del Departamento de Creación de Empresas del Instituto de Empresas, ha recibido valiosas aportaciones de una serie de empresarios, profesionales del mundo de la empresa y alumnos que cuentan con nuestro más profundo agradecimiento por sus comentarios y su apoyo a nuestra labor. Especialmente importante ha sido el apoyo de Diego del Alcázar, empresario y Director del Instituto de Empresa, cuya visión del fenómeno empresarial es tan completa como acertada. Finalmente, es también de justicia reconocer la labor del equipo de colaboradores del Departamento de Creación de Empresas del Instituto de Empresa, equipo formado por treinta antiguos alumnos que de manera totalmente desinteresada y apoyados en su vocación empresarial realizan una extraordinaria labor de tutoría en el desarrollo de Planes de Negocio que elaboran los alumnos de nuestra escuela a lo largo de su programa académico.

1
Empresario y empresa

1.1. PERFIL DEL EMPRENDEDOR

Detrás de todo proyecto empresarial, de toda empresa constituida, existe un acto emprendedor y un empresario o equipo empresarial. El empresario es aquel que organiza, gestiona y asume el riesgo que comporta la puesta en marcha de un proyecto empresarial. El acto emprendedor puede ser definido como la creación de valor a través del desarrollo de una oportunidad de negocio y su conversión en una empresa que, con un proyecto a largo plazo, centre su actividad en la producción de bienes o la prestación de servicios, y genere riqueza colectiva en su búsqueda del beneficio empresarial.

Este espíritu empresarial ilumina la que hemos denominado como «IV era de la Revolución Industrial», la era de la creación de empresas como protagonista, en todos los sistemas económicos. Esta revolución silenciosa ha contribuido en muchos países al mantenimiento de los niveles de empleo y significa elevados porcentajes de sus PNB.

En nuestro país, la figura del empresario, hoy popularizada y reconocida por nuestra sociedad a través de los medios de comunicación social, no ha gozado hasta hace poco tiempo de reconocimiento social, lo que ha supuesto hasta fechas recientes un escaso reconocimiento de la labor del empresario como generador de riqueza colectiva a través de una asunción de riesgos de toda índole.

1.1.1. Características personales del emprendedor

La figura del empresario ha sido estudiada de manera extensiva en los últimos años. El empresario tradicional, el impulsor del actual movimiento creador de empresas, que podemos ubicar en los tres cuartos iniciales del presente siglo, ha compartido una serie de características personales comunes que podemos listar a continuación:

- Deseo de lograr objetivos.
- Autoconfianza, perseverancia y dedicación.
- Energía y diligencia en su actividad.
- Capacidad de asunción de riesgos calculados.
- Capacidad organizativa.
- Iniciativa.
- Optimismo.

Estas, las principales características del que podemos denominar empresario tradicional, se han visto complementadas en el actual emprendedor con otra serie de características, entre las que se encuentran las siguientes:

- Integridad.
- Formación y capacidad de gestión.
- Espíritu innovador, creatividad.
- Orientación al mercado y oportunidades.
- Visión global de la empresa.
- Tolerancia a la ambigüedad.

Esta serie de características responden a dos tipos de empresarios que actúan en situaciones de mercado diferentes. Del tradicional empresario, aquel emprendedor que en posesión de una idea de negocio la lleva adelante contra viento y marea hemos pasado en la actualidad a otro modelo de emprendedor caracterizado por un mayor conocimiento de los mercados y de las herramientas de gestión adecuadas para llevar adelante su proyecto empresarial. Dos modelos empresariales que comparten su capacidad emprendedora y su motivación por la generación de proyectos empresariales a largo plazo, pero que se diferencian en su orientación y metodología.

El actual panorama competitivo, caracterizado por mercados en permanente situación de cambio, entornos internacionales y feroz competitividad en todos los sectores exigía un nuevo modelo de empresario con una mayor formación específica en las áreas económico-empresariales, una mayor orientación a la innovación y a la sensibilidad hacia el cambio y una mayor comprensión de mercados complejos.

Profundizando en el significado de las características arriba señaladas, hemos de indicar que ésta es una lista que de manera continua queda obsoleta, los cambios en el entorno empresarial demandan de manera permanente nuevas facetas en la personalidad del empresario. Examinemos a continuación las características que se atribuyen al emprendedor de éxito:

El deseo de lograr objetivos

El emprendedor suele aparecer a los ojos de los demás como alguien guiado internamente por un imparable deseo de lograr sus objetivos, como alguien que busca la excelencia. Su fuerte carácter competitivo le lleva a aceptar ciertos riesgos y a perseguir objetivos que le motiven.

Autoconfianza, perseverancia y dedicación

La total dedicación a perseguir el éxito posibilitan al emprendedor para poder sobreponerse a los obstáculos derivados de su actividad. En muchas ocasiones, la dedicación, la perseverancia y la confianza compensan al emprendedor incluso por sus limitaciones personales. En busca del éxito de su proyecto, el empresario dedicará interminables jornadas a la empresa, sacrificará su ocio personal, su estancia con la familia, incluso reducirá sus estándares de vida con tal de empujar el proyecto.

Capacidad de asunción de riesgos calculados

Los emprendedores de éxito no son jugadores de casino. Cuando éstos deciden perseguir un proyecto empresarial lo hacen calculando al máximo los riesgos, analizando el proyecto y su entorno, en definitiva teniendo claro el resultado previsible de su operación. Además, con su gestión y su esfuerzo personal intentan poner todas las posibles circunstancias a su favor para evitar riesgos innecesarios.

Capacidad organizativa

Son muchos los elementos que influyen en la puesta en marcha de un proyecto empresarial. Antes de su puesta en marcha, el análisis de entorno, el estudio de la viabilidad del proyecto, la búsqueda de los recursos financieros, de los socios, etc. Tras la puesta en marcha del proyecto, independientemente del tamaño de éste, la gestión de todos los recursos que participan en el proyecto exigen una elevada capacidad organizativa del emprendedor.

Iniciativa

Al emprendedor le gusta confrontar situaciones en las que se convierten en responsables personales del éxito o el fracaso de una operación. Les atrae tomar la iniciativa para resolver problemas o llenar vacíos de liderazgo. Son en definitiva personas orientadas a la acción, como el propio nombre de emprendedor indica.

Tolerancia hacia la ambigüedad

Los emprendedores, como todos los profesionales del mundo de la empresa, se encuentran frente a un entorno en continuo cambio, un entorno que aporta ambigüedad e incertidumbre en todos los aspectos de la organización. Los mejores emprendedores navegan entre esta incertidumbre y lograr generar ventajas para su organización aprovechándolas. Para el emprendedor, como para todo aquel relacionado con el mundo de la empresa, el cambio es lo permanente.

Optimismo

A pesar de todas las dificultades con que se encuentran en su labor, los emprededores siempre creen en conseguir el éxito al final del camino. Este optimismo les permite navegar a pesar de los obstáculos y problemas y llevar la nave de la empresa al éxito.

Integridad

La integridad y la credibilidad permiten al emprendedor obtener los recursos necesarios para la puesta en marcha de su proyecto. La confianza de sus accionistas, socios, banqueros y clientes les permitirán, o denegarán la continuidad del proyecto y de la empresa.

Formación y capacidad de gestión

El emprendedor necesita, en entornos crecientemente competitivos, poseer una elevada capacidad de gestión de su proyecto y una formación empresarial específica, tanto a nivel personal, como a nivel de los recursos humanos integrados en la organización. La formación se erige como la principal ventaja competitiva de las organizaciones.

Espíritu innovador, creatividad

La competitividad de todos los sectores hacen necesarias soluciones y planteamientos creativos para poder obtener el éxito empresarial. Esto es aún más cierto en las nuevas empresas, aquellas que pretenden alcanzar un hueco en un mercado cualquiera. De hecho, más de un 90 por 100 de las grandes innovaciones empresariales desde la Segunda Guerra Mundial han sido generadas por nuevas empresas.

Orientación al mercado y a las oportunidades

Un rasgo común a los grandes emprendedores es su decidida orientación hacia el mercado que les permite identificar oportunidades de negocio atractivas, sin pensar en el momento inicial en estrategias o recursos necesarios para la posterior gestión. Además, su orientación hacia la obtención de objetivos concretos les permite seleccionar las mejores oportunidades para la obtención de esos objetivos.

Visión global de la empresa

Los emprendedores saben lo que quieren y saben cómo conseguirlo. Tienen desde el momento inicial una clara visión de su proyecto, de su empresa y de cómo ésta evolucionará. En muchas ocasiones, esta visión inicial se irá desarrollando y el emprendedor adaptará su proyecto a nuevos acontecimientos del entorno o a nuevos objetivos corporativos.

1.1.2. El emprendedor y la supervivencia de la empresa

El índice de supervivencia de las nuevas empresas cinco años después de su puesta en marcha, según un clásico estudio de la Harvard Business School, ha supuesto en los últimos quince años una disminución progresiva de mortandad de éstas. Si hace viente años, de cada cinco nuevas empresas creadas, cinco años después tres habían desaparecido, una alcanzado el éxito y otra se encontraba en situación de muerto viviente, es decir, entre la vida y la muerte; el mismo índice para finales de la década pasada indica que, de cada cinco nuevas empresas, cinco años después dos alcanzan el éxito, una desaparece y dos se encuentran en la citada condición de *zombie*.

Aunque el índice de mortandad entre nuevas empresas continúa siendo elevado, esta progresiva reducción en los países occidentales significa el surgimiento de un nuevo tipo de emprendedor. En un país como Estados Unidos, el desmoronamiento del sistema financiero de 1987 significó una huida de los graduados de las mejores escuelas de negocios desde su masiva presencia en posiciones financieras a posiciones en áreas de producción, de marketing y, sobre todo, en la búsqueda de la creación de la propia empresa tras su graduación. Este movimiento, que lentamente se ha transferido a nuestro país, ha contribuido de forma extraordinaria a la nueva caracterización de las clases empresariales y en un definitivo empujón a lo que ya hemos denominado como la «IV Ola de la Revolución Industrial».

1.2. LA EMPRESA PROPIA: RIESGOS Y RECOMPENSAS

Como ya hemos apuntado anteriormente, un rasgo que diferencia de manera clara al emprendedor de aquel que busca el beneficio inmediato en las operaciones mercantiles, el especulador, es la búsqueda del beneficio a través de la generación de riqueza colectiva que persigue el empresario. En la presente obra, al referirnos al empresario estaremos hablando de éste último modelo de empresario y en ningún caso del especulador en cualquiera de sus versiones.

El beneficio social que históricamente ha generado el movimiento creador de empresas ha de ser la primera clave al hablar del empresario, aunque éste persiga en primer lugar el lícito objetivo de la obtención de un beneficio empresarial, que responde a la pregunta de por qué crear una empresa.

En España, el apurado sostenimiento del PNB y el hecho de que el índice de desempleo no haya sobrepasado las de por sí severas proporciones alcanzadas en la primera mitad del año 1993, se ha debido, en gran medida, a la aportación realizada por las nuevas y las pequeñas y medianas empresas a nuestra economía.

En una economía tan activa como la norteamericana, en la pasada década y según recoge Jeff Timmons, titular del área de Creación de Empresas en el Babson College, en su obra «New Ventures Creation», para el año 2000 habrá en Estados Unidos 30 millones de pequeñas y medianas empresas, un importante aumento de los 18 millones existentes en 1988. Otro dato demoledor en la economía norteamericana nos indica que casi un 100 por 100 de los nuevos trabajos creados en los Estados Unidos provienen de nuevas empresas y de pequeñas y medianas empresas en expansión. Esto significa un total de 36 millones de nuevos trabajos creados en los Estados Unidos en los últimos veinte años por nuevas empresas. Además, un 50 por 100 de las innovaciones en el terreno empresarial y un 95 por 100 de lo que podemos denominar innovaciones radicales provienen de las nuevas empresas y las pequeñas empresas en expansión.

Estos datos se pueden transferir con muy parecidos resultados a todas las economías occidentales y también puede ser el eje sobre el que se consolide el crecimiento de economías emergentes con las de muchos países hispanoamericanos o del Este europeo.

Existen, además de la citada razón de la persecución del beneficio empresarial y de la generación de riqueza colectiva, otra serie de razones que nos pueden ayudar a responder la pregunta de por qué crear una empresa:

- Mejorar el coste de oportunidad de la ocupación laboral por cuenta ajena, realizando labores más productivas en la empresa propia.
- Obtener prestigio y reconocimiento profesional y social a través de la creación de empresas.
- Desarrollar una idea de negocio hasta sus últimas consecuencias y aceptar la plena responsabilidad del acto creador, con lo que ello supone en cuanto a la satisfacción personal del empresario.
- Convertirse en el propio jefe, controlar el destino propio, fijar los horarios.

- Probarse a uno mismo su capacidad personal y descubrir los límites propios.

El «yupismo», que sufre un importante retroceso con el *crash* de Wall Street de octubre de 1987, y la progresiva incorporación de jóvenes profesionales en poder de una formación sofisticada hacen que el argumento de la búsqueda de beneficios en la actividad empresarial sea el predominante a la hora de responder a la pregunta de por qué crear una empresa, seguido de la búsqueda de independencia que la creación de empresas supone.

Pasando la cuestión de los riesgos y las recompensas que conlleva la actividad empresarial, una gran mayoría de nosotros nos hemos planteado en algún momento de nuestra vida la posibilidad de convertirnos en empresarios, idea que en muchos casos ha sido rechazada por la mitología que rodea al empresario y que en muchos supuestos está muy lejos de la realidad.

Según la citada mitología el empresario es alguien que nace y no se hace, lo que conlleva que no todo el mundo pueda poner en marcha un negocio. Si bien es cierto que existen una serie de características innatas al emprendedor, como la capacidad de asunción de riesgos o el carácter innovador, otra serie de rasgos comunes al emprendedor, como la experiencia profesional, la formación, el *know-how* específico, el conocimiento de los mercados o los contactos profesionales, son características que se adquieren a lo largo de la vida estando al alcance de la mayoría de los profesionales.

Además, se considera que la creación de empresas es un ejercicio altamente arriesgado y que en la mayoría de los supuestos conduce al fracaso. Esto es así si la estadística que manejamos incluye todo tipo de «negocios», desde la pequeña tienda de barrio hasta el pequeño negocio de compraventa de coches o las pequeñas empresas agropecuarias familiares. Si hablamos de empresas cuidadosamente diseñadas, en las que se utilizan los adecuados sistemas de gestión, el riesgo de fracaso se reduce de manera casi absoluta. En un reciente estudio del prestigioso MIT se concluye que sólo un 20 por 100 de las nuevas empresas creadas por graduados de la escuela han sucumbido de forma total. En otra de las principales escuelas europeas, el Instituto de Empresa, de los 285 proyectos empresariales llevados al mercado por alumnos de la institución, solamente un 15 por 100 de los mismos han sucumbido a los avatares del mercado, y en un elevado porcentaje de estos fracasos el empresario ha reconducido su actividad a otros proyectos empresariales.

Otro de los mitos que supone para muchos la imposibilidad de la puesta en marcha de un proyecto empresarial hace referencia al dinero. Sin dinero personal se suele pensar que no es posible la actividad empresarial. Incluso en una economía tan poco activa en cuanto a la disposición de instrumentos financieros como pueda ser la española, si los otros ingredientes necesarios, básicamente un emprendedor o equipo empresarial cualificado en poder de una buena oportunidad de negocio, se dan, el dinero acudirá. Este es el último ingrediente en la creación de empresas, es el barro del ceramista o la pintura del pintor, pero nunca el elemento determinante. Más adelante en esta obra nos referiremos a las diversas fórmulas de financiación que encuentran los empresarios en nuestro país.

Todo este halo mitológico que rodea el fenómeno de la creación de empresas contribuye a que la actividad empresarial sea considerada de alto riesgo y, por tanto, en la opinión más extendida, estará reservada para unos pocos audaces capaces de asumir esos enormes riesgos y de aceptar los sacrificios que la empresarización supone.

A pesar de esta «terrible» mitología, todos nos hemos planteado en alguna ocasión la posibilidad de convertirnos en nuestro propio jefe, nuestras fantasías con grandes ingresos económicos, un elevado *status* personal profesinal y social, jornadas laborales reducidas y largos períodos vacacionales, EXITO en definitiva. Un primer planteamiento en el terreno de las ventajas y las desventajas de la empresa propia nos sitúa en idílicos escenarios como el arriba descrito.

Profundizando un poco más, empiezan a surgir con mayor claridad algunos aspectos de la actividad empresarial. Comparando la actividad del profesional por cuenta ajena con la del empresario podemos analizar la cuestión de las ventajas y desventajas de ambas posiciones respondiendo unas sencillas preguntas:

1.ª *¿Quién es el «jefe»?* Resulta evidente que el profesional por cuenta ajena, independientemente del grado de jerarquía que ocupe en su empresa, siempre tendrá alguien por encima, en último caso los accionistas de la compañía. Alguien de quien, en última instancia, depende su continuidad en la empresa. Esto conlleva la aceptación de los principios y normas de funcionamiento de la empresa, la dependencia del cumplimiento de los objetivos corporativos, unos determinados horarios, etc.

En el caso del empresario, parece obvio que el «jefe» es él. El es quien fija sus objetivos y los de la compañía, sus normas de funcionamiento, sus horarios de trabajo, su metodología. Todo esto, claro está, siempre que el empresario no cuente con socios o con financiación externa. Si parte de su financiación ha sido aportada por un banco, si tiene socios en el capital, si está participado por una sociedad de capital riesgo, su independencia se verá limitada de manera proporcional a la importancia de la aportación externa. En muchas ocasiones, por ejemplo, en el supuesto de una compañía de capital riesgo que participe en el accionariado, la independencia se verá limitada incluso en el plano de la gestión diaria de la compañía. En definitiva, casi siempre el empresario responde ante el banco, los accionistas, sus socios..., aunque eso sí, con mayor autonomía que en el supuesto del profesional por cuenta ajena.

La condición de empresario, además de las referidas satisfacciones en el plano de la independencia personal, aporta otras satisfacciones como la producida por la obra bien hecha, las referidas a la satisfacción que produce la generación de puestos de trabajo y la creación de riqueza colectiva, el crecimiento y desarrollo de la empresas desde su etapa inicial..., todo esto puede volver contra el empresario en el supuesto contrario, el fracaso puede llevar al empresario a situaciones insoportables. La preocupación por el pago de las nóminas, los problemas diarios derivados de la actividad, el ver que el proyecto no funciona. Todas estas circunstancias pueden llegar a suponer una carga muy pesada que lleve a abandonar la actividad empresarial.

2.ª *¿Cuál es el riesgo que asumen el empresario y el profesional por cuenta ajena?* En este apartado es lógicamente el empresario el que mayores riesgos asume. A la hora de poner en marcha un proyecto empresarial, el «empresario individual tipo» suele poner en juego incluso su patrimonio personal y el de sus socios. Además, el empresario arriesga en su proyecto algunas relaciones personales, su puesto de trabajo, relaciones de confianza que se pueden ver dañadas en el supuesto del fracaso, ya que su propio prestigio personal y profesional está en juego.

En el caso del profesional por cuenta ajena, los riesgos que asume a la hora de fracasar en su actividad profesional son menores y más limitados que en el supuesto del empresario. El profesional arriesga su puesto de trabajo, su prestigio, algo tan importante como sus ingresos, pero su posición es algo más cómoda que la del empresario y el riesgo de fracasar en su actividad está compartido y limitado por la propia estructura de su empresa.

3.ª *¿Cuáles son las recompensas?* Las recompensas del profesional por cuenta ajena son muchas aunque limitadas: ascenso en su carrera, mayores ingresos, creciente prestigio profesional, la satisfacción personal, son todas ellas importantes recompensas para el profesional que triunfa en su actividad.

En el supuesto del empresario las recompensas no tienen límite. ¿Dónde está el techo de la actividad empresarial? Cada empresario aspira a una recompensa económica en su actividad. Aun siendo muy importante este aspecto, no es sino una de las retribuciones que el empresario percibe por su labor. El verdadero empresario percibe mayores satisfacciones con un proyecto empresarial que perdura en el tiempo, que crece y que genera empleo y riqueza social. Esta es la verdadera recompensa del empresario, ese empresario que reinvierte los beneficios de la actividad buscando fortalecer y hacer crecer su proyecto empresarial, ese empresario tan diferente al especulador que busca únicamente el beneficio inmediato y que tanto abunda por desgracia hoy en día.

1.3. COMO PONERSE EN MARCHA: FASES EN LA PUESTA EN MARCHA DE UN PROYECTO EMPRESARIAL

Esta es la pregunta a la que este libro va a tratar de dar respuesta. Cómo alguien, un empresario potencial, independientemente de su formación, cualificación profesional, edad, sexo o recursos económicos puede convertirse en empresario.

En la puesta en marcha de todo proyecto empresarial podemos identificar cuatro elementos principales:

EMPRESARIO

OPORTUNIDAD

ANALISIS

RECURSOS

a) **El empresario**
Como definimos en el capítulo anterior, el empresario es aquel que organiza, gestiona y asume el riesgo que comporta la puesta en marcha de un proyecto empresarial. Alguien que posee la habilidad de ver y analizar una oportunidad de negocio, ponerla en marcha y gestionarla de manera integral. Luciano Benetton, fundador del Grupo Benetton identificó como oportunidad de negocio el uso de los colores en las prendas de punto, que hasta entonces se confeccionaban únicamente en colores básicos, y a partir de esta oportunidad desarrolló su imperio del mundo de la moda. Annita Roddick, la creadora de The Body Shop identificó como oportunidad de negocio la demanda creciente de productos de cosmética y belleza elaborados con productos naturales, alineándose en una clara tendencia ecológica de la sociedad.

b) **La oportunidad**
Una vez identificada la figura del emprendedor, del empresario, primer elemento en el proceso creador, el segundo requisito es la oportunidad de negocio. Como veremos más adelante en esta obra una idea de negocio no es necesariamente una oportunidad de negocio.

Una oportunidad es una idea de negocio atractiva, duradera, oportuna en el tiempo y configurada como un producto o servicio que añade o crea valor al comprador o al usuario final del mismo. Existen, como veremos en el

Capítulo 2 diferentes fórmulas para la búsqueda de idea de negocios, aunque podemos adelantar que el empresario necesita dosis de innovación y atención para la definición de su oportunidad de negocio.

El empresario no comienza en todas las ocasiones su proyecto empresarial desarrollando desde cero una idea de negocio. En algunas ocasiones el acto empresarial se inicia con la adquisición de una empresa ya constituida, o la incorporación a una empresa familiar. En otras ocasiones, lo que adquiere el empresario es precisamente la idea de negocio y su método de gestión como ocurre en la franquicia. Otra posibilidad de empresarización se inicia a partir del empleo por cuenta ajena y el desarrollo empresarial de ese empleo convirtiéndolo en una empresa nueva, como sucede con la intracreación. Todas estas opciones empresariales suelen corresponderse con diferentes perfiles de emprendedor y tendrán un desarrollo más amplio en el Capítulo 6 de este manual.

c) **El análisis**

Cualquier proyecto empresarial requiere de un análisis previo a su puesta en marcha, análisis en el que se determina la viabilidad técnica, económica y financiera de nuestro proyecto y que nos permite minimizar los riesgos inherentes a la puesta en marcha del proyecto de empresa. Este tercer elemento es el Plan de Negocio, que independientemente de su complejidad y profundidad se convierte en un elemento imprescindible en el proceso de desarrollo de cualquier proyecto empresarial. El Plan de Negocio encuentra su tratamiento en el Capítulo 3 de este libro.

d) **Los recursos**

Por último, una vez determinada la viabilidad potencial de un proyecto empresarial, el último elemento necesario será el de la obtención de los recursos financieros y de otra naturaleza necesarios en cualquier proyecto empresarial. Un exhaustivo análisis económico-financiero desarrollado en el plan de negocio ha de posibilitarnos una estimación de la inversión necesaria y las fuentes de financiación más adecuadas. La búsqueda de recursos financieros encuentra su tratamiento en el Capítulo 4 de este manual.

2
En busca de la idea de negocio

2.1. INTRODUCCION

Una vez que una persona decide convertirse en empresario es muy probable que le asalte de inmediato una importante duda: ¿qué voy a vender?

Si profundizamos en esta cuestión, automáticamente ese interrogante inicial se convierte en el siguiente: ¿tengo alguna idea de negocio atractiva?

En este capítulo vamos a tratar de desvelar al lector algunas técnicas, muchas de ellas de probada eficacia en empresas de reconocido éxito, que le ayuden en esa búsqueda de la gran idea.

No pretendemos ocultar que se trata de un proceso complejo y en el que se deberá adoptar una postura activa por parte del aspirante a empresario. Quien piense que en este capítulo va a encontrar soluciones mágicas, que sin esfuerzo alguno le permitan la obtención de brillantes ideas de negocio y que luego puedan plasmarse en empresas generadoras de rápidos y sustanciosos beneficios, puede pasar la página inmediatamente.

Por contra, sí pretendemos destacar la importancia que la innovación presenta a la hora de obtener ideas con potencial suficiente para dar lugar a prósperas empresas. En este sentido, se expondrán una serie de fuentes de innovación que puedan servir de ejemplo y referencia. Como anticipo a lo que luego desarrollaremos, debemos enfatizar que en la génesis de muchas de las grandes empresas que hoy reconocemos jugó un papel definitivo la innovación, hasta el punto de que fue ése un factor clave de la conversión de un pequeño negocio en una compañía internacional de prestigio.

También se van a enumerar aquellos sectores de actividad económica que, de manera genérica, van a dar lugar a oportunidades de negocio importantes en esta última década del siglo XX.

Generada la idea de negocio, existen una serie de técnicas que permiten, aun no siendo un gran experto en la materia, probar la potencialidad futura de las mismas. Algunas de estas herramientas se van a presentar en este capítulo.

Estas técnicas a las que nos acabamos de referir van a suponer el uso de diversas fuentes de información, por lo que otra parte sustancial del presente capítulo estará dedicada a dar a conocer al lector los métodos de investigación más habituales en el ámbito del *Entrepreneurship*.

Para acabar el capítulo y, a modo de resumen, se desvelarán una serie de claves para elegir y desarrollar esa gran idea que pretende obtener todo empresario para iniciar con las mejores perspectivas su actividad.

2.2. LA INNOVACION: UNA NECESIDAD EN LA BUSQUEDA DE LA IDEA DE NEGOCIO

Thomas Edison dijo en cierta ocasión que «la genialidad se compone de un 2 por 100 de inspiración y un 98 por 100 de trabajo duro». La observación de Edison resulta especialmente apropiada cuando la aplicamos a la búsqueda de potenciales ideas para nuevos negocios. Por tanto, debemos extraer una primera conclusión: la obtención de ideas de negocio pasa por un proceso activo y esforzado que nos convierta en personas capaces de ver la realidad cotidiana en clave de oportunidad de negocio.

Esto debe ser considerado por el lector como un acicate. La experiencia nos enseña que, pese a lo que pudiera parecer en un principio, las buenas ideas no son tan difíciles de obtener. Si tomamos un grupo de personas razonablemente creativas y las juntamos en una habitación durante una hora, probablemente desarrollarán más negocios potenciales de los que una persona normal hubiera podido imaginar en toda su vida. En este sentido, cabe recordar lo ocurrido durante una sesión dedicada a la generación de ideas llevada a cabo en la Universidad de Columbia dentro del Programa de Creación de Empresa. Con veinte alumnos participantes se generaron en veinticinco minutos más de treinta proyectos con ciertos visos de rentabilidad inicial.

2.2.1. ¿Cómo se puede empezar a buscar una idea de negocio?

Nadie, por tanto, con vocación emprendedora debería abandonar la idea de comenzar un negocio propio por el motivo de carecer de una «idea fantástica» en forma de servicio o producto para comercializar.

Si no contamos con la imaginación suficiente para desarrollar una buena idea por nosotros mismos o con ese olfato para los negocios que se les supone a los grandes empresarios de la historia existen múltiples fuentes de inspiración disponibles que nos pueden conducir a la gran idea. Vamos a repasar algunas de esas fuentes, dejando otras de las que aparecen en el cuadro anexo para posteriores capítulos:

Cuadro 2.1. ¿Cómo buscar una idea de negocio?

- ✓ OBSERVACION DE NUESTRO ENTORNO
- ✓ EXAMEN DE NECESIDADES
- ✓ AFICIONES
- ✓ CONTACTAR CON GENTE CREATIVA
- ✓ LECTURA DE PRENSA
- ✓ CAMBIOS DE NORMATIVA LEGAL
- ✓ ACUDIR AL REGISTRO INDUSTRIAL
- ✓ ACUDIR A LA OFICINA DE PANTENTES
- ✓ LITERATURA SOBRE *ENTREPRENEURSHIP*
- ✓ ASOCIACIONES EMPRESARIALES
- ✓ TRASLADAR IDEAS FORANEAS DE EXITO
- ✓ INTRACREACION
- ✓ ORGANISMOS DE PROMOCION EMPRESARIAL

La observación de nuestro alrededor nos puede inducir posibles mejoras que conducen a ideas de negocio. Pensemos en algunas grandes empresas constructoras que tuvieron su origen en la prestación de servicios de limpieza para ayuntamientos al constatar que podrían mejorar esa prestación a la vez que liberar importantes cantidades de dinero de los presupuestos municipales.

El examen de nuestras necesidades y de las de quienes nos rodean nos permite concluir si están suficientemente satisfechas o no, en cuyo caso se nos presentarán siempre interesantes oportunidades de negocio. Como ejemplo, podemos señalar varios conceptos de negocio que están proliferando actualmente dedicados a la reparación de automóviles basados en el ofrecimiento de un servicio rápido, a muy buen precio y con un alto grado de especialización de manera que sólo atienden una muy estrecha gama de servicios. Sin duda, buena parte de su éxito proviene del deficiente servicio a todos los niveles que ofrecen gran parte de los talleres más convencionales o aquellos de los concesionarios oficiales de marcas automovilísticas.

Un repaso por nuestros *hobbies* puede ser también fuente de magníficas ideas de negocios. Baste citar los enormes beneficios que proporcionó a sus inventores el célebre juego de mesa conocido popularmente como «Trivial».

Hablar con gente creativa, empresarios, directivos, etc., también nos puede resultar de gran utilidad. En ocasiones, aunque no proporcionen ideas, sí para conocer sus inquietudes, problemas, u opiniones, lo cual nos puede proporcionar un fiel reflejo, por ejemplo, del enorme stress que caracteriza a este grupo social y que también ha dado lugar a buenas ideas de negocio, como son las clínicas anti-stress.

Oportunidades de franquicias hay y van a existir cada vez más, como se podrá comprobar con la lectura del sexto capítulo.

Existen secciones en muchos periódicos y revistas de carácter económico que recogen oportunidades de negocio. Particular interés presentan aquellas secciones que publican determinadas posibilidades de comercio con otros países, y que fueron origen de negocios sólidos que comenzaron con una primera, y seguramente modesta, operación de exportación.

El registro industrial y la oficina de patentes pueden ser excelentes vías de acceso a buenas ideas. En este caso suele ocurrir que el inventor carece de la formación o la capacidad de transformación de su aportación en un producto o servicio comercializable, por lo que son altas las posibilidades de simbiosis entre quien inventa y quien gestiona.

La atención a la normativa legal a todos los niveles de la Administración puede darnos una señal de aviso de oportunidades de negocio que van a aparecer en el mercado. Dado que cada vez cobra más importancia en el comercio de productos agrícolas la ausencia de residuos tóxicos y que las leyes en este sentido se hacen cada día más severas, la puesta en marcha de laboratorios de análisis agrarios ha supuesto una muy buena oportunidad de negocio.

En relación con este punto, conviene acudir a organismos oficiales de promoción empresarial con el fin de conocer posibles sectores económicos considerando que van a potenciar la administración de nuestra área geográfica.

La literatura sobre *Entrepreneurship*, las Asociaciones Sectoriales, Cámaras de Comercio o Embajadas suponen otra base para fomentar nuestra creatividad.

El traslado de ideas desarrolladas en otras regiones o países también es origen de buenas ideas de negocio. En este caso, más que citar ejemplos, que son numerosísimos en España (desde las hamburgueserías a los servicios de transporte urgente), conviene advertir que siempre será necesario estudiar las posibles adaptaciones que el producto o servicio deba recibir para adecuarse mejor y más rápidamente a su nuevo mercado.

2.2.2. El papel de la innovación en la búsqueda de ideas de negocio

En definitiva, y de acuerdo a lo expuesto hasta el momento, para la búsqueda de ideas de negocio se debe adoptar una postura decidida de observación y análisis.

Pero además de esta premisa, siempre debemos actuar teniendo presente la existencia de un concepto fundamental que debe presidir todas nuestras acciones relacionadas con la búsqueda de ideas de negocio: la innovación, uno de los términos más empleados en la actualidad en cuanto uno bucea en las modernas técnicas de management.

Tanto es así que incluso los publicistas están apelando a la innovación como elemento diferenciador del producto con el fin lógico en toda estrategia comercial de maximizar las ventas. Al recordar, por ejemplo, el reclamo «Exija innovación. Obtendrá sensaciones» que la firma automovilística Seat empleó en la campaña publicitaria del lanzamiento del modelo «Toledo» podemos constatar este hecho.

Este interés por la innovación no es gratuito. Antes al contrario, entendemos que la innovación es uno de los factores críticos del éxito en el mundo de la empresa.

Cuando el futuro empresario inicia el proceso de búsqueda de una idea de negocio debe siempre tener presente la necesidad de que su idea conlleve algún tipo de innovación. Claro está, para asegurar el éxito de la naciente empresa no bastará con partir de una idea en mayor o menor medida innovadora, sino que la innovación deberá estar siempre presente en la gestión futura de esa empresa. Tampoco cabe colegir que, automáticamente, toda idea de negocio que contenga alguna innovación va a suponer un gran éxito empresarial. Las ideas deben testarse en el mercado para verificar su viabilidad económica, de ahí la importancia de elaborar un plan de negocio, como se verá en el siguiente capítulo. Se trata de un proceso cíclico que podemos representar tal y como nos muestra la figura anexa.

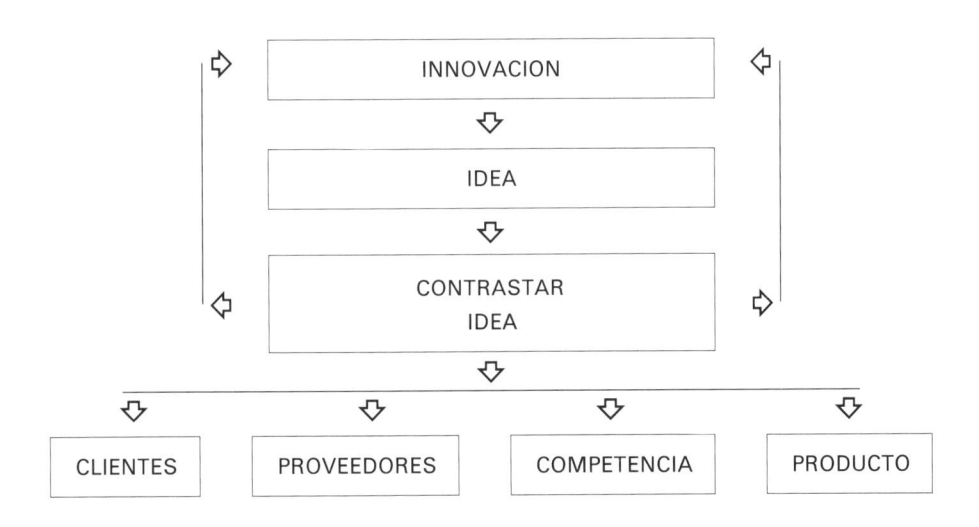

Figura 2.1. El ciclo de la generación de una idea de negocio.

La innovación cobra mucha más importancia en mercados tan competitivos como los actuales en los que concurren una serie de factores a los que nos vamos a referir a continuación: mayor conocimiento de la realidad mundial, progresiva apertura del comercio y elevación de las exigencias de los consumidores.

Hoy, con el extraordinario avance de los medios de comunicación y las mayores facilidades para viajar, tenemos fácil y diario acceso a la información de cuanto ocurre en cualquier parte del mundo, incluida, cómo no, cualquier novedad en el ámbito empresarial. En estas circunstancias, no será de extrañar que cualquier concepto de negocio novedoso y con éxito se vea reproducido de manera casi automática. La innovación, tanto en la génesis de la idea como en su posterior puesta en práctica y gestión, debe ser una herramienta decisiva que ayude al empresario a crear barreras (concepto sobre el que se profundizará en el siguiente capítulo) que dificulten la entrada de nuevos competidores en el mercado.

Por otro lado, se está produciendo una apertura efectiva de las fronteras de tal manera que la competencia para el empresario ha dejado de ser la fábrica con la que compartía polígono industrial y ahora puede provenir de cualquier rincón del planeta, por difícil que esto nos pueda parecer a priori. De hecho, cada vez son más los pequeños empresarios que superan las barreras de todo tipo (burocráticas, lingüísticas, culturales...) e inician el proceso de expansión internacional, bien como simples exportadores, mediante el establecimiento de alianzas con empresas locales o, en último extremo, produciendo y distribuyendo en ese nuevo país de destino.

Desde el punto de vista del consumidor final del producto también se han producido sustanciales cambios. El desarrollo económico de los países conlleva una mejora sustancial de los niveles de vida, y provoca en el consumidor un mayor grado de exigencia.

Podemos además enumerar otros aspectos que también están condicionando esa creciente exigencia: el envejecimiento demográfico provoca una mayor demanda de productos de alta calidad; la aparición de nuevos hábitos de vida —con predominio de la autonomía y de la independencia— y consumo —particularmente el alimenticio— ha favorecido la proliferación de fórmulas más complejas de prestación de servicios tradicionalmente más sencillos, lo que se demuestra, por ejemplo, con la proliferación de las diferentes variantes de la comida a domicilio; el protagonismo de nuevos valores como el prestigio o el individualismo conduce a una mayor sofisticación de los negocios, como prueba la tendencia a la mayor especialización del comercio minorista.

En los países más avanzados a muchos consumidores no les basta con encontrar en el supermercado un determinado producto, sino que prefieren pagarlo con tarjeta de crédito, poder adquirirlo incluso en días festivos y, si es posible, que se lo lleven a su casa, o incluso realizar la compra desde el ordenador personal de su domicilio.

Tampoco podemos dejar de considerar que, como apuntábamos líneas atrás, cada vez la oportunidad de conocer nuevos países es mayor, viajando a ellos o simplemente asistiendo como espectador a cualquier telefilme, con lo que el consumidor nacional descubrirá nuevos productos o nuevos hábitos de consumo que deseará ver incorporados dentro de su área geográfica de influencia.

Todas estas causas que, de forma rápida, acabamos de repasar obligan a considerar la innovación como la herramienta clave con la que el aspirante a empresario deberá llevar a cabo su actividad en entornos crecientemente competitivos.

2.2.3. Innovación *versus* invención

Ahora bien, innovación no es exactamente sinónimo de invención. Se puede innovar sin que ello lleve implícito una invención en sentido estricto, sobre la base de ofrecer un producto o servicio de forma diferente a como se venía haciendo o realizando ciertas modificaciones en ese producto de manera que pueda comercializarse dentro de un grupo de usuarios distinto.

Aunque sobre este particular se tratará con más profundidad en el siguiente punto, nos dedicaremos a continuación a presentar algunos ejemplos de innovación aplicados en una serie de empresas de notorio éxito, que ilustren lo ya apuntado.

Pensemos en una compañía como Levy Strauss & Co. Toda la historia de esta archiconocida empresa fabricante de prendas vaqueras comenzó como fruto de la innovación, allá en los tiempos del lejano Oeste cuando la búsqueda del oro causaba furor.

Levy Strauss, su fundador, también se dedicaba a tales labores y tuvo oportunidad de comprobar la facilidad con que se rasgaban sus pantalones, consecuencia del duro trabajo que suponía la consecución del preciado metal. Preocupado por tal motivo, trató de buscar una solución a su problema. Fue en tal tesitura cuando le llamó la atención la resistencia que, por contra, debía tener la tela con la que estaban construidas las bases de las carretillas que entonces se utilizaban, pues, pese a su intensivo uso y al roce continuo con los materiales que transportaban, apenas se rompían. Es así como se decidió a emplear dicho material para confeccionar sus pantalones, dando así origen a las prendas vaqueras.

Merece la pena resaltar el enorme volumen de negocio que hoy mueve la industria de la ropa vaquera y cómo todo nació de la perspicacia de un buscador de oro.

Por continuar con el sector textil, vamos a considerar ahora el caso de otra compañía de enorme resonancia: Benetton. En la actualidad este grupo empresarial factura enormes cantidades de dinero y está presente en más de un centenar de países. Sin embargo, a principios de los años sesenta, Benetton no era más que un pequeño taller familiar en el que se fabricaban prendas de punto. ¿Cuál ha sido la clave para experimentar un crecimiento tan impresionante? De nuevo, la respuesta hay que buscarla en la innovación: Benetton fue pionero en dotar de color a los géneros de punto.

A partir de este hecho, la innovación se ha convertido en una constante para esta prestigiosa multinacional italiana, hasta el punto de que su primer ejecutivo, Luciano Benetton, considera que «la innovación, entendida como búsqueda constante de lo que es nuevo, es el factor relevante del desarrollo» (frase extraída del discurso pronunciado por Luciano Benetton en el acto de clausura de la *I Exposición Creación de Empresas* organizada por el Instituto de Empresa, Madrid, 11 de junio de 1992).

La innovación en producto, ya descrita, se ha visto también acompañada por innovaciones constantes a otros niveles. En fabricación, con una constante mejora de los sistemas productivos, que le permiten una gran flexibilidad a la hora de adaptar sus producciones a las demandas del mercado de manera ágil. En lo referido a distribución comercial de sus productos, al convertirse en uno de los pioneros europeos en desarrollar su crecimiento de puntos de venta mediante franquicias. En publicidad, más allá de la polémica de sus campañas, Benetton también fue innovador al captar la creciente globalidad de los mercados y considerar a todo el orbe como su mercado: de ahí su célebre eslogan «United Color of Benetton» o sus acciones de patrocinio en Fórmula I, espectáculo seguido en los cinco continentes.

Para ilustrar ese permanente espíritu innovador de este grupo empresarial, destacaremos que en su plantilla cuenta con más de doscientas personas encargadas exclusivamente de viajar por el mundo y observar posibles tendencias futuras de la moda, para plasmarlas en los más de cinco mil modelos diferentes que anualmente constituyen sus colecciones. En definitiva, su misión es asegurar una continua innovación.

También existen claros ejemplos de compañías españolas que deben su éxito a su espíritu innovador. Por continuar en el sector textil podemos subrayar el ejemplo de Zara.

Esta compañía, fundada por Amancio Ortega, nace en los años sesenta a partir de un pequeño negocio familiar en Orense. En la actualidad se trata de un próspero negocio con facturación multimillonaria y presencia nacional e internacional.

Una vez más el factor determinante de esta positiva evolución deberemos buscarlo en una serie de innovaciones que tampoco cabe considerar como inventos.

A juicio de muchos expertos, el éxito de Zara se cimenta en disponer de una amplia oferta propia de gran almacén, con productos que responden a la moda de cada temporada y con unos precios realmente atractivos. Esta combinación de estrategias comerciales ha generado un concepto innovador que el público ha sabido apreciar, pues coincide con la necesidad de un amplio segmento de mercado, mayoritariamente juvenil, de vestir a la moda pero pagando por ello un precio muy asequible.

Este párrafo pretende animar también a emprender a través de la innovación a aquellos que por su formación o experiencia no estén en condiciones de acceder a innovaciones de índole técnica o científica. Pero no querríamos finalizar sin señalar la extraordinaria importancia que cobra la innovación vía invención científica, sobre todo si pensamos que no sólo aporta una ventaja a su creador, sino que luego puede beneficiar a todo el conjunto de la economía nacional. Baste pensar que, según todas las estadísticas, es coincidente el desarrollo económico de un país con su capacidad de innovación tecnológica.

2.2.4. Principios básicos de la innovación

Existen muchas personas que pueden acceder más fácilmente a la innovación por haber desarrollado un gran sentido de la creatividad. En otras ocasiones, como ya se ha apuntado, se requerirá un esfuerzo suplementario, por lo que es interesante señalar que también existe una cierta metodología que permite acceder a la idea innovadora. Esta metodología se resume en la literatura al uso en una serie de principios básicos que sintetizan gran parte de lo apuntado hasta ahora. Son los siguientes:

a) *La innovación debe ser fruto de una búsqueda organizada, sistemática y regular*
Nadie puede pretender que, sin ningún esfuerzo, nuestro cerebro se vea repentinamente iluminado y comience a generar esas ideas innovadoras a las que nos venimos refiriendo. Más bien, esto será posible si nos dedicamos a mirar a nuestro alrededor, a observar qué ocurre en otros países o regiones diferentes a las de nuestro entorno inmediato, a examinar nuestras necesidades y las de quienes nos rodean pero tienen distinta edad, formación o hábitos, a repasar nuestros *hobbies,* a estar atentos a los medios de información nacionales y extranjeros, a hablar con gente creativa, etc.

Se trata de poner nuestra mente en disposición de captar todo aquello que pueda constituir una buena oportunidad de negocio.

b) *La innovación debe ser conceptual y perceptiva*
Del proceso propuesto consistente en salir, observar, preguntar y escuchar deberá salir la gran idea, que debe concretarse en un determinado concepto de negocio.

24   La creación de la empresa propia

```
                    TENDENTE AL LIDERAZGO RAPIDO
                                 ⇩
   SISTEMATICA    ⇘        ┌─────────────┐        ⇙   CENTRADA
                           │             │
                           │  INNOVACION │
                           │             │
                           └─────────────┘
   PERCEPTIVA    ⇗                                ⇖   PEQUEÑA
                                 ⇩                    ESCALA INICIAL
                           IDEA DE NEGOCIO
```

Figura 2.2. Principios básicos de la innovación.

Utilizando cualquiera de las posibilidades que se nos ofrecen, podemos llegar a la conclusión de que a través de la creciente importancia de los aspectos medioambientales se pueden obtener buenas ideas de negocio. Pero no se trata sólo de eso. Debemos dar un paso más, hasta convertir esa idea genérica en una oportunidad determinada, que, en el supuesto propuesto, podría ser desde la creación de una empresa dedicada al reciclaje de neumáticos hasta un laboratorio de medición de residuos industriales.

c) *La innovación debe ser simple y centrada*
Los ejemplos de empresas que hemos repasado líneas atrás, y los de otros muchos casos que se tratarán con posterioridad, tienen en común la existencia de innovaciones muy simples y concretas. De alguna manera la lectura de estos casos invita al lector a cuestionarse «¿por qué no se me ocurrió a mí?» Esta suele ser característica común a las ideas que han producido historias de éxito en el mundo de los negocios.

d) *La innovación debe iniciarse a pequeña escala*
Será siempre recomendable partir de una determinada idea innovadora muy concreta, en línea con lo apuntado en el apartado anterior. Con posterioridad, a esa idea inicial se le irán uniendo otras que con el paso del tiempo darán lugar a conceptos que puedan considerarse revolucionarios.

No conviene olvidar en este punto que la innovación no se acaba en el momento en que se nos ocurrió nuestra gran idea, sino que deberá estar presente a lo largo de la gestión cotidiana de la empresa.

e) *La innovación debe apuntar al liderazgo rápido*
Por el hecho de recomendar partir de ideas innovadoras simples y centradas, éstas resultarán fáciles de imitar por nuestra competencia si no tomamos las medidas adecuadas para ello.

En algunos casos estas medidas podrán ser de índole legal, como ocurre en caso de acudir a posibles patentes o contratos en exclusiva. Pero, aun en estos casos, siempre será recomendable actuar también con criterios de estrategia empresarial para intentar asegurarnos el ansiado éxito.

Un buen ejemplo al respecto lo encontramos si estudiamos la evolución del negocio de la comida a domicilio en España, concepto en su momento innovador pero también fácilmente copiable. El pionero en nuestro país en este segmento fue Ring-Ring Pizza, que se vio desplazado de un mercado que dominaba, por no implementar una estrategia de crecimiento rápido. Cadenas como Telepizza, que sí siguieron un crecimiento explosivo se han visto aupadas hasta dominar un mercado en el que partían como *outsiders*.

2.3. FUENTES DE INNOVACION

Ya hemos reiterado la sustancial relevancia de la innovación en el campo del *Entrepreneurship*. Lo que pretendemos en este punto es de forma sistemática orientar al lector sobre posibles fuentes de referencia de las que servirse para alcanzar la gran idea. Autores como Drucker o Kuriloff han establecido clasificaciones de las principales fuentes de inspiración para aquellos que se encuentran en búsqueda de su particular idea innovadora. Los autores del presente libro hemos propuesto nuestra propia clasificación, basada en la de los citados autores, si bien incluye novedades al respecto.

No obstante, pretendemos hacer una consideración previa que consideramos de capital importancia. Es muy difícil que una innovación suponga la obtención del éxito económico si no va acompañada por una férrea voluntad de conseguirlo, lo que implica la necesidad de aprendizaje de las técnicas de la gestión empresarial.

Es entonces cuando surge la figura del *entrepreneur*, el empresario que innova, que debe ser el ejemplo a seguir por cuantos se encuentren en la tesitura de crear su propia empresa.

La citada clasificación propone las siguientes fuentes de innovación:

Cuadro 2.2. Fuentes de innovación

```
INVENCION    { IDEAS BRILLANTES
               NUEVOS CONOCIMIENTOS

             { SOCIALES O      { DEMOGRAFICOS
               CULTURALES        MATRIMONIOS TARDIOS
                                 NECESIDAD SERVICIOS
CAMBIOS                          NIVEL CULTURAL
                                 TIEMPO DE OCIO

               EMPRESARIALES   { NUEVOS USOS
                                 NUEVAS ESTRATEGIAS
                                 SISTEMAS CONTROL
                                 TECNICAS GESTION
                                 ARANCELES
```

2.3.1. La invención

Aunque ha se ha insistido en que no todas las innovaciones en el ámbito de la empresa deben pasar necesariamente por lo que podríamos catalogar como invención, sí es cierto que ésta es una vía notable para generar ideas innovadoras. En este punto, no vamos a diferenciar si ésta vino ligada a una idea brillante o fue fruto de un trabajo organizado en base a nuevos conocimientos, ya que a nuestros efectos no va a suponer diferencia alguna.

Suelen existir diferencias notables entre la invención y el resto de causas de posibles innovaciones, como puede imaginar cualquiera sin gran esfuerzo. Nos detendremos en dos de estos aspectos diferenciales: el horizonte temporal necesario para concretar la innovación en una oportunidad de negocio concreta y el perfil profesional requerido para acceder a la innovación vía la invención.

En primer lugar, debemos resaltar que, desde el momento en que surge la invención hasta que ésta tiene una aplicación práctica concreta, sucede un período dilatado de tiempo. Claro que en el resto de los casos tampoco se da una absoluta inmediatez para convertir una idea innovadora en una empresa pero, en todo caso, ese intervalo temporal es sensiblemente menor.

Así, por ejemplo, Rudolph Diesel diseñó el motor que lleva su nombre en 1897, pero sólo es a partir de los años treinta cuando su uso empezó a extenderse en diversos medios de transporte, como barcos, trenes o camiones.

En numerosas ocasiones esto es así porque son necesarios una sucesión de inventos para hacer posible la aplicación en términos empresariales del inicial. Tal fue el caso del aeroplano, que precisó para hacerse realidad de avances científicos en tres campos diferentes: la teoría aerodinámica, la metalurgia del aluminio y el motor de gasolina.

Bien es cierto que, cada día los medios con los que van a contar los científicos será mayores, y esto está dando lugar a que se recorten los tiempos en los que un determinado «invento» tenga aplicación práctica, pero siempre serán superiores al resto de los casos.

La segunda gran diferencia de la invención como fuente de innovación frente a las demás causas propuestas va a venir dada por el perfil necesario para quien desee innovar.

Llegar a la innovación por la vía de la invención está al alcance de muy pocas personas, aquellas con formación y práctica científica. Sin embargo, gente como Levy Strauss, Luciano Benetton o Amancio Ortega han sido capaces de innovar para crear empresas de enorme éxito y, sin embargo carecían por completo de un perfil científico.

Por consiguiente, aquellos lectores que en función de su formación estén capacitados para innovar a partir de lo que de manera genérica hemos denominado «invención» ahí pueden tener un filón en la búsqueda de la gran idea. El resto, que serán mayoría, que no desesperen, pues veremos a continuación muchas otras fuentes.

2.3.2. Los cambios sociales o culturales

Vivimos en un entorno que ha cambiado y lo sigue haciendo a velocidad de vértigo. A nivel político, económico, social o cultural son muchas las cosas que no son igual ahora que hace tan sólo cinco años, y muchas más serían las diferencias, si esa mirada retrospectiva la ampliáramos a diez o veinte años.

Los índices de natalidad han variado de forma considerable en estos años; los niños ya no se divierten con los mismos juegos que sus padres o sus hermanos mayores; el acceso al conocimiento de otras culturas es cada día mayor, a través de los viajes o indirectamente a través de los medios de comunicación, los hábitos de compra o de consumo van evolucionando... Estos, entre otros, son aspectos que ilustran con claridad lo que acabamos de avanzar.

Si realmente estamos atentos a todos estos cambios, con ese espíritu de búsqueda continua que propugnamos para acceder a la idea genial, podremos encontrar numerosas oportunidades de negocio que aprovechar y sobre las que edificar un próspero proyecto empresarial.

Vamos a pasar revista a las fuentes de innovación provocadas por estos cambios sociales:

a) **Cambios demográficos**

Es un hecho cierto que la población en los países más desarrollados está progresivamente envejeciendo como consecuencia de la conjunción de dos factores: el descenso de la tasa de natalidad, debido a un creciente uso de medios anticonceptivos, y un incremento del período medio de vida, ligado fundamentalmente a los avances en la medicina.

Esto ha provocado que, por ejemplo, las residencias de ancianos hayan constituido claras oportunidades de negocio en los últimos tiempos, quedando claro que no cabe confundir el término oportunidad con un mal entendido oportunismo derivado de una deficiente atención, sino más bien todo lo contrario.

Pero no podemos quedarnos simplemente ahí, pues hay y va a haber cada vez más gente perteneciente a la tercera edad que por su buena salud no van a precisar en absoluto acudir a una residencia pero, sin embargo, sí requerirán otros servicios específicos para su edad que ahora o no se cubren o se hacen de manera deficiente.

Tanto es así, que ya los norteamericanos han acuñado el término *woopies,* para referirse a la gente mayor y rica (traducción de *well-off older people*). Se trata de un nicho de población, progresivamente en aumento, que una vez finalizado su período de actividad laboral están en disposición de contar con una renta saneada. Pensamos que dentro de ese grupo social se hallan personas que a esa edad reciben una pensión, que en muchas ocasiones ven incrementada con los beneficios derivados de los fondos de pensiones que contrataron años atrás y que, por contra, deben atender a escasas obligaciones (su casa ya pagada, sus hijos ya educados y emancipados, etc.). En definitiva, disponen de notables sumas de dinero para hacer frente a sus gastos discrecionales, una vez atendidos los gastos considerados necesarios. Además, gracias a los avances médicos, suelen gozar de una buena salud.

Los departamentos de marketing de las principales compañías americanas han comenzado a trabajar para este segmento de población con gran éxito.

Por ejemplo, Sharp Electronics, considerando que la tercera parte de los compradores de sus hornos microondas superaban los 65 años y que para la mayoría de ellos los mandos eran excesivamente complicados, optó por añadir unas teclas para simplificar el uso de las funciones más comunes. Las ventas entre la gente mayor se incrementaron considerablemente.

Estos ejemplos norteamericanos irán progresivamente haciéndose realidad en otros países y constituyen una buena base para hacernos reflexionar en términos innovadores para encontrar nuestra idea de negocio.

También es cierto que los cambios demográficos han conducido a un desplazamiento de la gente a las ciudades. Si a esto unimos el uso generalizado del vehículo propio comprenderemos que los aparcamientos pueden suponer interesantes oportunidades de negocio.

Como ocurría en el caso anterior, también las soluciones a estas nuevas realidades pasan por una progresiva sofisticación para satisfacer la necesidad generada, por lo que ya no van a ser construidos únicamente aparcamientos simples, tal y como hoy los entendemos. Cada vez va a ser más común el uso de la inteligencia artificial para la construcción de los aparcamientos, debido a la escasez de suelo, con lo que se posibilita depositar un mayor número de coches por unidad de superficie. En otros casos, se van a implantar sistemas de copropiedad en la utilización de las plazas de aparcamiento al igual que ya se hace con las viviendas de segunda residencia.

b) Matrimonios tardíos

Otro cambio social evidente es un incremento de la edad media de acceso al matrimonio o a otras fórmulas alternativas de vida en pareja, especialmente en el mundo urbano.

Suele ser frecuente entonces que los jóvenes pasen por un período de vida en el que se emancipan y comienzan a vivir solos antes de casarse. Esta tendencia, ampliamente extendida en muchos países del entorno anglosajón, va de igual modo cobrando auge en España.

Este hecho, en principio, ha provocado sustanciales cambios en el mundo de la construcción: cada vez es mayor la oferta de apartamentos o estudios de carácter unipersonal.

Pero más allá de esta variación, han surgido otras muchas oportunidades de negocio amparadas por la presencia de un progresivo aumento del número de jóvenes que viven en solitario.

Por ejemplo, comienzan a aparecer pequeños electrodomésticos que se adecuan perfectamente a este uso unipersonal a la vez que sólo requieren un mínimo espacio. En este sentido, podemos destacar el ejemplo de la firma Bosch que ha desarrollado una línea completa de componentes para las cocinas, con la característica común de reducir su anchura a 45 centímetros. Incluso disponen de un horno que a la vez es microondas con el fin de que el ahorro de espacio sea todavía mayor.

A este mismo cambio de hábitos de vida podemos también achacar el gran desarrollo que ha venido adquiriendo en los últimos tiempos la comida a domicilio, también denominada «telecomida» por ser el teléfono el medio a través del cual el consumidor encarga su menú, para que le sea enviado a su domicilio, a su oficina, etc. En países como España este concepto se diseñó originalmente con las pizzas, pero actualmente se ha extendido la oferta y ya existen posibilidades de solicitar telefónicamente comida china, hamburguesas, o platos tan tradicionales de la gastronomía española, como la paella o la tortilla de patatas.

En este caso, aparecen, y no por casualidad, otras modificaciones en los hábitos de vida que también han favorecido este curioso fenómeno, como son la incorporación cada vez mayor de la mujer al trabajo o la implantación de horarios intensivos en las empresas, que conducen a la reducción del tiempo dedicado a la comida.

De manera paralela, y por causas similares, podemos también reparar en el auge tomado por la comida preparada. Tal vez estemos asistiendo en España al desarrollo del último estadío de la cadena de la comida preparada: «la cuarta gama».

Bajo este nombre se encuadran las verduras y ensaladas, frescas y acondicionadas, listas para ser consumidas o cocinadas que mantienen sus características organolépticas al estar conservadas bajo cadena de frío, sin aditivos ni conservantes. Las empresas comercializadoras de este tipo de productos ofrecen una amplia gama de ensaladas y sopas de muy sencilla preparación.

Los productos de «cuarta gama», de amplia implantación en Francia, han comenzado a ser comercializados en España con gran éxito, debido, una vez más, a que resuelven ese gran problema del escaso tiempo libre, y tal vez poca habilidad para la cocina, que preocupa a gran parte de las personas que viven solas.

c) Necesidad de servicios

Debido a cuestiones que acabamos de mencionar, como es la falta de tiempo, o a cambios en nuestras costumbres han surgido innumerables necesidades de atender ciertos servicios que son fuente de ideas innovadoras de negocios.

Ya han surgido en España empresas dedicadas a la gestión integral de servicios que te reservan unas entradas para la película de moda y te las envían a casa, te proporcionan un canguro para el sábado noche, te envían un fontanero para reparar una súbita avería un domingo o te limpian el apartamento.

En los Estados Unidos, paraíso del consumismo y cuna de estas empresas de servicios integrales, es famoso el chiste que narra la historia de un fontanero que acude al domicilio de un abogado y le carga 75 dólares por una reparación de media hora. Tras pagar, el abogado con cierta sorna comenta que él sólo cobra 50 dólares a la hora, a lo que el fontanero, irónico, responde: «eso es exactamente lo que yo cobraba cuando trabajaba como abogado».

La moraleja que debe extraerse de esta broma habla del enorme crecimiento y rentabilidad del sector de los servicios domésticos.

Pero obviamente esta necesidad creciente de servicios no se circunscribe en exclusiva al ámbito doméstico. Pensemos, a título de inventario, en el enorme desarrollo que han cobrado en el último decenio las compañías de seguridad, mensajería y transporte urgente, que han aprovechado ciertas deficiencias de los servicios públicos encargados tradicionalmente de satisfacer dichas demandas.

Más reciente es el nacimiento de otra serie de empresas de servicios tan variopintos como pueden ser la gestión de multas de tráfico, el archivo y custodia de documentos o los aerotaxis.

d) Elevación del nivel cultural

Uno de los factores en los que más certeramente puede reflejarse el desarrollo socioeconómico de los países es en las mayores oportunidades para la formación que encuentran todas las capas sociales. Si tomamos el ejemplo de España, no hay más que fijarse en la saturación que se registra en las aulas de muchas universidades para comprender que, por fortuna, el nivel de formación general del país se ha incrementado enormemente en los últimos años.

Por consiguiente pueden y, de hecho, ya han surgido algunas oportunidades de negocio que tratan de satisfacer o aprovechar necesidades derivadas de esos mayores estándares culturales que hemos descrito.

A este proceso se debe el extraordinario auge que han cobrado los centros de formación de postgrado o de reciclaje de directivos *seniors*.

Del mismo modo puede hablarse de todo lo relativo a enseñanza de idiomas, que ha proporcionado numerosas oportunidades de negocio en sus múltiples facetas: desde la simple academia, a la organización de viajes o campamentos de verano para aprender la nueva lengua hasta el desarrollo de programas de vídeo, televisión o software tendentes a facilitar el aprendizaje de lenguas vernáculas.

Como consecuencia de ese conocimiento de idiomas, fundamentalmente el inglés, cobró importancia el negocio de los canales denominados comúnmente «parabólicos» que permiten estar conectados a programas de televisión de todos los países de nuestro entorno, geográfico o cultural. En los próximos años, será la televisión por cable quien tomará el protagonismo.

Paralelamente a este hecho, las empresas dedicadas a la venta e instalación de antenas parabólicas vivieron momentos de esplendor en tiempos muy recientes. Con esto queremos resaltar que una innovación generadora de una cierta idea de negocio luego da lugar a una cadena de innovaciones subsiguientes que pueden ser aprovechadas por otros *entrepreneurs.*

e) **Mayor tiempo de ocio**

La reducción progresiva de la jornada laboral y una mejora generalizada de la calidad de vida permite en la actualidad disfrutar de más tiempo para el ocio, lo cual facilita también la búsqueda de ideas innovadoras de negocios.

En este contexto, podemos comentar el éxito que vienen apuntándose muchos gimnasios, más o menos sofisticados, en los que conviven desde el ama de casa, ávida de perder peso practicando *aerobic,* hasta el ejecutivo agresivo que pretende descargar la adrenalina en un apasionante partido de *squash.* Una vez más, coinciden también otros factores que coadyuvan a que triunfen este tipo de negocios, entre los que cobra singular importancia un cierto culto al cuerpo, surgido como un nuevo valor en los Estados Unidos en la década pasada, y que ya se ha generalizado en otras muchas culturas.

Lógicamente las aficiones van evolucionando, y a qué velocidad, por lo que surgen nuevas y variopintas fórmulas de diversión, como el *puenting, rafting,* o el *trekking,* que pueden dar lugar a empresas de muy distinta índole, una vez que atraen a un considerable número de adeptos. Unas son las fabricantes de los materiales necesarios para realizar estos nuevos deportes, otras las que se encargan de venderlos y, en tercera instancia, han surgido otras que se encargan de organizar los viajes para que los aficionados disfruten de su pasatiempo favorito.

Un buen consejo para cualquier emprendedor es que preste particular atención a los éxitos notables alcanzados por los deportistas de elite ya que, por efecto mimético, son muchos quienes comienzan a practicar aquel deporte en el que algún compatriota acaba de obtener un triunfo resonante, con la subsiguiente aparición de jugosos negocios.

Así, los triunfos de Santana en los años sesenta pusieron de moda el tenis en España, los éxitos de Ballesteros popularizaron el golf en los ochenta y, más recientemente, las victorias de Delgado o Indurain han traído consigo el *boom* del ciclismo en el que nos encontramos inmersos.

Aunque este campo es extensísimo, finalizaremos apuntando otras actividades relacionadas con el mundo del ocio que están cobrando vigencia en la actualidad, como pueden ser el turismo alternativo, la realidad virtual o las videoconsolas. Característica común en todos los casos es la creciente sofisticación de la oferta de las nuevas fórmulas de ocio que obligan a cualquier nuevo entrante en el mercado a realizar un redoblado esfuerzo por introducir continuas innovaciones en los conceptos que ofrezcan al público.

2.3.3. Los cambios empresariales

Del mismo modo que varían las costumbres sociales, se producen evoluciones debido a los cambios en la industria, que van a permitir al *entrepreneur* encontrar vías alternativas para generar ideas innovadoras de gran potencial.

Vamos a enumerar y ejemplificar algunas fuentes de innovación relacionadas con los cambios empresariales.

a) **Nuevos usos**

Existen numerosos casos en la literatura de *management* que nos presentan ejemplos al respecto. Tal vez uno de los más comunes es el de la pizarra. Este mineral fue empleado desde hace mucho tiempo como material para la construcción, y encontró un uso alternativo cuando se empleó en la fabricación de los encerados que formaban parte del paisaje habitual de muchas escuelas españolas algunas décadas atrás y que, por extensión, pasaron también a denominarse pizarras.

Bajo este epígrafe, también cabe incluir la utilización del silicio en la fabricación de chips o la de ciertos materiales antifungibles desarrollados en origen por la NASA para formar parte de los componentes de las naves espaciales que ahora se utilizan en la ropa que convencionalmente se vende a los aficionados al mundo de las motocicletas.

En otras ocasiones de trata de aprovechar la riqueza natural de alguna región geográfica para fomentar los usos alternativos de esos materiales autóctonos. Así, desde muchas instituciones públicas de Extremadura, se ha tratado de impulsar el uso del corcho, tan abundante en esa región española, gracias a lo cual han surgido empresas dedicadas a la fabricación de productos de corcho tan atípicos como agendas o faldas.

Un caso paradigmático de nuevo uso es el de las campañas de reutilización de spots publicitarios de televisión, que han aparecido en los Estados Unidos. Estas empresas ofrecen la posibilidad de volver a emplear un anuncio ya producido, y emitido con probada eficacia, sin más que añadirle nuevos textos para adecuarlo a su nuevo uso. Lo importante es que el sistema permite acceder a la publicidad en medios masivos de comunicación como es la televisión a empresas pequeñas o medianas, ya que el coste de alquiler del anuncio es significativamente menor al de producción de uno nuevo, y todo ello con los mismos medios que las grandes compañías multinacionales, para quienes se rodó en origen el anuncio.

Dentro del contexto de nuevos usos podemos finalmente incluir las nuevas formas de explotación de negocios convencionales o las diversificaciones surgidas a raíz de actividades ya existentes.

Respecto al primer aspecto, tomaremos como ejemplo la multipropiedad. En esencia, no es sino una nueva forma de explotación del negocio inmobiliario, fundamentalmente de segunda vivienda, que nace para aprovechar la estacionalidad en las vacaciones de grupos diversos, tanto por edad como por nacionalidad, que se turnan en el disfrute de una residencia vacacional que han adquirido en ese nuevo régimen que supone la multipropiedad.

Como diversificaciones podemos considerar el negocio del «outplacement», hacia el que han tendido muchas consultorías de recursos humanos, y que consiste en la recolocación del personal excedente de las empresas. Incluso, en este ámbito de los recursos humanos, se ha ampliado todavía más el servicio, y han aparecido compañías cuyo objetivo es el alquiler de equipos directivos.

b) **Nuevas estrategias empresariales**

Cada día las empresas pretenden ser más eficaces en todos sus aspectos, si bien según nos encontremos en épocas de bonanza económica o de recesión, o en uno u otro sector de actividad, priman más ciertas áreas funcionales.

De manera genérica se pretenderá incrementar las ventas, reducir los costes, producir más y más barato, tener un personal motivado, maximizar el valor de la empresa, etc. Todo esto ha facilitado el uso de nuevas técnicas de gestión, a cada uno de estos niveles, que ha posibilitado, y lo seguirá haciendo por descontado, el nacimiento de nuevas e innovadoras empresas.

Podemos incluir un ejemplo ya clásico como fue la aparición del modelo T de Ford, primer automóvil producido en línea y de forma masiva, que revolucionó todo el sector de la automoción, y que ha supuesto un planteamiento que en su base persiste todavía en la industria actual. Dicha revolución surge en 1908 gracias a una idea visionaria de Henry Ford, tan genial como simple.

Ya entonces, Ford preveía que el coche dejaría de ser un juguete para hombres ricos y su uso se extendería entre amplias capas de población. Ciertamente acertó.

Varias décadas después, la industria japonesa del automóvil promovió el «Just in Time» (JIM), técnica que pretendía la reducción de los stocks al máximo, con el objeto final de incrementar la eficacia en la fabricación de coches. Estas políticas se han generalizado en la industria automovilística hasta el punto de que cada vez más los fabricantes que se están convirtiendo en meros ensambladores de elementos del producto final que otros, y aquí es donde surge la oportunidad del negocio, habrán producido previamente.

El intento de maximizar las ventas también ha supuesto el nacimiento de muchas compañías. A nadie se le escapa el extraordinario *boom* que tuvieron hace pocos años las agencias de publicidad. Más recientemente están surgiendo otras oportunidades de negocio debido a la introducción de nuevas técnicas de marketing, como la venta por correo, el telemarketing, el *vending* o la venta por ordenador.

En ocasiones, estos servicios están teniendo que sufrir importantes adaptaciones para atender a segmentos específicos de mercado, como está ocurriendo con las compañías productoras de tabaco o bebidas alcohólicas cuya publicidad se viene restringiendo por ley en muchos países, posibilitando, por ejemplo, el nacimiento de firmas de consultoría especializadas en estas fórmulas alternativas de marketing.

Las necesidades de establecer más y mejores sistemas de control de gestión ha generado la necesidad del software capaz de poder implementar estos sistemas con la máxima eficacia. Programas para elaborar la contabilidad empresarial, para registrar las reservas en la industria hotelera, o para llevar la gestión de los almacenes son simples ejemplos que han posibilitado la aparición de firmas, en su momento innovadoras.

c) **Desaparición de aranceles**

Aun con vaivenes provocados por las denominadas guerras comerciales entre los tres grandes bloques económicos del momento (a saber, Europa, Japón y Norteamérica), parece que tendemos hacia una reducción de los aranceles que facilita el libre comercio internacional.

Los avances en la Ronda Uruguay del GATT y la creciente aparición de nuevas áreas geográficas de libre circulación de mercancías, desde la Unión Europea a la Asociación Latinoamericana de Libre Comercio pasando por la más reciente constituida por los tres países del Norte de América, dan fe de este movimiento favorecedor del libre comercio.

Si observamos por un momento el ejemplo español tras su incorporación a la CEE en 1986, pudiera parecer que más que causa de aparición de ideas innovadoras, la incorporación de nuestro país al Mercado Común Europeo ha supuesto un grave quebranto para muchas de las compañías españolas ya establecidas.

Esta postura pesimista, encuentra reflejo cuando se constata que nuestra incorporación a la Europa comunitaria ha supuesto más oportunidades para las empresas extranjeras de introducir sus productos en España que lo contrario. Un recorrido por los lineales de cualquier supermercado permitirá refrendar esta aseveración, al observarse cómo la proporción de productos comunitarios en establecimientos españoles va en incremento, mientras que la inversa no se da, al menos con igual ritmo.

Más allá de los problemas derivados de una negociación que algunos expertos consideraron precipitada y en la que primaron los intereses comunitarios, probablemente la causa de la situación descrita cabe encontrarla en una falta de competitividad de nuestras empresas, debida a multitud de factores que no vienen ahora al caso, a lo que deberemos unir una ausencia de cultura exportadora que ha presidido las acciones de la mayoría de las empresas españolas.

Si se consiguen corregir esos defectos, cuestión en la que deben incidir una multiplicidad de factores, que pueden ir desde los propios de una política macroeconómica, que permita mejorar la competitividad del empresariado español, pasando por una mejora de la formación de los cuadros directivos y empresariales, esta apertura de fronteras ofrecerá oportunidades ciertas para comenzar actividades absolutamente innovadoras. Algunas ya iniciaron esta aventura. Tal es el caso de muchos productores hortofrutícolas de Almería que, gracias al empleo de las más modernas técnicas agronómicas, han reconvertido una zona semidesértica o el de varias empresas manufactureras de tabaco que, aprovechando las excepcionales condiciones para su cultivo existentes en los cacereños valles del Tiétar y Alagón, producen, acondicionan y exportan este producto a los más diversos países.

Un buen ejemplo de aprovechamiento de las oportunidades que supone la introducción en nuevos mercados la constituye Chile, país que ha sido capaz de crear consorcios para la exportación de varios productos autóctonos con gran éxito incluso en economías tan competitivas como la norteamericana.

2.4. SECTORES EMERGENTES EN LOS AÑOS NOVENTA

En este punto se van a presentar una serie de sectores de actividad, que muchos expertos coinciden en señalar como los de más alto potencial de desarrollo, a corto y medio plazo. Por consiguiente, van a dar lugar a interesantes oportunidades de negocio.

Pretendemos que esta información sea considerada desde un planteamiento generalista. Se van a citar exclusivamente sectores o industrias interesantes, pero queda para el emprendedor la capacidad de reconocer la oportunidad de negocio concretada en un determinado producto o servicio.

Tampoco cabe colegir que no pueda constituir una interesante idea de negocio toda aquella que no se circunscriba a los sectores que se van a mencionar. En ocasiones, para determinados ámbitos geográficos pueden resultar de alto potencial ideas que no se encuadran en estos sectores y que además ya han dejado de serlo en otros lugares, por encontrarse allí el mercado absolutamente maduro.

Una última consideración que cabe resaltar es que muchos de estos sectores también serán interesantes en otros países, si bien para cada caso puede variar la oportunidad concreta en la que se plasme la idea de negocio genérica. Un estudio detallado de cada mercado siempre servirá de ayuda al respecto.

Por riguroso orden alfabético estos sectores emergentes son los siguientes:

2.4.1. Alimentación

Este es un sector que tradicionalmente resiste el impacto negativo de las recesiones económicas debido a su baja elasticidad respecto a la renta. Si además consideramos que España es un país con gran tradición de productor agrario, se entenderá el porqué de la inclusión aquí de este sector.

El potencial de las industrias alimentarias es extensible a sus industrias auxiliares, aunque se debe orientar siempre hacia oportunidades que reúnan entre sus características el situarse en mercados deficitarios dentro de su zona geográfica de influencia (pensemos en la UE para el caso español) y el contar con importantes dosis de valor añadido.

Se tratará, en primer lugar, de tratar de obviar de alguna manera la enorme competencia del sector mediante la especialización en aquellos productos en los que se cuente con alguna ventaja comparativa frente a los demás países. En este caso, estas ventajas provienen en muchas ocasiones de factores externos, como son las características edafológicas y climáticas, capaces de permitir el cultivo de determinados productos que constituyen las materias primas de la industria alimentaria.

Además se debe intentar dotar al producto del mayor valor añadido posible. Por un lado, debido a la creciente exigencia del consumidor a la que ya hemos aludido en este capítulo. Pero existe otra razón no menos importante: la mayor parte del dinero a ganar en el sector alimentario está en las fases de comercialización, y, cada vez menos, en las fases iniciales de producción de la materia prima. No hay más que pensar, por ejemplo, en el precio por kilogramo que recibe un productor de aceituna y el precio que paga el consumidor final por idéntica cantidad de aceite embotellado, y más aún si éste es fabricado por alguna empresa con «imagen de marca».

Por desgracia, en muchas ocasiones en España se ha prestado poca atención a este aspecto. Así la mayor parte del vino que se ha exportado desde nuestro país durante años era a granel. Con ello es difícil concienciar a los mercados exteriores de las excelencias de nuestros productos, que objetivamente existen, mientras que sí se reconoce en los provenientes de otros lugares. Francia, caso paradigmático, siempre ha cuidado mucho más lo que se podría denominar «marketing de país» hasta conseguir que el consumidor asocie la idea de vino de calidad a vino francés, queso de calidad a queso francés, o moda francesa a moda de calidad.

2.4.2. Biotecnología

Se trata de un sector de enorme auge, pero en el que la investigación y el desarrollo juegan un papel fundamental. Esto exige paciencia y, en muchos casos, los avances que otros ya han obtenido de la investigación hará que para el desarrollo de ciertas ideas ya sea tarde.

El campo de aplicación de las biotecnologías es enorme e incluye industrias como la farmacéutica, la química, la agropecuaria o la alimentación.

2.4.3. Electrónica

También éste es un sector donde la competencia es elevada, con participación de muchas compañías multinacionales. Pese a todo existen subsectores como la electrónica industrial (robótica, automatización de procesos...) en los que es posible entrar aún en el caso de empresas de pequeña o mediana dimensión, siempre que cuenten con tecnología propia.

En este caso, como en el anterior, será muy posible que para un emprendedor sin medios y sin formación técnica la fuente de oportunidades surja del aprovechamiento para fines específicos de los avances científicos que desarrollan quienes están en disposición de hacerlo.

2.4.4. Medio ambiente

El mercado ecológico va a gozar de una proyección espectacular. Además de la mayor concienciación ciudadana que se comienza a percibir en casi todos los países por todo aquello que ayude a conservar la naturaleza, la normativa legal va a constituir un factor crítico sobre el que se sustentarán las enormes perspectivas del sector.

En países como los Estados Unidos ya existe una normativa férrea cuyo fin es la preservación de los medios naturales y, con ese mismo espíritu, se ha desarrollado la normativa de la Unión Europea que terminará por plasmarse en nuevas leyes de obligado cumplimiento en los Estados miembros.

Dado que la filosofía genérica de toda esta normativa es, en términos sencillos pero claros, «quien contamina, paga», cabe esperar una mayor preocupación por parte de todos quienes están involucrados en la defensa del medio natural, que va a proporcionar una extensa fuente de oportuniades de negocio.

En última instancia, se va a conseguir que sea el ciudadano medio quien apueste decididamente por el consumo de aquellos productos que tienen un carácter ecológico, como ocurre en países como Alemania, donde es muy alto el grado de concienciación por estas cuestiones.

Entre las actividades que disfrutarán de un mayor crecimiento podemos señalar la gestión de residuos —incluyendo en algunos casos procesos de recuperación de energía—, el tratamiento de las aguas, el control de la contaminación atmosférica y la descontaminación de los suelos. Una vez más, debemos esperar que las oportunidades en este campo van a ir apareciendo en cascada: habrá oportunidad para quien pueda analizar el grado de contaminación de un suelo, para quien se encargue de descontaminarlo, para quien se dedique a repoblarlo, para quien cultive las especies agrícolas adecuadas para esa repoblación, para quien fabrique los filtros que traten de disminuir el grado de contaminación de los residuos industriales que son causantes de la posterior contaminación de los suelos, etc.

2.4.5. Nuevos materiales

Es un hecho seguro que los materiales con los que hoy se fabrican la inmensa mayoría de los artículos de uso común serán distintos en apenas una década. Se trata de una constante a lo largo de los últimos años, ante lo que conviene estar bien atentos pues genera importantes oportunidades de negocio.

En este contexto cobran especial relevancia dos tipos de materiales: los materiales compuestos o *composites* y las cerámicas. Los primeros tienen enorme utilidad en sectores tan diversos como la aeronáutica, los deportes, la defensa, la ingeniería civil, etc.

En cuanto a la cerámica, tendrá una gran utilidad en la industria del automóvil, hasta el punto que en Japón ya se utiliza en la elaboración de diferentes piezas de los motores.

2.4.6. Ocio

Como ya se ha apuntado, la mejora del nivel de vida permite disponer de más tiempo para el tiempo libre. Esto convierte al sector del ocio en uno de los más atractivos para los próximos años.

Particular interés puede representar el llamado turismo de salud, con especial incidencia en lo referente a la tercera edad, que adquiere particular interés en países como España, que por su clima benigno son lugar de paso habitual de muchos ancianos de muy diversa procedencia geográfica.

De igual modo, hay que insistir en que las necesidades de ocio en general se van a satisfacer de manera cada vez más sofisticada y de ello debe también obtener partido el aspirante a empresario, pues va a propiciar la aparición de oportunidades incluso en sectores que puedan parecer muy maduros y, por consiguiente, poco atractivos.

2.4.7. Servicios

Aparte del auge en los servicios a particulares, sobre los que ya se han expuesto numerosos ejemplos y cuya base está en los continuos cambios en los hábitos, costumbres y valores de las sociedades modernas, también se verán incrementados durante estos próximos años aquellos dedicados a empresas.

Conviene señalar al respecto que, según diversos estudios de mercado efectuados entre empresas europeas, cada vez se subcontratan más servicios externos, fundamentalmente en los campos del marketing y análisis de mercados, consultoría (incluidas las de medioambiente) y asesoramiento jurídico-fiscal. Este hecho afecta tanto a la gran empresa como a la pequeña.

Se advierte una tendencia progresiva de la gran empresa por subcontratar los servicios que no considera estratégicos para sus intereses en un intento por descargar su estructura de costes fijos. Por su parte, en la pequeña empresa hay otras funciones que también se subcontratan por carecer de los medios adecuados para realizarlas de forma adecuada. En ambos casos, pues, existe una buena posibilidad para aquellos terceros que estén capacitados para ofrecer el servicio requerido.

2.4.8. Tecnologías de la información

El uso del ordenador se está generalizando, tanto a nivel particular como empresarial, con lo que en este amplio campo de actividad se nos van a ofrecer continuas oportunidades de negocio.

Tanto es así que ya es un hecho cotidiano para mucha gente hacer la compra o hasta trabajar desde casa a través de un módem que nos conecta con el supermercado o la empresa.

Para esbozar algunas actividades para tener en cuenta, podemos referirnos a los servicios de software aplicado, la comunicación entre ordenadores, la transferencia electrónica de datos, la creación de bases de datos, las videoconferencias, etc.

2.5. METODOS PARA LA EVALUACION DE IDEAS DE NEGOCIO

Supongamos que siguiendo algunas de las recomendaciones que se han ofrecido hasta este punto ya hemos dado con esa que estamos constantemente definiendo como «la gran idea».

Existen una serie de técnicas, no excesivamente complejas, que permiten obtener una primera orientación sobre si esa idea tiene suficiente potencial y perspectivas favorables para la creación de una empresa próspera, es decir, si se trata de una idea viable. Para profundizar más en estas cuestiones plantearemos en el siguiente capítulo la elaboración de un completo Plan de Negocio en el que se estudien detalladamente todas las variables que concurren en la puesta en marcha de un determinado proyecto empresarial. Dada la complejidad de la realización de un plan de estas características, siempre es conveniente partir de una idea con cierto potencial, de ahí la utilidad de valorarla previamente mediante el empleo de estas metodologías que vamos a presentar a continuación.

Es obvio que no hay mejor prueba para constatar esto que poner en marcha la empresa y comprobar en un período razonable de tiempo el grado de aceptación de sus productos. Lo que pretendemos es intentar de alguna manera predecir de antemano, y por consiguiente con un menor riesgo, las posibilidades de éxito en base a una serie de criterios generalmente aceptados en el mundo del *management*.

2.5.1. El método de los cinco pasos

Este método plantea como recomendable establecer una secuencia de cinco pasos que a continuación vamos a enumerar para la evaluación inicial de una idea de negocio. Conviene aclarar al lector que alguno de los aspectos que ahora se van a tratar aparecerán desarrollados en toda su extensión en el capítulo dedicado al Plan de Negocio.

En busca de la idea de negocio 41

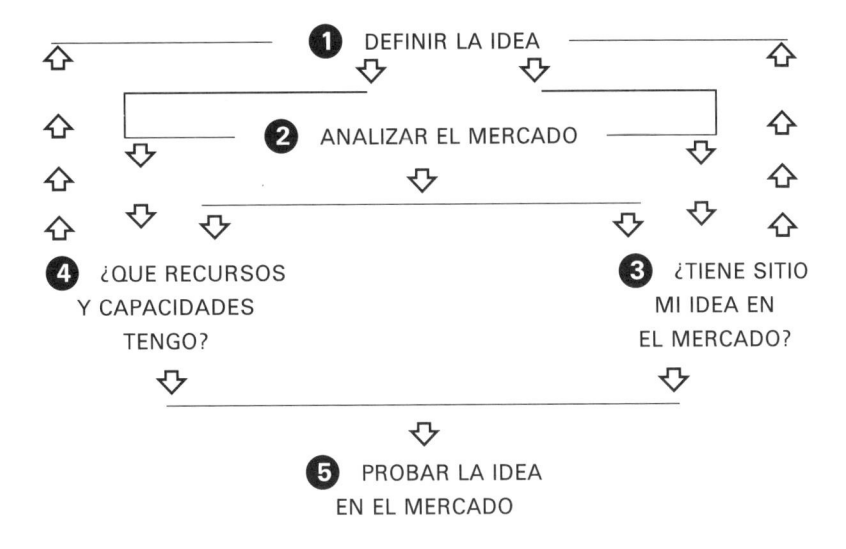

```
        ⇧ ──────────── ❶ DEFINIR LA IDEA ──────────── ⇧
                            ⇩
        ⇧      ┌─────── ❷ ANALIZAR EL MERCADO ───────┐      ⇧
        ⇧      ⇩                ⇩                    ⇩      ⇧
        ⇧   ⇩                                           ⇩   ⇧
        ❹ ¿QUE RECURSOS                          ❸ ¿TIENE SITIO
          Y CAPACIDADES                            MI IDEA EN
             TENGO?                                EL MERCADO?
               ⇩                                       ⇩
               └───────────────┬───────────────────────┘
                               ⇩
                      ❺ PROBAR LA IDEA
                         EN EL MERCADO
```

Figura 2.3. El método de los cinco pasos.

1.º Definir perfectamente nuestra idea de negocio

Hasta este momento hemos venido empleando indiferentemente los términos «idea de negocio» y «oportunidad» de negocio, cuando en sentido estricto, siguiendo la bibliografía existente sobre *entrepreneurship,* aparecen diferencias de matiz notables.

La oportunidad de negocio supone un avance frente a la idea de negocio. Así, se entiende que una oportunidad de negocio es una idea de negocio, atractiva, duradera, obviamente oportuna en el tiempo y configurada como un producto o servicio que crea o añade valor al comprador o usuario final del mismo.

De tal manera, una misma idea de negocio puede dar lugar a múltiples oportunidades, aun con indudables similitudes entre todas ellas. Por ejemplo, una idea que nace al observar una creciente demanda de un servicio de restauración rápido y barato sustentada en múltiples causas, muchas de las cuales ya han sido enumeradas a lo largo de este capítulo, puede concretarse tanto en una hamburguesería como en una pizzería que además ofrezca servicios a domicilio. Ambos conceptos se encuadran dentro del sector de la restauración denominado *fast-food,* pero las diferencias entre ambos pueden resultar importantes.

Por tanto, lo que se pretende con este primer punto es llegar a un importante grado de descripción de la idea original de negocio hasta que ésta constituya lo que formalmente acabamos de definir como oportunidad, con independencia de que posteriores investigaciones del mercado permitan establecer algunas modificaciones de matiz sobre el concepto original.

Esto supone, de manera genérica, lo siguiente:

— Definir qué producto o servicio pretendemos vender, esto es, cuál va a ser la fuente de ingresos de la futura empresa. Si continuamos con el ejemplo del *fast-food* podemos pensar en cuestiones como: ¿en qué tipo de cocina me voy a especializar?, ¿ofreceré servicio a domicilio o no?, ¿van a existir camareros para atender a los clientes o éstos habrán de dirigirse a una barra para solicitar su menú?...
— Fijar los objetivos que se pretenden alcanzar. En nuestro ejemplo, podemos pensar en un solo establecimiento o en la creación de una cadena.
— Determinar el segmento del mercado al que nos vamos a dirigir, siempre en consonancia con las necesidades que satisfaga nuestro producto o servicio: empleados de las oficinas de los alrededores, jóvenes matrimonios, o adolescentes son algunos de los segmentos para los que puede diseñarse un concepto de las características del que nos sirve como ejemplo.

2.º **Analizar el mercado sobre el que se pretende actuar**

Se trata en este punto de elaborar un estudio previo de los factores críticos que confluyen en el mercado de referencia. Entre éstos podemos destacar los siguientes:

— Volumen del mercado.
— Tendencia de este mercado.
— Competidores concurrentes y sus diversas estrategias de producto, precios, distribución, publicidad, producción, etc.
— Características principales de los consumidores potenciales: motivación y hábitos de consumo, situación socio-económica, posibles segmentaciones del mercado, etc.

3.º **Relacionar los pasos 1 y 2**

Deberemos enfrentar nuestra idea con ese mercado potencial, cuestionándonos por qué los clientes comprarían nuestro producto concreto si tal vez ya lo encuentren en la competencia. Esto exige ser conscientes de las ventajas diferenciales que ofrece nuestro producto o servicio frente a los competidores que ya operan en el mercado.

Suele ser particularmente interesante detectar cuáles son los puntos débiles de nuestra potencial competencia con el objeto de definir posibles nichos de mercado cuya necesidad o no está satisfecha o, en su caso, lo están de manera deficiente. Ese segmento de mercado será sobre el que deberemos volcar todos nuestros esfuerzos a la hora de poner en funcionamiento la empresa.

4.º Examinar nuestros recursos y capacidades

Supongamos que alguien pretendiera como idea de negocio abrir un pequeño taller mecánico para la fabricación de automóviles. Lo único que seguramente conseguiría sería provocar la hilaridad de cualquiera que oyera esta propuesta.

Las nuevas empresas generalmente son pequeñas y nacen con recursos limitados, por lo que sus creadores deben realizar un esfuerzo por ser realistas en las expectativas iniciales. Esto no supone poner ningún tipo de cortapisa al futuro empresario, solamente establecer un punto de pragmatismo.

De todos modos existen múltiples ejemplos para elevar la moral de aquellos más intrépidos. Por citar algún caso, es bien conocida la historia de Apple Computers. Nació como una minúscula empresa que llevaba a cabo sus operaciones en un pequeño garaje y, en poco tiempo, fue un rival terrible para un gigante de la categoría de IBM. Bien es cierto que éste es otro caso de acceso al éxito a través de la innovación, pues los fundadores de Apple tuvieron el acierto de empezar a fabricar ordenadores personales, cuando aún desde IMB se pensaba que el uso del ordenador era exclusivamente profesional, por lo que se centraban en la producción de grandes ordenadores.

Si estamos en disposición de llevar a cabo desde todos los puntos de vista la oportunidad previamente definida, podemos seguir avanzando.

5.º Probar la idea en el mercado

Por supuesto, la fiabilidad de estos tests, o pruebas, varía enormemente según cuál sea el sistema de investigación de mercado elegido y el tamaño de la muestra con que éste se realiza (cuestiones sobre las que se discutirá en el siguiente apartado).

Pero también es verdad que a veces pequeñas investigaciones de mercado, que pueden pasar por una simple conversación con un reducido número de usuarios potenciales del producto, sí nos dan pistas sobre el grado de aceptación que el mismo puede obtener en el mercado.

Lanzar una idea al mercado sin test alguno puede conducir a fracasos mayúsculos. Eso fue lo ocurrido cuando una compañía de paraguas lanzó una línea de estos productos a un precio superior en 10.000 pesetas a los de su competencia. Si hubiera realizado un sencillo test de mercado habría podido comprobar que el comprador de paraguas es, en general, altamente sensible al precio. La compañía quebró en un año.

2.5.2. Test de potencial de una oportunidad de negocio

Además del método de los cinco casos proponemos esta otra alternativa, basada en la revisión de algunos de los parámetros básicos considerados en la gestión empresarial.

Dedicaremos las próximas líneas a revisar someramente el cuadro ilustrativo:

Cuadro 2.3. Test de potencial de una idea de negocio

MERCADO	ALTO POTENCIAL	BAJO POTENCIAL
NECESIDAD	IDENTIFICADA	NO IDENTIFICADA
CLIENTES	RECEPTIVOS	LEALES A OTRO
PAYBACKUSER	− 1 AÑO	+ 3 AÑOS
VALOR AÑADIDO	ALTO	BAJO
VIDA PRODUCTO	DURADERA	PERECEDERO
ESTRUCTURA	IMPERFECTA	PERFECTA
CRECIMIENTO	CRECE AL 30%	DECRECE
MARGENES	> 40-50%	MENOR DEL 20%
LIDERAZGO	POSIBLE	YA CONSOLIDADO
COSTES		
PRODUCCION	MINIMOS	MAXIMOS
MARKETING	MINIMOS	MAXIMOS
DISTRIBUCION	MINIMOS	MAXIMOS
CONTROL		
PRECIOS	BASTANTE	POCO
COSTES	BASTANTE	POCO
PROVEEDORES	BASTANTE	POCO
DISTRIBUCION	BASTANTE	POCO

La necesidad

Cuando nos encontramos ante necesidades identificadas y que en el momento no aparecen correctamente satisfechas o ni tan siquiera se cubren, tendremos ante nuestra presencia ideas con un alto potencial. Así se entiende que la telefonía móvil esté adquiriendo un enorme desarrollo pues aporta la posibilidad de estar en permanente comunicación a un cierto segmento de población que, por sus ocupaciones, probablemente siente esa necesidad, deficientemente satisfecha por otros métodos previamente existentes.

Los clientes

En negocios en los que nuestros potenciales clientes mantienen una notoria lealtad a nuestros competidores, por prestigio, imagen de marca o cualquier otra razón, nos será complicadísimo triunfar. Por consiguiente, no parecen muy aconsejables sectores como las bebidas de cola, donde los esfuerzos publicitarios por crear marca han surtido ya su efecto y el cliente se identifica por completo con su refresco favorito.

El período de recuperación de la inversión

Por supuesto, siempre serán más atractivos, por menos arriesgados, aquellos negocios en los que el período de recuperación de la inversión sea más corto. El sector ferroviario requiere unas inversiones de enorme magnitud de modo que resulta poco atractivo para el nuevo empresario. Esta es la razón por la cual suele estar en manos de la iniciativa pública, que también contempla entre sus objetivos una cierta rentabilidad social, alcanzada con la prestación, en las mejores condiciones posibles, de un servicio público de primera necesidad como es el transporte.

El valor añadido

Cuando tengamos en nuestras manos negocios en los que se aporte un valor añadido alto, podremos afirmar que éstos son de un alto potencial. Sobre este particular no nos vamos a extender más ahora, pues se le dedica una atención pormenorizada en el punto 2.7.2.

La vida del producto

Los productos de vida duradera parecen más atractivos que los perecederos, los cuales pasado un cierto período de tiempo pierden todo su valor comercial. No obstante, aun en no perecederos, ciertos productos están más sujetos a modas, por lo que su vida comercial también es limitada.

La estructura del mercado

La teoría económica más elemental señala que sólo en mercados imperfectos es posible ganar dinero, y eso sucede así. Negocios como el alquiler de vídeos en España dejaron ya de tener un alto potencial. Animados por el éxito de los primeros videoclubs a principio de los ochenta, fueron apareciendo un gran número de establecimientos de esta índole. Llegado un momento, este exceso de oferta obligó a los promotores de estos negocios a entrar en una guerra de precios con el fin de captar a sus clientes. En situaciones como la que se describe, se produce una gran erosión en los márgenes comerciales, hasta el punto de convertir ese mercado en muy poco atractivo para los nuevos entrantes.

Afortunadamente, imperfecciones existen y, de ellas, las básicas provienen de las diferenciaciones en producto o en costes que dan lugar a las denominadas barreras de entrada, concepto sobre el que profundizaremos en el próximo capítulo.

El crecimiento del mercado

Una elevada tasa de crecimiento anual de un mercado es muy buena señal para entrar a competir en el mismo.

De manera esquemática todo producto o servicio atraviesa por un ciclo de vida como el que se observa en la figura adjunta, en el que cabe diferenciar cuatro fases: introducción, crecimiento, madurez y declive.

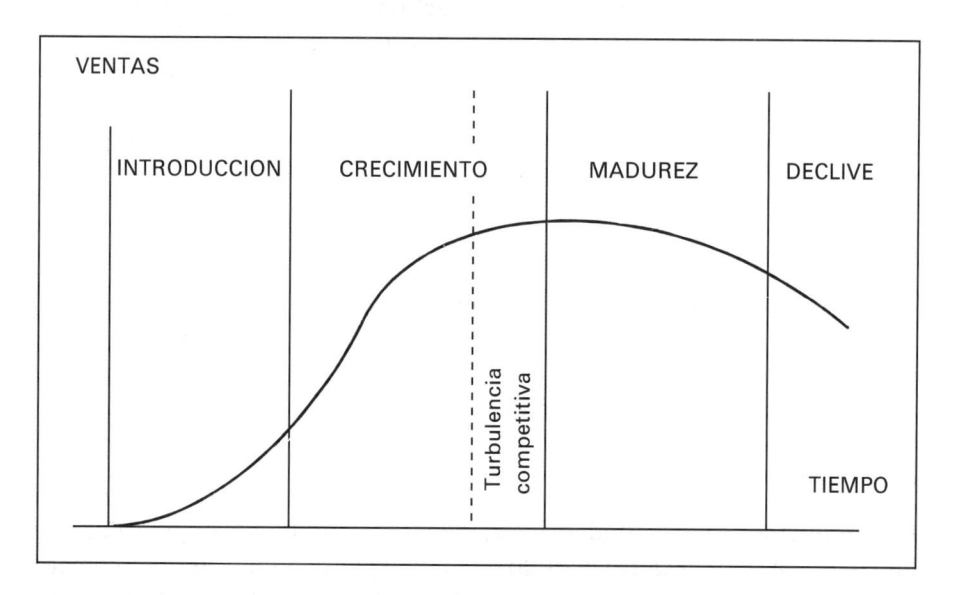

Figura 2.4. Fases del ciclo de vida de un producto.

En la fase de introducción existe una situación casi monopolística ejercida por la empresa que primero se introduce en el mercado. El comprador es poco sensible al precio, pues se siente atraído por la novedad, lo que permite a la empresa líder aplicar unos precios elevados que generan sustanciosos márgenes, ante lo cual aparecen otras empresas a competir en el mercado.

Durante la fase de crecimiento las ventas del producto aumentan a gran ritmo y comienza a observarse una mayor sensibilidad del cliente respecto a los precios. Empiezan entonces a surgir modificaciones en el producto, con lo que cobran importancia conceptos como la diferenciación y la segmentación de los mercados. En esta etapa se produce la mayor concentración de competidores, se acentúa la competencia y al final de la misma tiene lugar la desaparición de las empresas menos eficaces a través de procesos de quiebra, fusiones o absorciones.

La fase de madurez se caracteriza por acentuarse los fenómenos que aparecían en la anterior, como son la mayor sensibilidad a los precios y la segmentación. Es entonces cuando comienza a observarse un estancamiento de las ventas hasta que llega un momento en el que éstas comienzan a disminuir —fase de declive— por aparecer en el mercado un producto sustitutivo con el que se inicia de nuevo el ciclo descrito.

Todo este proceso puede durar unas pocas semanas, como ocurre con el negocio de la moda, o décadas, como en el caso de la industria automovilística. Por otra parte, el ciclo tiene su propio desarrollo en cada ámbito geográfico, de manera que productos en fase de madurez en ciertas zonas más desarrolladas puedan encontrarse en introducción en otros.

Una oportunidad de negocio tendrá, por tanto, más potencial en la medida en que suponga la comercialización de productos o servicios que se sitúen dentro de su mercado geográfico de referencia en las fases iniciales del ciclo. Aparte de otras consideraciones, vender en España en la década de los noventa teléfonos móviles parece más atractivo que vender ordenadores personales, producto en fase de madurez, con márgenes más estrechos por efecto de una competencia feroz. Claro que tampoco el negocio de la telefonía móvil se librará de entrar en esa fase de estrechez de márgenes, como ya habrán percibido quienes lleven en el sector algunos años.

Los márgenes comerciales

Como ya se acaba de apuntar, los mayores márgenes comerciales se obtienen en las fases iniciales del ciclo de vida del producto, y volvemos a insistir en que dichos negocios son los de mayor potencial.

El liderazgo del mercado

Sectores en los que se pueda aspirar a una posición de liderazgo, si no total al menos de ciertos segmentos del mercado, serán de gran potencial. Esta es la causa que, entre otras, nos desaconsejaría señalar el negocio de los detergentes como el más apropiado para quien desee fundar una nueva empresa, salvo que cuente con una fórmula superrevolucionaria que le permita desbancar a las grandes corporaciones multinacionales que dominan el mercado desde hace años.

Los costes

Obviamente, aquellas actividades que supongan menores costes de producción, marketing, o distribución parecerán de mayor potencial. Ahora bien, también lo serán para los demás, por lo que en breve tiempo tendremos una gran competencia a nuestro alrededor.

El control

En línea con lo apuntado al tratar las imperfecciones de los mercados, siempre que podamos controlar parte del negocio habremos abierto brechas que permitirán obtener buenos resultados. Para ejemplificar al respecto, baste señalar el control de los precios del que dispone quien asume el liderazgo de un sector o quien cuenta con un gran poder de negociación con los proveedores.

Por supuesto que no será posible cumplir todos estos requisitos simultáneamente, ni siempre el mundo empresarial se rige por normas fijas. Lo importante, para quien desee ser empresario, es valorar cuáles serán los factores críticos del éxito de su negocio y, en base a ello, tomar en consideración todo lo que se acaba de reflejar.

2.6. LA INVESTIGACION: UN FACTOR CLAVE EN LA BUSQUEDA DE IDEAS DE NEGOCIO

Como se habrá podido concluir leyendo las páginas anteriores la información jugará un papel decisivo tanto en el proceso de búsqueda de ideas de negocio, para llevar a cabo algún tipo de test previo al inicio de la actividad de la empresa de acuerdo a lo comentado en el punto anterior, o, para elaborar el Plan de Negocio.

2.6.1. Consejos para empezar a investigar

En general, sucede que aquellos mercados considerados menos atractivos para iniciar un proyecto empresarial resultan ser los más transparentes, y en los que se simplifica en mayor medida la labor de investigación. Para obtener información sobre el sector del automóvil, casi nos bastaría con seguir los datos aparecidos en la prensa diaria para tener una noción bastante clara sobre la situación actual y perspectivas del mismo.

Sin embargo esto no tiene que causar automáticamente el desánimo del futuro empresario. La receta para obviar esta cuestión vuelve a pasar por ser creativos, máxima que debe exigirse a todos los niveles a quien desee emprender una aventura empresarial. Si, por ejemplo, pretendemos llevar a cabo un negocio consistente en la exportación de conservas de espárrago a Alemania, a nadie se le oculta que contar con el dato del consumo diario de espárrago por alemán y año y su evolución en el último decenio resultaría de extraordinario interés para evaluar las posibilidades de éxito de semejante actividad. Dicho dato, será muy difícil encontrarlo, suponiendo que exista, a menos que viajemos hasta la propia Alemania. No obstante, sí es más sencillo acceder al dato del volumen de espárrago español exportado al país germano y comprobar que está incrementándose a fuerte ritmo en los últimos años. En definitiva, esto me lleva a concluir la aceptación del producto en ese mercado al que pretendo acceder, que, en el fondo, es lo que al empresario le debe preocupar con independencia del dato o la fuente (siempre que ésta sea fiable) consultado.

Un ejercicio recomendable para buscar información es preocuparse previamente de cuáles son los interrogantes que pretendo desvelar. Planificar de esta manera permite orientar el proceso hacia las «fuentes inteligentes», aquellas en las que encontraré la información previamente fijada, con lo que resultará más eficaz este proceso siempre complejo.

Con carácter general podemos hacer la siguiente división de las fuentes de información: fuentes de información existentes y fuentes de elaboración propia.

Fuentes de investigación existentes

Se trata de aquella información que ya ha sido elaborada y figura como material impreso. Son posibles fuentes a las que acudir para hacerse con este tipo de información:

- Diarios y revistas, tanto de información general, como de información económica o específica de sectores.
- Asociaciones empresariales y gremiales.
- Anuarios de empresas.
- Memorias de empresas.
- Informes elaborados por bancos u otras instituciones financieras.
- Instituciones públicas, en sus distintos ámbitos, incluyendo ciertas bases de datos con terminales en muchos organismos oficiales.
- Estadísticas oficiales.
- Embajadas, consulados y delegaciones comerciales.
- Universidades y escuelas de negocios.

— Firmas de consultoría y de investigación de mercados, en particular.
— Empresarios y profesionales.

El atractivo de la información ya existente es que su acceso es inmediato y, en muchas ocasiones, gratuito o muy económico, mientras que su mayor inconveniente es su falta de adecuación exacta a nuestras necesidades concretas. En todo caso, es aconsejable siempre contemplar estas fuentes antes de iniciar la actividad de la investigación propia.

Fuentes de elaboración propia

En ocasiones la información existente no nos es suficiente y deberemos completarla con nuestros propios datos. Esto no debe resultar extraño, ya que, por ejemplo, la actitud innovadora a la que constantemente estamos apelando dará lugar a conceptos de negocios, si bien en algunos casos no absolutamente novedosos, pero que, al menos, presentan ciertas peculiaridades. En esas circunstancias consideramos conveniente contrastar el grado de aceptación del producto o servicio. Veremos a continuación algunas metodologías para la investigación de mercados.

2.6.2. Iniciación a la investigación de mercados

Dentro de este apartado, vamos a considerar la investigación cualitativa, las encuestas, la observación, la pseudocompra y las técnicas para el lanzamiento de nuevos productos.

El objetivo de este apartado es ofrecer al lector una visión general de estas metodologías para que tenga conocimiento de las mismas y pueda emplearlas en alguna de las fases que se contemplan en la creación de una empresa, remitiéndole, en todo caso, a bibliografía específica para una mayor profundización en las cuestiones que atañen a la investigación de mercados.

Cuadro 2.4. Clasificación de métodos de investigación de mercados

A. INVESTIGACION CUALITATIVA	C. OBSERVACION
A.1. OPINIONES DE EXPERTOS	D. PSEUDOCOMPRA
A.2. ENTREVISTAS EN PROFUNDIDAD	
A.3. ESTUDIO DIRIGIDO DE GRUPOS	E. TECNICAS APLICABLES AL LANZAMIENTO DE PRODUCTOS
B. ENCUESTAS	
B.1. PERSONAL	E.2. TEST DE PRODUCTO
B.2. POSTAL	E.1. TEST DE CONCEPTO
B.3. TELEFONICA	

Existen compañías especializadas en la investigación de mercados a las que se puede dirigir el potencial empresario para que le presten sus servicios con dicha finalidad, pero en otras ocasiones la escasez de recursos obligará al emprendedor a realizarla por sí mismo.

Investigación cualitativa

Consiste en entrevistas con pequeñas muestras de personas que se realizan de una forma no estructurada. Dentro de este tipo de investigación se encuadran las opiniones de expertos, las entrevistas en profundidad y el estudio dirigido de grupos.

Opiniones de expertos

En algunas ocasiones la consulta con expertos del sector a los que, por ejemplo, presentemos nuestra idea de negocio para su consideración puede aportar datos muy valiosos.

Estas entrevistas incluyen algunas preguntas ya preparadas, aunque muchas veces se obtiene la mejor información mediante conversaciones libres. Quedará en manos del entrevistador conducir la conversación por el camino más interesante.

Entrevistas en profundidad

Se realizan a un pequeño grupo de personas y suelen durar más de una hora. Son útiles para descubrir motivos y actitudes sutiles, tal vez subconscientes, pero que tienen a posteriori una influencia decisiva para obtener el éxito en un nuevo negocio, de ahí que sea una técnica muy empleada incluso en grandes corporaciones.

Igual que el método anterior, su uso parece apropiado para la valoración de ideas de negocio y, sobre todo, para permitir un grado mayor de definición de las mismas en virtud de los resultados de la investigación que se realice, por ejemplo, con usuarios potenciales.

La ayuda de personas con sólida formación psico y sociológica suele ser muy importante para conducir este tipo de reuniones.

Estudio dirigido de grupos

Un grupo dirigido está compuesto por seis a diez personas que se enfrascan en un debate centrado sobre un tema relacionado con el interrogante de la investigación. Como ocurría con las entrevistas en profundidad, su utilización requiere entrenamiento o experiencia en su aplicación.

Encuestas

Es el elemento de investigación primordial en los estudios descriptivos. Las aplicaciones del uso de encuestas es muy variado, pero a efectos de investigación de ideas de negocios podemos destacar los siguientes:

- Concepción de productos o servicio.
- Intenciones de compra.
- Forma de uso de los productos.
- Frecuencia de compra.
- Influencia de marcas y logotipos.
- Influencia de precios y lugares de compra.
- Influencia de la publicidad y promociones.
- Hábitos de compra y motivaciones.
- Previsiones de venta.

A su vez las encuestas pueden ser personales, postales o telefónicas, en función del medio usado para llevarlas a cabo.

Vamos a analizar los diferentes tipos de encuestas, haciendo especial hincapié en las ventajas e inconvenientes que ofrece cada sistema:

Encuesta personal

Es aquella en que entrevistado y entrevistador están cara a cara. Puede desarrollarse en el hogar o *in situ*. Este último método puede resultarnos más eficaz por estar claramente ante nuestro público objetivo, como por ejemplo ocurriría si fuese al supermercado a preguntar a las amas de casa sobre sus hábitos de compra de conservas vegetales.

Ventajas:

- Elevado número de respuestas.
- Evita influencia de otras personas en el encuestado.
- Reduce considerablemente el número de respuestas evasivas.
- Se conoce con certeza quién responde la encuesta.
- Pueden mostrarse materiales auxiliares: fotografías, láminas, productos, etc.
- Se obtienen datos secundarios mediante la observación (presencia, edad, sexo, etc.).

Inconvenientes:

- Relativamente lento.
- Posibilidad de distorsiones debidas al entrevistador.

Encuesta postal

La recogida de información se efectúa mediante un cuestionario que se envía y devuelve por correo siendo éste cumplimentado por la propia persona a la que se le solicita la información.

A veces, su uso será esencial si es el único medio de contacto con el entrevistado o cuando se trata de realizar un test de producto sobre la venta por correo.

En estas encuestas, junto al cuestionario deberá incluirse una carta de presentación que haga referencia a cuestiones como: quién realiza la investigación, objetivos y repercusiones de la misma, necesidades de la colaboración del entrevistado, anonimato de éste y tratamiento global de la información, y unas instrucciones para rellenar el cuestionario.

Suele elevar el porcentaje de respuesta si va dirigida nominalmente y si se firma de puño y letra la carta de presentación.

Ventajas:

- Puede llegarse a muchas personas por lejanas u ocupadas que estén.
- Flexibilidad en el tiempo para el entrevistador.
- Elimina influencia del entrevistador.
- Reduce el tiempo de la fase de recogida de la información.

Inconvenientes:

- Bajo índice de respuesta. En previsión de esto es aconsejable enviar un número considerablemente superior de encuestas de las que consideremos como cantidad orientativa.
- No se conoce con certeza quién rellena el cuestionario.
- Posibles influencias de terceros en las respuestas.
- Pueden producirse distorsiones como consecuencia de la lectura completa del cuestionario con anterioridad a su contestación.
- Imposibilidad de mostrar productos y de obtener datos secundarios.
- Sistema no válido si deseamos contar con la información en períodos de tiempo muy breves.
- Método muy problemático cuando no se dispone de censos nominativos de la población que se desea investigar.

Encuesta telefónica

El uso del teléfono en investigación puede orientarse en tres sentidos. A saber:

- Como medio único para realizar la información.
- Como un medio que puede combinarse con otros.
- Como medio auxiliar para otras técnicas:

a) Establecer citas para desarrollar una entrevista personal.
b) Informar sobre el envío por correo de un determinado cuestionario.
c) Reclamar envío de un cuestionario postal.
d) Completar cuestionarios realizados por vía postal.

Ventajas:

— Técnica muy rápida.
— Permite entrevistar a personas muy importantes o muy ocupadas.
— Mejor inclinación a responder por teléfono.
— No hay deformaciones derivadas de lecturas previas del cuestionario.
— Elevado índice de respuestas.

Inconvenientes:

— Sólo se puede entrevistar a quienes tengan teléfono.
— No puede utilizarse material de exhibición.
— Brevedad de la entrevista (nunca se usará para cuestionarios de más de diez minutos).
— Desconfianza del entrevistado.
— No se pueden obtener datos secundarios.

Con independencia del sistema de encuesta elegido, la elaboración de un buen cuestionario es de gran importancia. Por consiguiente, siempre resultará interesante la elaboración de un guión previo en el que, además de los temas a tratar, se consideren aspectos como el orden del cuestionario, el tipo de preguntas que se van a emplear, su duración máxima y mínima, el diseño del mismo, si pretendo obtener determinada información con una batería de preguntas o de forma indirecta, etc.

Como sugerencias para quienes deseen utilizar encuestas en su investigación de mercado podemos señalar las siguientes:

- Las preguntas deberán formularse en un lenguaje popular, comprensible y que invite a colaborar.
- Las preguntas deben ser lo más cortas posibles. Preguntas cuya lectura dure más de un minuto y que repitan conceptos pueden confundir al entrevistado.
- Las preguntas deben tratar de ser neutras y no incluir palabras que estén cargadas de determinadas connotaciones.
- No incluir temas de difícil contestación o cuya respuesta implique la realización de cálculos (salvo que se trate de entrevistas con expertos). Será difícil que una ama de casa conteste cuántos litros de aceite consume anualmente. Fijar un período de tiempo más corto, sin duda, ayudará a encontrar más respuestas fiables.

- Es aconsejable introducir alguna pregunta de control.
- Caso de necesitar los datos del entrevistador, éstos deben pedirse al final.
- El cuestionario debe ser de dificultad progresiva.
- Su duración no debe exceder los treinta minutos.

Observación

Una alternativa para obtener información es sencillamente observar.

El campo de aplicación de la observación comprende desde las conductas físicas de vendedores, compradores y distribuidores, hasta cualquier otro control de los hechos externos de las principales variables del marketing.

Es importante que se lleve a cabo sin llamar la atención para que la persona observada no modifique su comportamiento habitual al saberse objeto de investigación.

Se trata de un sistema barato y exacto; por ejemplo, si pretendemos averiguar el flujo de tránsito por determinado lugar a fin de determinar la ubicación definitiva de nuestro futuro negocio.

También es una metodología comúnmente empleada como ayuda para perfilar conceptos empresariales o, incluso, para la generación de ideas de negocio.

Algunas veces será la única alternativa de investigación como en el caso de los fenómenos fisiológicos de los bebés.

Aunque, en la generalidad de los casos, la observación física será la mayoritariamente empleada, también existe la observación mecánica, realizada con ayuda de instrumentos, como es el caso de los medidores de audiencia televisiva, aunque su empleo por resultar más sofisticado quedará reservado casi en exclusiva a compañías especializadas.

Pseudocompra

Uno de los problemas más importantes que se presentan en la encuesta es la falta de colaboración de los encuestados, que dificultan o pueden llegar a impedir su uso.

Ante esta situación, un método interesante para obtener información, fundamentalmente sobre las actitudes de venta de los establecimientos, es la denominada pseudocompra.

Esquemáticamente consiste en que el entrevistador se presenta en el local comercial como comprador y no como entrevistador. Su comportamiento debe parecer el de un entrevistador normal aunque debe actuar de forma premeditada, haciendo comentarios que supongan un estímulo para el vendedor, y a cuyas respuestas debe prestar gran atención.

El empleo del método se ajusta a los siguientes casos:

- Conocer el comportamiento del vendedor respecto a las marcas: ¿Aconseja alguna?, ¿cuáles?, ¿qué argumentos emplea?, etc.
- Cuando la información necesaria puede deducirse del comportamiento del vendedor.
- Cuando la información que deseamos se encuentre en pocos establecimientos y se requiera información personalizada de cada uno de ellos.

Técnicas de investigación aplicadas al lanzamiento del producto

Al igual que puede decirse de las encuestas, éstos son métodos complejos de realizar de manera personal por el potencial empresario salvo que cuente con preparación específica para ello. No obstante, entendemos que es útil conocerlos, siquiera someramente.

Test de concepto

Una vez definido el concepto básico del producto o servicio que pretendemos comercializar, esta técnica está diseñada para contrastar su validez entre el público objetivo al que va dirigido.

A veces, si pensamos que dicho producto es susceptible de ser usado en diferentes segmentos de mercado, el test de concepto nos servirá para determinar entre cuáles de ellos obtendremos más aceptación.

Para llevar a cabo un test de concepto se puede hacer uso de técnicas ya descritas, como la entrevista en profundidad, la reunión de grupo o la encuesta. Siempre se obtendrán mejores resultados si podemos utilizar fotografías, maquetas, dibujos, muestras o prototipos para ilustrar la definición del concepto objeto de estudio.

Test de producto

Se utiliza para tratar de encontrar soluciones a una amplia variedad de problemas de marketing y de desarrollo del producto. Es aplicable a situaciones como las que se enumeran a continuación:

- Determinar si los posibles consumidores son capaces de distinguir las diferencias existentes entre dos productos distintos.
- Desarrollo de nuevas fórmulas.
- Mejora en la composición del producto (consistencia, olor, sabor, color, etc.).
- Pruebas de cualquiera de las variables del marketing-mix (producto, precio, distribución y promoción/publicidad).
  Este tipo de test corresponde a una fase más avanzada del proceso de creación de empresas, pues implica la existencia de productos concretos, iguales o similares a los que luego se pondrán en venta.

A su vez, la metodología seguida en test de producto puede responder a tres técnicas:

- Test monádico: el sujeto sólo prueba un producto.
- Test monádico secuencial: el sujeto prueba dos productos en períodos sucesivos de tiempo, con la precaución de impedir que todos los usuarios prueben siempre primero el mismo producto.
- Test por comparación de pares: el sujeto prueba dos productos en comparación directa. Se trata de expresar preferencia por alguno, mientras que en los tests monádicos se puntúa el producto de acuerdo a una escala establecida previamente.

2.7. ALGUNAS CLAVES PARA LA ELECCION Y DESARROLLO DE IDEAS DE NEGOCIO

En el presente apartado se expondrán una serie de criterios generales —la enorme casuística en este área impide el establecimiento de normas fijas y concretas— con los que abordar el proceso de generación de ideas de negocio y su posterior análisis en el marco de un Plan de Negocio, sobre cuya finalidad y contenidos se entrará en detalle en el capítulo siguiente.

Se trata de una serie de consejos prácticos a los que hemos llegado tras una amplia experiencia en el campo de la creación de empresas, y que sugerimos sean motivo de reflexión para cuantos desean emprender una aventura empresarial. Sin más dilación, pasamos seguidamente a desvelar esas claves.

2.7.1. Pensar siempre en términos de creación de empresas, y no de simples negocios

Esta es una máxima que preside toda la filosofía del presente libro, y como tal, ya se ha puesto de manifiesto desde sus primeras páginas. Concurren varias circunstancias que nos han llevado a establecer este principio general, sobre las cuales vamos a profundizar.

En primer lugar, es un hecho cada vez más incuestionable que la creación de verdaderas empresas con vocación de competir a medio y largo plazo constituye el principal presupuesto de modernidad para las sociedades desarrolladas.

Sin embargo, debido a las cada día mayores exigencias de rigor presupuestario, el papel de los Estados como empresarios está perdiendo protagonismo, del mismo modo que, por idénticas razones, se comienzan también a plantear nuevas fórmulas para asegurar en el futuro a medio plazo lo que muchos autores denominan como el «Estado del bienestar».

Con independencia de las posiciones políticas de partida que rigen la acción de gobierno, y España constituye un buen ejemplo de ello, este fenómeno se manifiesta en procesos constantes de privatización de empresas públicas.

Esta situación a la que se ven abocados muchos países pasa necesariamente por la aparición de la iniciativa privada como generadora de un tejido empresarial sólido, que será el mejor garante de la creación de riqueza, empleo y bienestar para la sociedad en general. En caso contrario, surgirán situaciones realmente angustiosas como cualquiera habrá podido comprobar al entrar en crisis sectores que han estado sostenidos tradicionalmente por la iniciativa pública en base a principios loables, pero entre los que no se incluía de forma prioritaria la rentabilidad económica, y que constituían el *modus vivendi,* de forma directa o indirecta, de la mayor parte de la población del área geográfica afectada.

Paralelamente, se observa cómo la estructura empresarial de la mayoría de los países como España está conformada por empresas de reducida dimensión, tradicionalmente denominadas PYMES (pequeñas y medianas empresas). A efectos ilustrativos, se propone la siguiente clasificación de empresas incluidas en la Cuarta Directiva de Sociedades de la Comunidad Europea, que considera variables como las ventas, número de empleados y activos netos.

Cuadro 2.5. Clasificación de empresas según la Cuarta Directiva de Sociedades de la UE

NUM. DE TRABAJADORES		ACTIVO NETO (Mill. ptas.)	VENTAS (Mill. ptas.)
PEQUEÑA	< 50	< 200	< 850
MEDIANA	50-200	200-450	850-1.750
GRANDE	> 250	> 450	> 1.750

Pensemos además, que la mayor parte de las empresas de nueva creación van a entrar a formar parte de la categoría de PYMES. Por consiguiente todas estas compañías de dimensiones reducidas, existentes o de futura aparición, o se disponen a competir con estrategias auténticamente empresariales o se verán abocadas a desaparecer en unos mercados crecientemente exigentes y concurridos.

Existe una última razón que nos lleva a plantear en este punto la importancia de pensar en proyectos de creación de empresas y no de simples negocios. Se trata, sin duda, de algo de menos calado pero irrefutable: para iniciar un simple negocio es obvio que no se necesita seguir un proceso tan sofisticado para su puesta en marcha como el que tratamos de explicar en este libro.

Es indudable que resulta muy complicado establecer unos criterios estrictos para diferenciar entre simples negocios y lo que estamos denominando verdadera empresa. Incluso ideas que en principio pueden dar paso a empresas pueden desembocar, por el desarrollo que se proponga para llevarlas a cabo, en simples negocios. Para tratar de profundizar más en estas cuestiones vamos a seguir un ejemplo.

Inicialmente, el establecimiento en las islas Canarias de una empresa dedicada a ofrecer un servicio de chárteres turísticos en embarcaciones a vela para la realización de excursiones a lo largo del litoral insular parece interesante: se trata de un lugar con una enorme afluencia de turistas a lo largo de gran parte del año; las condiciones de clima y mar son muy favorables en la zona, lo que permitiría seguramente la explotación de la actividad a lo largo de casi todo el año; la afición a los deportes náuticos es creciente y cuenta con una notable tradición en Canarias; empresas similares ya funcionan con éxito en otros lugares; se trata de una idea que entronca perfectamente con la pretensión que existe en el sector turístico español de ir ofreciendo cada vez mayores servicios complementarios a un turista cada vez más exigente una vez comprobado el agotamiento de la simple fórmula «sol y playa», etc.

Consideremos que, para llevar a cabo esta idea de negocio, los promotores de la misma deciden contar únicamente con un velero de reducidas dimensiones, que junto con un teléfono móvil, único medio de contacto con la empresa (?), constituye el conjunto de activos de la empresa. Por otra parte, en lo que se refiere a los recursos humanos, se decide contratar a un solo empleado a tiempo parcial que haría las funciones de patrón del barco.

En las condiciones descritas en el párrafo anterior, podemos concluir que lo que se pretende abordar en este proyecto es más bien un «negociete» de verano para proporcionar a sus promotores unos ingresos extras y no una empresa con vocación de permanencia en el mercado, ya que, a todos los niveles, carece de los recursos suficientes para ello.

En cualquier caso, no debe pensarse que la dimensión es el único parámetro que marca la diferencia entre lo que estamos denominando negocio frente al concepto de verdadera empresa. Es más, existen PYMES que están muy sólidamente establecidas en el mercado y con una estructura y una organización diseñadas para seguir haciéndolo en el medio y largo plazo.

En determinadas circunstancias, para llevar a cabo una cierta actividad económica de manera rentable no pueda sobrepasarse una determinada dimensión, por lo que las empresas eficientes que competirán en ese mercado tendrán las características de PYME. Tal es lo que ocurre en el siguiente caso. Vamos a considrear la idea consistente en la puesta en marcha de una empresa dedicada a la recuperación de residuos industriales con vistas a su posterior reciclado y reutilización.

La empresa en estudio tendría por sede una capital del Norte de España con un importante crecimiento industrial, concentrado en sólo cuatro polígonos industriales, lo que, sin duda, facilitaría el desarrollo de su actividad.

Una de las principales ventajas de esta empresa vendría dada por la posibilidad de hacerse con una importante clientela cautiva, ya que pretendía instalar contenedores en las industrias que les vendieran desechos, utilizando como argumento para la consecución de este objetivo la importante reducción en costes de almacenaje que supondría la contratación de este servicio.

De manera breve, señalaremos que la operativa básica del negocio consistiría en la recogida diaria de esos contenedores y su traslado a la planta de reciclado donde, tras una serie de procesos industriales, se obtendría un producto susceptible de ser reutilizado. También aclaremos que éste es un negocio en el que se mueve un gran volumen de materiales, y los márgenes comerciales son pequeños.

Por otro lado, la principal partida dentro de la estructura de costes de esta actividad la constituye la del transporte de los contenedores a la planta de reciclado.

Tras esta somera descripción del negocio estaría perfectamente justificado, desde el punto de vista de la rentabilidad, que el ámbito territorial de actuación de la empresa fuese estrictamente provincial.

Diseñada de esta manera, la empresa en cuestión tendría una estructura de mediana o pequeña empresa, pero estaría en disposición de consolidarse en el mercado.

Por tanto, concluyamos diciendo que lo importante es desarrollar buenas ideas de negocio de modo que den lugar a empresas verdaderamente competitivas con independencia de la dimensión que para ello deban adquirir.

2.7.2. Las ideas deberán aportar valor añadido

Este punto resulta complementario del anterior, ya que sólo aquellos proyectos en los que se está aportando valor añadido podrán ser considerados generadores de verdaderas empresas, preparadas para competir con un cierto horizonte temporal, dotadas de una cierta estructura a todos los niveles, y, en definitiva, creadoras de riqueza y bienestar.

Vamos a tomar en esta ocasión como ejemplo una idea de negocio que estudia la introducción en España de pijamas de papel. Los promotores del proyecto pretendían comercializar el producto en hoteles y hospitales habiendo contado con los servicios de una experta diseñadora que había creado una atractiva y variada gama.

Una vez más, la idea resulta de verdadero interés: en los hospitales sería de utilidad el empleo de estos pijamas para aprovechar sus cualidades antisépticas además de producirse un apreciable ahorro en costes de limpieza, mientras que los hoteles podrían ofrecer una prenda tan olvidadiza como el pijama al igual que ya hacen de forma más generalizada con zapatillas o material para el aseo personal.

Para la fabricación del producto, los promotores habían contactado con una importante empresa escandinava con la que se firmaría un contrato de importación en exclusiva.

La decisión parece acertada pues difícilmente se obtendría una mejora en costes con fabricación propia y, además, con esta última opción se incrementaría el nivel de la inversión, y, con ello, el riesgo del negocio de forma injustificada.

Del mismo modo, se subcontrataría la labor comercial a una fuerza de ventas ajena que trabajaría a comisión. Aquí es donde surge la pregunta: ¿A qué se dedicará entonces esta empresa? Pues a una mera labor de intermediación que, además de aportar un escaso valor añadido, presenta gravísimos riesgos si decidiese ponerse en funcionamiento por estar muy débilmente sustentada desde un punto de vista de posicionamiento estratégico. Pensemos que fabricante y vendedor podrían perfectamente contactar para seguir adelante, teniendo en cuenta la escasa aportación de la empresa en cuestión. Incluso a las grandes multinacionales que ya comercializan productos de papel para gran consumo no les resultaría difícil ofrecer tanto a fabricante como a vendedor unas mejores condiciones económicas, lo que dejaría a la empresa del ejemplo de nuevo fuera de juego.

Puede que alguien piense que el hecho de tener un contrato en exclusiva con nuestro proveedor nos alejaría de los riesgos señalados líneas atrás.

Por desgracia, la existencia en el mercado de otros potenciales fabricantes de pijamas de papel, también muy cualificados para ello, no impediría que bien nuestros distribuidores u otras empresas comenzarán a vender el producto elaborado por éstos con mayores posibilidades de éxito que la empresa que nos está sirviendo como ejemplo.

En suma, son las empresas que aportan valor añadido las que más posibilidades tienen para sobrevivir en mercados como los actuales, sobre cuya creciente competitividad no vamos a insistir en este punto.

2.7.3. Las ideas de negocio deberán responder a planteamientos realistas

En los diferentes sectores de actividad económica se opera de una determinada manera que, desde luego, hay que tener en cuenta a la hora de definir una determinada idea de negocio. Dicho de manera más rotunda: las cosas son como son y no como nos gustaría que fueran.

Vamos a retomar el ejemplo de la empresa de chárteres náuticos en Canarias. En las islas ya existe, junto a alguna otra de menor importancia, una empresa similar que cuenta con una serie de características interesantes que pasamos a resumir seguidamente.

Esta compañía cuenta con varias embarcaciones por lo que ofrece diferentes itinerarios; posee un local comercial bien situado al que el clinete puede dirigirse a recabar información, además de actuar como cierto reclamo publicitario y, finalmente, tiene firmados una serie de acuerdos de colaboración con distintas agencias de viaje que se encargan de una gran parte de la comercialización del producto.

En suma, existen ya en el sector unas barreras de entrada (concepto éste sobre el que se profundizará en el Capítulo 3) establecidas por la empresa líder que no pueden obviarse y que, con toda seguridad, harían fracasar a la empresa del ejemplo, diseñada con tan pobres elementos de partida como los ya referidos.

Del mismo modo, para poder establecerse con un posicionamiento estratégico medianamente defendible parece recomendable para la empresa de pijamas de papel disponer de una cierta fuerza de ventas propia, o de alguna otra fortaleza que le asegurara en alguna medida una cierta clientela cautiva.

Por tanto, a la hora de diseñar una idea de negocio debemos pensar en su desarrollo para competir en un sector donde, de antemano, ya existen unos condicionantes previos.

Obviamente esto supondrá pensar en ideas de negocio más sofisticados en sus planteamientos, que requerirán mayores inversiones, y es para estudiar la viabilidad en esas condiciones reales de mercado para lo que se lleva a cabo el Plan de Negocio, como ya se verá.

Es más, en ciertas ocasiones, el no responder a la realidad cotidiana de un cierto sector imposibilita poner en práctica ciertas ideas de negocio que, en principio, resultan atractivas.

Es el caso de una idea consistente en desarrollar un servicio de intermediación en el sector vinícola que, a la labor tradicional de los corredores a comisión que ponen en contacto a productores y bodegas, añadiría servicios extras como son información sobre la solvencia económica de las empresas que intervienen en las operaciones o sobre las cualidades técnicas de los vinos ofrecidos por los diferentes productores.

Para poder llevar a cabo esos servicios extras, la nueva empresa incurriría en unos mayores costes frente a la competencia tradicional, lo que repercutiría en un incremento de la comisión a percibir por la labor de intermediación en relación a la que reciben los que hemos denominado corredores tradicionales.

Consultados una serie de clientes potenciales de este servicio en la zona de Jumilla, en la que se pensaba comenzar la actividad, resultó que ninguno estaba dispuesto a pagar una peseta de más por este nuevo servicio de intermediación argumentando que la información adicional que se ofrecía no era de interés, para algunos o, según otros, era ya conocida por métodos tan singulares como la presunción, o la tradición. En definitiva, la idea hubo de abandonarse de inmediato.

Así pues, resultan fundamentales esos estudios de mercado previos a la elaboración de la idea de negocio para poner a prueba si una determinada idea tiene visos de resultar planteable y, caso de que así sea, cuál es el entorno directo en el que se tendrá que competir, lo que determinará las estrategias que deberán plantearse para su puesta en marcha.

2.7.4. Las ideas de negocio deberán ser coherentes con la realidad política, económica y social del momento

Aunque aparentemente este punto resulta de una obviedad evidente, su no cumplimiento es causa frecuente de notables errores al poner en práctica ciertas ideas de negocio.

Sirvan como ejemplo estas tres experiencias concretas que se describen a continuación para comprobarlo.

Pensemos en un proyecto de empresa que aborda la introducción en el mercado de una nueva marca de productos de conserva. Con buen criterio sus promotores pensaron vender el producto en grandes superficies. Pero esto exige que las previsiones económico-financieras del proyecto tengan en cuenta las duras condiciones que supone comenzar a vender en este tipo de establecimientos, como pueden ser períodos de pago de 90 o más días, ventas gratuitas durante el primer mes, etc.

Hay numerosas ideas de negocio que cuentan con alguna de las administraciones públicas como clientes. En estos casos no pueden fijarse períodos de pago de 120 días sin, al menos, plantearse escenarios más pesimistas y, seguramente, mucho más cercanos a la realidad.

Finalmente, expondremos el caso de un proyecto de creación de una cadena de centros de nutrición y estética para cuyo lanzamiento se proponía un plan de publicidad que incluía la contratación de cuñas de 10 segundos en un programa de gran audiencia y de cobertura nacional en una de las emisoras líderes de radio privada española al increíble precio de 3.000 ptas. Una simple llamada a la citada emisora desvelaría que el precio de una cuña de esas características es significativamente mayor.

En fin, errores como los analizados suponen que el empresario considere viable ciertas ideas de negocio, cuando en realidad puede que no lo sean tanto. Una vez más, conviene recordar la importancia de la información sobre la que ya hemos insistido.

2.7.5. Las ideas de negocio deberán aportar alguna innovación en la cadena de valor

No nos canseremos de insistir en la enorme importancia que tiene el partir de ideas de negocio innovadoras para dar lugar a empresas que nazcan con las mayores posibilidades de éxito. De igual manera, será la búsqueda continua de la innovación el mejor garante del crecimiento de la nueva empresa.

Por supuesto que, una vez más, reiteramos que la invención no es la única vía de innovación. Son numerosos los ejemplos de empresas que llegaron al éxito a través de ciertas innovaciones en algún elemento de la cadena de valor de los productos (producción, marketing, distribución...).

La cadena VIPs, con presencia en el mercado español y mexicano, debe gran parte de su crecimiento a una innovación en producto. Se trata de establecimientos en los que se puede comer, comprar el periódico, hacer gran parte de la compra diaria o comprar un regalo, todo ello en unos establecimientos de un horario muy amplio. El concepto innovador que aparece es una mezcla de amplias ofertas de productos —todos los cuales estaban ya inventados hace tiempo— y de horarios que ha aportado importantes beneficios para la cadena.

La compañía de productos cosméticos Avon tuvo éxito, en gran medida, gracias a una innovación en la política de distribución de sus productos. Los responsables de esta firma decidieron comenzar la venta a domicilio, apoyándose en una intensa campaña de publicidad, de la que muchos aun recordarán el eslogan «Avon llama a tu puerta».

2.7.6. Tratamiento de ideas de negocio para su aplicación en empresas ya constituidas

Es frecuente que en determinadas ocasiones se planteen ideas de negocio que tienen por objeto la implementación de nuevas estrategias en empresas que ya están en funcionamiento. Este punto es particularmente interesante en casos como el español en el que existe un enorme número de las denominadas empresas familiares.

A título de ejemplo citaremos casos como los de la ampliación de la gama de productos existente, apertura de nuevos centros productivos, implantación de una nueva tecnología, establecimiento de una red comercial, inicio de una expansión geográfica de la actividad de la compañía, cambio general en la empresa para tratar de adaptarse a nuevos entornos, etc.

Para este tipo de proyectos empresariales son igualmente válidas todas las recomendaciones propuestas en los puntos anteriores sin excepción.

De igual modo, las modificaciones propuestas en las empresas de que se trate deben resultar suficientemente atractivas como para ponerse en práctica y estar presididas por unas buenas dosis de realismo en sus planteamientos, más fácil de alcanzar en estos casos en los que ya se ha estado compitiendo en el mercado.

Por tanto, no puede considerarse como el ejemplo a seguir aquel proyecto que presentaba un plan de relanzamiento de una antigua y tradicional cadena de tiendas de moda para hombre situada en una importante capital de provincia española.

La idea resultaba muy interesante y apropiada para poder competir con las grandes firmas del sector que acababan de instalarse en la ciudad.

El desarrollo del proyecto presentaba alguno de los errores anteriormente mencionados, fundamentalmente por su falta de realismo, pues por toda novedad proponía el cambio de nombre de las tiendas así como la inclusión de dicho nombre en los artículos de venta en la tienda.

Parece difícil que, manteniendo el mismo tipo de ropa tradicional, el mismo personal, la misma decoración, o igual localización se pueda mantener el tipo frente a la pujante competencia en el sector.

Podemos concluir que, de modo general, en este tipo de ideas de negocio se debe seguir la siguiente secuencia: debe hacerse un análisis de la empresa en cuestión planteando los principales problemas por los que se ve afectada, fijar los objetivos concretos para mejorar la situación de partida, diseñar una estrategia de futuro para llevar a cabo los objetivos que en base al diagnóstico anterior resulten más aconsejables, evaluar las inversiones para poner en práctica la citada estrategia y, finalmente, estudiar la rentabilidad y viabilidad del plan propuesto.

3
La puesta en acción: el Plan de Negocio

3.1. INTRODUCCION

Llegado este momento, el emprendedor ya ha dado con la idea de negocio sobre la cual comenzar a desarrollar su propia empresa. Es muy posible que también haya podido hacer uso de alguna de las técnicas apuntadas en el capítulo anterior para contrastar en una primera instancia la potencialidad de éxito de su idea.

Es, pues, el momento en el que debe organizarse de alguna manera cuál va a ser el modo de introducirnos en el mercado de referencia para sacar adelante la nueva aventura empresarial. En este contexto, aparece la necesidad de elaborar un Plan de Negocio.

Son muchos los casos conocidos de empresarios, hoy de prestigio, que fueron capaces de crear grandes corporaciones sin pasar por este trámite previo de realización de un Plan de Negocio que los autores de este libro proponemos. Bastó, en estos casos, con eso que suele denominarse «olfato para los negocios». Sin duda, éste es un don que debe aprovechar todo aquel aspirante a crear su propia empresa.

En estas ocasiones la brillantez en la búsqueda de su oportunidad de negocio, el tesón o la capacidad de asumir riesgos, características todas ellas inherentes al empresario, suplieron en las fases iniciales de puesta en marcha de un nuevo proyecto a la planificación. Pero, hasta en estos casos, para gestionar el crecimiento posterior de sus empresas surgió la necesidad de planificar, capacidad que suele ir ligada a la formación. Obsérvese que muchos empresarios inician su actividad sin formación específica alguna, pero los que más han triunfado a posteriori son aquellos que se han ido formando o rodeando de equipos ya instruidos en las técnicas de gestión empresarial.

No obstante, tampoco es menos cierto que progresivamente, y como ya se ha hecho referencia continuamente, los entornos son mucho más competitivos, y también empiezan a ser conocidos otros tantos ejemplos de compañías que, aun partiendo con ideas brillantes, han fracasado por falta de previsión. Hasta podemos sospechar que no todas las grandes empresas creadas a lo largo del siglo a impulsos del genio creativo de su promotor hubieran podido brillar de igual manera de haber nacido en nuestros días.

Esta ausencia de planificación ha sido causa de problemas que han afectado no sólo a empresas concretas, sino a la globalidad de un sector económico. Podemos señalar el ejemplo del sector turístico español que ha padecido una grave crisis a lo largo de la última década. Sin duda, en ello han incidido determinados factores de índole macroeconómica, como el elevado tipo de cambio de la peseta durante ese período de tiempo, pero también podemos encontrar otros motivos derivados de erróneas estrategias empresariales, en las que la planificación brilló por su ausencia. Uno de ellos ha sido la tendencia a fijar los precios exclusivamente en función de los costes, sin tener en cuenta que se ha llegado a situaciones tan paradójicas como que, para un turista español, era más barato visitar Santo Domingo, Cuba o Egipto que cualquier playa del litoral español. A esto debe añadirse que tampoco se observaba una preocupación en el sector por ofrecer un servicio cada vez de más calidad y más sofisticado, confiando en que el turista, nacional o extranjero, seguiría acudiendo a España atraído por la mezcla de buen clima y buenas playas. Como estas dos características también se daban en lugares como los ya mencionados, a menor precio y con servicio como mínimo similar, podemos comprender fácilmente los apuros del sector.

Por tanto, cada vez más, para triunfar va a hacer falta planificar la actividad atendiendo a la realidad del mercado. Esto es, qué producto o servicio voy a vender, cómo diferenciarlo del ofrecido por mis competidores, qué inversiones voy a tener que realizar para llevar a cabo mi actividad, qué volumen de ventas permitirá entrar en beneficios a la nueva empresa, etcétera.

Estos son algunos de los temas que se tratan en este documento que denominamos Plan de Negocio, sobre cuya utilidad, contenidos y elaboración versará este capítulo.

3.2. EL PLAN DE NEGOCIO: QUE ES Y PARA QUE SIRVE

El Plan de Negocio debe constituir la materialización de toda la planificación necesaria para el comienzo de un nuevo proyecto empresarial, de manera que complete el trinomio empresario, idea, plan sobre el que debe pivotar dicho proceso.

```
      EMPRESARIO
          ⇩
         IDEA
          ⇩
         PLAN
```

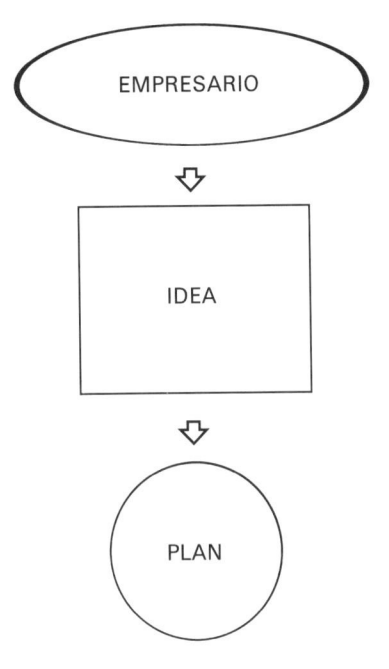

Figura 3.1. Elementos previos a la creación de empresas.

Como tal, el Plan de Negocio puede definirse como un documento que identifica, describe y analiza una oportunidad de negocio, examina la viabilidad técnica, económica y financiera de la misma, y desarrolla todos los procedimientos y estrategias necesarias para convertir la citada oportunidad de negocio en un proyecto empresarial concreto.

El Plan de Negocio es una herramienta indispensable a la hora de poner en marcha un proyecto empresarial sea cual fuere su magnitud y la experiencia empresarial de su promotor o promotores. Incluso para empresas ya establecidas, un Plan de Negocio bien diseñado ha de ser la base sobre la que se edifiquen proyectos de diversificación o crecimiento de la actividad principal.

Es indudable que el contenido y la profundidad con que se abordará la realización de un Plan de Negocio variará en función de la complejidad del proyecto empresarial que se pretende emprender. Poco tiene que ver un Plan en el que se aborda el estudio de una fábrica de ácido tartárico, que requiere gran inversión y su ámbito de competencia es internacional, con otro cuyo objeto sea la apertura de una agencia local de azafatas de congresos, que precisa escasa inversión y cuenta con un ámbito de competencia reducido.

En Planes de Negocio elaborados en empresas en funcionamiento cuyo objeto es el estudio de posibles ampliaciones del negocio básico, se suelen obviar ciertos aspectos de interés, por ejemplo el estudio de los competidores, con la seguridad de que ése ya es un punto bien conocido en la organización. La intención de los autores es presentar la estructura completa del documento, de manera que quede a juicio del potencial empresario su utilización como tal o, como se acaba de apuntar, de manera fragmentada si se dan las circunstancias para ello.

En cualquier caso, para el empresario siempre será de extraordinario interés elaborar su Plan de Negocio ya que se cubren importantes objetivos, que pasamos seguidamente a señalar:

Ayuda al empresario a definir su oportunidad de negocio con una enorme profundidad, incluso entrando en pequeños detalles. En este proceso, se presentarán cuestiones en las que inicialmente no se reparó y que pudieran tener un papel decisivo a la hora de iniciar la actividad de la empresa.

Permite al promotor de una oportunidad de negocio llevar a cabo un exhaustivo estudio de mercado que le aporte la información requerida para llevar a cabo un correcto posicionamiento de su producto o servicio. Además, si se trata de una persona con escasa experiencia en el sector, esto le reportará suficiente información para tener una visión amplia y global del mercado en el que pretende empezar a competir.

Sirve para determinar con bastante certeza la viabilidad económica de su proyecto. Ligado con estos aspectos económicos y financieros, un buen Plan de Negocio deberá responder a cuestiones de tanta relevancia como el nivel de ventas, el precio a pagar por las materias primas o el coste salarial que se podrá asumir para que el proyecto resulte rentable. Por tanto, en algunas ocasiones, la elaboración de un buen Plan de Negocio será el argumento básico que desaconseje acometer determinada inversión.

En el Plan de Negocio se desarrollarán las medidas estratégicas necesarias en cada área funcional concreta para llevar a cabo los objetivos que el propio Plan habrá previsto. No olvidemos que la previsión y la visión de futuro siempre serán factores que conducirán al éxito empresarial, y nada mejor que comenzar la actividad con unas políticas previas de marketing, financieras, de recursos humanos, etc., definidas de antemano y, basadas, por supuesto, en el conocimiento del sector que proporciona el estudio de mercado.

Si se pone en marcha el proyecto empresarial que se analizó en el Plan de Negocio, éste servirá como herramienta interna que permita evaluar la marcha de la empresa y sus desviaciones sobre el escenario previsto, y como fuente de valiosa información para la realización de presupuestos e informes.

Además, el Plan de Negocio cubre el objetivo de ser la tarjeta de presentación de los emprendedores y del proyecto ante terceras personas. Bancos, inversiones institucionales y privados, organismos públicos y otros agentes implicados a la hora de recabar cualquier tipo de colaboración, ayuda y apoyo financiero son buena prueba de ello. Pero también el Plan de Negocio puede ser presentado a potenciales colaboradores que desearíamos incorporar al nuevo proyecto o a asesores fiscales y jurídicos, para que nos ayuden a diseñar las fórmulas más adecuadas en las que plasmar en la realidad ese proyecto. Por consiguiente, el Plan de Negocio constituye un elemento de marketing propio de insustituible valor para el empresario.

Además, aunque el empresario no tuviera idea de elaborar un Plan, cada vez que acuda a cualquier instancia para presentar su proyecto, generalmente en busca de recursos financieros, le será requerido algún informe explicativo, por lo que un buen Plan de Negocio puede servirnos en esas circunstancias con gran eficacia.

Las múltiples finalidades para las que sirve la elaboración de un Plan de Negocio suponen precisamente una de las razones que dificultan sobremanera la elaboración de este documento. La dualidad de usos genera un constante conflicto entre el uso interno o estratégico y el uso como herramienta de marketing de que es susceptible un Plan de Negocio.

A la hora de elaborar este documento, el emprendedor suele tender a minimizar de alguna manera el riesgo inherente a la actividad empresarial, situando el proyecto en un escenario ligeramente más optimista del que sería razonablemente real. Por otro lado, al servir el Plan de Negocio como objetivo para la captación de recursos financieros con los que poner en marcha el proyecto empresarial, el emprendedor se suele ver ante la tentación de retocar ligeramente los supuestos económicos para que los resultados de la inversión parezcan algo superiores a lo que sería razonable. En esta tesitura, no cabe sino apelar a la ética individual del lector.

Es, por tanto, muy importante tener siempre presente la finalidad específica para la que se elabora y redactarlo conforme a la misma, aunque en la mayoría de las ocasiones el Plan servirá ambas finalidades a la vez. En esas circunstancias, la elaboración de pequeños informes que resume el Plan ayuda a obviar esta cuestión, ya que son esos sumarios los que se pueden presentar con uno u otro objetivo, enfatizando en cada caso los aspectos que puedan hacer más atractivo el proyecto a sus diferentes lectores.

3.3. LA ESTRUCTURA DE UN PLAN DE NEGOCIO

El Plan de Negocio no es un documento oficial en el que se deban respetar formatos prefijados, por lo que sobre su estructura no van a poderse establecer reglas estrictas de obligado cumplimiento.

Además, ya se ha hecho referencia al amplísimo espectro de uso del Plan de Negocio, lo que conllevará diferencias en la estructura del trabajo o, al menos, un tratamiento diferente de los diversos apartados que suele comprender todo Plan.

Por ejemplo, y sin descuidar otros aspectos, un Plan que aborde la fabricación de respuestos de automóvil deberá centrarse especialmente en las cuestiones de producción y tecnologías aplicables. Por contra, si se trata de lanzar un nuevo talonario de cheques-descuento para hoteles habrá que detenerse más en los aspectos de marketing y comerciales inherentes a este negocio.

El esquema propuesto de Plan de Negocio, que desarrollaremos en profundidad más adelante, es el siguiente:

1. Indice.
2. Introducción.
3. Descripción del negocio.
4. Estudio de mercado.
5. Descripción comercial.
6. Descripción técnica.
7. Plan de compras.
8. Organización y recursos humanos.
9. Estructura legal.
10. Estudio económico-financiero.
11. Valoración del riesgo.
12. Resumen.

A la hora de redactar los diferentes apartados del trabajo, y con objeto de alcanzar la mayor credibilidad es necesario que la información que se presente sea actual y veraz. Como indicábamos antes, cuando se elabora un Plan de Negocio existe una gran libertad de acción. No obstante, y con independencia de la asunción a rajatabla de uno u otro modelo, la lectura del Plan de Negocio deberá dar respuesta a los siguientes interrogantes:

- El QUIEN del Plan de Negocio, quién o quiénes son los promotores, cuál es el nombre de la compañía, del producto o servicio, etc.
- El QUE del Plan de Negocio. Qué propósito sigue la elaboración de un Plan determinado. Cuál va a ser nuestro o nuestros productos o servicios. Qué mercados pensamos penetrar. Qué porcentaje de mercado estimamos obtener. Qué márgenes estimamos posibles. En qué período de tiempo pensamos que es posible llevar a cabo nuestros proyectos.
- El PORQUE del Plan de Negocio. En una sociedad capitalista y en una economía de libre mercado como la nuestra, la realización de un Plan de Negocio como primer paso hacia la puesta en marcha de un proyecto empresarial ha de responder a un objetivo básico: el de obtener beneficios derivados de nuestra actividad. Por supuesto, los móviles

de generación de un mayor bienestar colectivo a través de la actividad empresarial son muy loables y en ningún caso incompatibles con la maximización del beneficio empresarial.

- El DONDE de la actividad empresarial descrita en el Plan de Negocio. Dónde vamos a vender nuestros productos o a comercializar nuestros servicios? ¿En España? ¿En Europa? ¿En todo el mundo? La definición de nuestro ámbito de actuación va a determinar el tipo de recursos que necesitemos para llevar a cabo nuestra actividad.

  A este respecto conviene señalar que la progresiva apertura de los mercados nos obliga a competir, al menos, a nivel europeo. Y, en muchos casos, no porque ése sea nuestro propósito, sino porque vendrán nuestros competidores a vender sus mercancías a nuestro entorno geográfico de actuación.

  Por tanto, deberemos prever estos hechos y actuar en consecuencia.

- El CUANDO del comienzo de la actividad escrita en el Plan de Negocio. La periodificación de nuestra actuación afecta de manera extraordinaria a la estrategia global de la comercialización de nuestro producto o servicio. Circunstancias temporales como la estacionalidad, la obsolescencia o la introducción de productos prematuros para el grado de madurez de un grupo de consumidores, o la simple obtención a tiempo de licencias o permisos administrativos para ejercer una actividad, pueden ser factores trascendentales que supongan la diferencia entre el éxito y el fracaso.

- El CUANTO de la actividad, nivel de producción, inversiones requeridas, niveles de facturación, beneficios o pérdidas, reinversiones, dividendos, etc.

Todas estas preguntas se las debe plantear el emprendedor antes de empezar la elaboración del Plan de Negocio. Los interrogantes planteados permitirán al redactor del Plan tener un esquema prefijado que le oriente a lo largo de todo el proceso.

3.4. DESARROLLO Y ELABORACION DE UN PLAN DE NEGOCIO

Los diferentes apartados del modelo de Plan de Negocio que proponíamos anteriormente guardan una estrecha correlación entre sí. Así, los datos obtenidos en el estudio de mercado van a influenciar en gran manera la estrategia comercial de la empresa, su posicionamiento o incluso el replanteamiento, total o parcial, de nuestro producto o servicio inicialmente previsto para abarcar un nicho de mercado en cuya existencia no hubiésemos reparado con anterioridad.

Por tanto, el Plan de Negocio debe guardar una gran coherencia entre todos sus apartados y su elaboración no debe constituir la redacción de una mera sucesión de estrategias predeterminadas. En caso contrario, acabaríamos por tener entre nuestras manos, un documento de muy escasa utilidad.

A continuación, vamos a describir de forma un tanto esquemática los contenidos de cada apartado del Plan de Negocio dentro del modelo propuesto.

3.4.1. Indice

La estructura del Plan de Negocio ha de figurar en un índice que recoja los diferentes apartados que contiene y las páginas en las que figuran.

El objetivo es el de facilitar al lector la localización de los puntos concretos en los que esté interesado. La consecución de este objetivo pasará por una correcta distribución de los apartados bajo sus epígrafes correspondientes y evitando estructuras excesivamente farragosas en las que se tratan los temas sin orden ni coherencia, o que no respondan al título del apartado en el que se encuadran.

De igual manera se ha de proceder con el libro de anexos, produciendo un sumario en el que figuren los documentos que se aportan, su orden y ubicación en el citado libro.

3.4.2. Introducción al Plan de Negocio

En este apartado debe constar el nombre y dirección de la empresa proyectada o ya constituida. Aunque en muchas ocasiones no se le da suficiente importancia al nombre, el logotipo, los anagramas, las marcas comerciales y cuantos elementos conforman la identidad corporativa de una empresa, tienen una notoria relevancia pues se trata, en muchas ocasiones, de la primera vía de contacto entre la empresa y el potencial cliente.

En un marco de gran competencia como el actual, habrá también que proceder al registro de la marca comercial e incluso en un ámbito internacional en previsión de posibles expansiones geográficas fuera de nuestras fronteras. Las acreditaciones oficiales de estos procedimientos deberán incluirse en el libro de anexos.

En el supuesto de que estemos ante el lanzamiento de un nuevo producto o servicio por parte de una empresa ya constituida, deberá figurar un resumen de la actividad de la empresa, su fecha de constitución, actividades o sectores en los que opera, número de empleados, productos o servicios comercializados, etc., que permitan al lector un somero conocimiento de la situación de partida.

Igualmente, debe constar en este apartado el nombre y un breve historial profesional de los promotores del negocio en el que se recojan todas aquellas actividades realizadas hasta la fecha que puedan servir para incrementar la credibilidad de los autores del Plan de Negocio para poner en marcha con expectativas razonables de éxito su proyecto empresarial.

También deberá reflejarse el nombre e historial de todos aquellos profesionales que colaboren en la redacción del Plan de Negocio y en la consiguiente puesta en marcha de la actividad. Es muy normal que los promotores de un proyecto, por ejemplo, en un sector de alta tecnología, carezcan de la formación específica, aunque sean gestores cualificados, y que busquen la incorporación al proyecto de profesionales encuadrados en el área de actividad del negocio. Pues bien, es interesante de cara a otorgar la máxima credibilidad al proyecto que se haga constar la existencia, historial profesional y participación en la elaboración del Plan de Negocio, de aquellos profesionales que hayan aportado soporte técnico o de cualquier otro tipo al mismo.

Para finalizar el apartado de introducción, se ha de incluir un breve resumen de la naturaleza del negocio, las características del proyecto, el sector de actividad en que se encuadra nuestro producto o servicio, sus ventajas competitivas y la base sobre la que se apoyan las afirmaciones vertidas en el Plan. Este resumen sirve al lector para darle una primera información sobre el contenido del Plan de Negocio y situarle de forma correcta ante el proyecto concreto, intentando conseguir su máxima atención desde las primeras líneas del documento.

3.4.3. Descripción del negocio

Se debe comenzar este apartado haciendo una breve descripción de la compañía que pretende llevar a cabo el proyecto analizado en el Plan de Negocio. Si estamos ante el supuesto de creación de una compañía, volver a hacer referencia a la experiencia y a los objetivos de los fundadores. En el caso de que exista ya una estructura gerencial, se deberán comentar los orígenes de la compañía, sus objetivos y las personas que ocupan los puestos de responsabilidad en la misma.

A continuación, es necesario hacer referencia al producto o servicio objeto del Plan de Negocio, incidiendo en aspectos como su descripción, las necesidades que cubre, su diferenciación con productos de la competencia, etc.

Si es un producto que ya está en el mercado, se pueden aportar aquí descripciones del uso actual del mismo, testimonios de clientes actuales del producto, etc. Si se trata de lanzar un producto o servicio absolutamente nuevo, es importante hacer un resumen de nuestra capacidad de producción y hacer hincapié en las características del mismo sobre las que se sustentará su potencial aceptación entre los consumidores.

En este apartado también se debe hacer referencia a las medidas de protección y derechos sobre el producto o servicio que se pretende comercializar (patentes, marcas, anagramas, fórmulas de homologación, etc.). En el caso de un nuevo producto deben plasmarse las gestiones encaminadas a obtener patentes u otras fórmulas de protección cuyas gestiones hayamos iniciado o en su caso obtenido.

También puede establecerse en este apartado la localización de la empresa y los criterios en los que nos hemos basado para tomar dicha decisión.

Para terminar esta descripción del negocio debemos posicionar nuestro producto o servicio dentro del mercado sobre el que pretendemos actuar y definir el mercado de referencia. Del mismo modo, deben exponerse las ventajas competitivas que, frente a la competencia existente, presenta nuestro producto o servicio y que, en el fondo, constituirán la base del éxito del proyecto empresarial descrito en el Plan de Negocio.

Cualquier lector tras leer este apartado deberá tener una idea muy concreta de la actividad, medios y magnitud de la empresa que se pretende crear. Para alcanzar dicho objetivo, se aconseja que éste sea el último apartado que se redacte de manera que los autores ya tengan absolutamente diseñado el Plan y sean capaces de extraer las conclusiones que se requieren para cumplimentar este punto.

3.4.4. Estudio de mercado

La realización de un completo estudio de mercado es parte fundamental de un buen Plan de Negocio, puesto que permitirá cumplir dos objetivos generales: demostrar la previsible viabilidad del proyecto empresarial y proporcionar una adecuada información para establecer las estrategias con las que iniciar la actividad empresarial.

El primer paso para elaborar con acierto un estudio de mercado ha de ser la fijación de los aspectos que se incluirán en el mismo y la profundidad con que deberán tratarse.

Respecto a la primera cuestión, podemos decir que existen una serie de puntos que de manera genérica deben plantearse en todo estudio de mercado (estructura del sector, competidores, clientes, proveedores, influencia de factores exógenos, etc.) y sobre los que nos detendremos en detalle más adelante.

No obstante, se sugiere centrarse al máximo en la información precisa para el mercado concreto en el que se encuadre el producto o servicio que pensemos lanzar. Así, por ejemplo, si se trata de un Plan de Negocio que estudie la viabilidad de la apertura de una clínica privada especializada en alergias y asma en Madrid, es muy posible que en el estudio de mercado se tengan que realizar consideraciones referentes a la situación general de la medicina en España, pero, sin duda, el grueso del estudio deberá focalizarse en los aspectos más concretos concernientes a la citada especialidad médica.

Por tanto, habrá de hacerse un estimable esfuerzo de síntesis para cubrir los objetivos de todo buen estudio de mercado, expuesto en el primer párrafo de este punto, de la manera más breve y contundente posible.

Un ejercicio práctico interesante siempre para determinar la temática de cada estudio de mercado concreto es la elaboración de un listado de preguntas a las que nos gustaría que, una vez completado, nuestro estudio fuese capaz de dar respuesta. En general, si procedemos así, el resultado será un documento en el que primen las tan deseadas síntesis y contundencia. Valga como ejemplo el siguiente cuestionario que podría servir de guía para la elaboración de un estudio de mercado en el caso de que pretendiéramos crear una empresa dedicada a la producción y comercialización de vino gallego de la denominación de origen «Ribeiro».

Cuadro 3.1. Ejemplo de planteamiento de un estudio de mercado para analizar la viabilidad de la creación de una empresa productora y comercializadora de vino de la Denominación de Origen «Ribeiro»

- ¿Cuánto vino D. O. Ribeiro (VR) se produce? ¿Evolución? ¿Por qué?
- ¿Cómo son los productores? ¿Agrupados? ¿Integrados?
- ¿Cuál es el precio de la uva? ¿Evolución?
- ¿Relación fabricante-productor?
- ¿Cuál es la normativa de la D. O. Ribeiro?
- ¿Cuántas empresas producen VR? ¿Concentración? ¿Estrategias?
- ¿Cómo lo venden? ¿Granel o embotellado? ¿Qué envases?
- ¿A qué precio venden?
- ¿Hacen publicidad, promociones, merchandasing?
- ¿Distribución propia o ajena? ¿Relaciones con el canal?
- ¿Dónde venden? ¿Hostelería? ¿Gran superficie? ¿Exportan?
- ¿Vinos similares en España o fuera? ¿Importación?
- ¿Cómo son los sectores «clientes»?
- ¿Hábitos de consumo? ¿Cantidades?
- ¿Productos sustitutivos? ¿Evolución?
- ¿Barreras? ¿Influencia de las Administraciones?

Para delimitar el nivel de profundidad del estudio de mercado, habremos de pensar siempre en que aporte una información capaz de convencer a un lector interesado en invertir en el proyecto de la existencia de un hueco en el mercado para nuestro producto y del acierto de las estrategias competitivas diseñadas.

La captación de toda la información precisa con objeto de completar un buen estudio de mercado supone un ingente esfuerzo que exigirá, como ya se ha expuesto, planificar con inteligencia el trabajo de campo. Ya se explicó en profundidad en el Capítulo 2 que esta información puede proceder de dos grandes fuentes: documentación escrita y trabajos de elaboración propia.

Una vez perfilada la información necesaria para completar el estudio de mercado de cada proyecto concreto, se sugiere abordar el trabajo, de manera gradual, en las cuatro fases que se indican a continuación:

- Recogida masiva de información: se trata de acudir a las fuentes de información pertinentes para ir recopilando cuanta información consideremos oportuna con objeto de ir cubriendo los objetivos del estudio previamente fijados.
- Análisis de la información recabada, para contrastar su utilidad o posibles contradicciones entre diferentes fuentes, así como para detectar qué aspectos ya están suficientemente cubiertos.
- Búsqueda de información que cubra aquellas partes del estudio en las que no se obtuvieron resultados concluyentes al finalizar la primera fase. Conviene recordar al respecto, que siempre es aconsejable acudir en una primera fase a la información ajena, por ser generalmente más fácilmente accesible y de una mayor credibilidad, y sólo acudir a medios propios de investigación en casos excepcionales. Entre estos podemos citar, por ejemplo, la predisposición de compra de un nuevo producto o servicio, ya que este dato no podrá haberlo investigado nadie previamente.
- Fase de cierre de todos los aspectos a cubrir en el estudio de mercado y redacción del mismo. Insistiremos aquí de nuevo en la importancia de procesar perfectamente todo el caudal de información conseguido, de forma que seamos capaces de elaborar un texto definitivo del estudio de mercado claro, conciso y convincente.

Como recomendación práctica conviene generalmente llevar a cabo el estudio de mercado en primer lugar y antes de avanzar en otras partes del Plan de Negocio. La información que vamos a recabar mediante la realización del estudio de mercado puede determinar en gran medida la elaboración de las diferentes partes del Plan de Negocio, y, en ciertos casos, supone el cambio de estrategia o incluso el abandono de la idea de negocio.

En definitiva, siempre será conveniente elaborar un estudio de mercado, tanto más profundo cuanto menor sea la experiencia del empresario en la actividad a la que se va a dedicar. En ocasiones, en personas con una amplia trayectoria en el sector del que se trate muchos de los puntos a tratar en el estudio ya son conocidos y pueden obviarse. Incluso, en casos extremos, aunque nunca es aconsejable, todo el estudio de mercado puede sustituirse por el *feeling* de un experto en una determinada industria.

De todos modos, aunque el estudio sea somero, si la elaboración del Plan de Negocio tuviera por objeto su presentación para captar financiación con la que abordar el proyecto empresarial, es fundamental redactar un completo estudio de mercado aunque la fuente de mucha de esa información proceda de la experiencia del propio autor.

Otro aspecto sobre el que se debe incidir es el manejo de los datos resultantes del estudio de mercado. Generalmente, los datos obtenidos a través del estudio de mercado respecto a la aceptación del producto o servicio que se está analizando en el Plan de Negocio deben considerarse con moderación. Siempre convendrá corregir a la baja esos datos cuando luego los vayamos a utilizar como hipótesis para establecer las ventas previsibles, ya que ni la fiabilidad del estudio será grande (salvo que se le haya encargado a una empresa especializada en investigación de mercados) y, en cualquier caso, el índice de respuestas positivas suele ser significativamente mayor al preguntar sobre la utilización de determinado producto de manera hipotética que cuando luego se ofrece de manera definitiva dicho producto.

Si, por el contrario, del estudio de mercado se desprendiera una media o escasa aceptación del producto deberá considerarse muy seriamente la oportunidad de su comercialización.

La realización de un estudio completo de mercado debe abordar una serie de puntos que sugerimos ordenar en cinco grandes apartados. Son los siguientes:

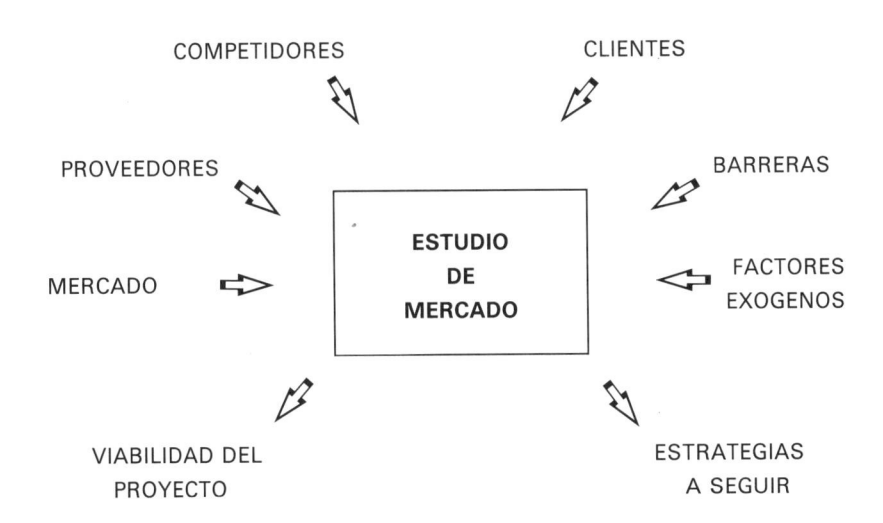

Figura 3.2. Esquema del estudio de mercado a incluir en un Plan de Negocio.

Descripción del mercado de referencia

Consiste en definir los principales rasgos que caracterizan al mercado en el que se piensa introducir la nueva empresa, de modo que se dé respuesta a interrogantes como los que se plantean a continuación: ¿cuál es el tamaño actual del mercado, su evolución en los últimos tiempos y las causas que han marcado dicha evolución? ¿Cuáles son las previsiones y potencial de crecimiento del sector en el que nuestro producto o servicio está inmerso? ¿Estamos ante un mercado en expansión o, por el contrario, el mercado está en decadencia? ¿Estamos ante sectores concentrados con fuertes posiciones de liderazgo o, por el contrario, se trata de sectores fragmentados donde compiten gran número de empresas, ninguna de las cuales cuenta con una participación de mercado significativa? ¿Está nuestro producto o servicio creando un nuevo sector? ¿Existen factores que puedan influenciar la actual estructura del mercado de forma considerable como puedan ser nuevas tendencias en la industria, factores socioeconómicos, riesgos políticos, nuevas regulaciones administrativas, tendencias demográficas?

Es también importante llegar a conocer cuál es la operativa del sector, cuáles son los agentes que intervienen en ese determinado sector (tal vez podamos sustituir la labor de algunos de estos agentes), hábitos en el sector en cuanto a períodos de pago y cobro, tipos de contratación, etc. También deberá reflexionarse sobre las consecuencias que nuestra irrupción en el mercado suponga para cada uno de estos agentes, ya que no siempre su postura será la misma ante tal vicisitud.

La determinación de los diferentes segmentos que confluyen en el mercado es otro aspecto significativo. Esto es particularmente notorio en mercados maduros en los que las leyes de la competencia han provocado una gran especialización. En esas circunstancias es posible que los diferentes competidores estén atendiendo a los nichos específicos de mercado, caracterizados por variables como su capacidad adquisitiva, su edad, su trabajo, su personalidad, su lugar de trabajo o vivienda, su *status* social...

Además, debemos reseñar aquí las perspectivas de nuestra empresa en el mercado al que pertenezca: ¿aporta nuestro producto o servicio algo nuevo al mercado? ¿Qué tendencias prevemos en el mercado en que actuamos? ¿Podemos con nuestra actuación influenciar los hábitos que reinan en el mercado? ¿Qué reacción esperamos del mercado tras nuestra entrada en el mismo? ¿Cómo podremos superar las reacciones previsibles?

Deben analizarse quiénes son nuestros posibles proveedores, cuál es su situación, qué condiciones ofrecen, el marco de relaciones habituales y, sobre todo, cuál es su poder de negociación.

Tras este proceso, se debe estar en disposición de tener un conocimiento suficientemente sólido del sector en el que se pretende entrar a competir.

Clientela potencial

Es necesario identificar a los clientes potenciales del producto o servicio que pretendemos introducir.

En su caso, deberemos ser capaces de diferenciar entre quién puede tomar la decisión de compra y quién finalmente consume el producto o servicio, pues, por ejemplo, en el caso de la venta de juguetes, esos papeles están claramente diferenciados. En este sentido es interesante meditar sobre posibles usos alternativos a los que podríamos dedicar el producto y a los que, en muchas ocasiones, se llega cuando se empieza a elaborar el estudio de mercado. Por tanto, cabrá distinguir entre clientes «seguros» y clientes potenciales en virtud de esos nuevos usos.

La clasificación de esa clientela potencial en grupos homogéneos con características comunes e identificables ayudará posteriormente al empresario en su objetivo de posicionamiento de la nueva empresa. No debemos olvidar que un mismo producto puede ser vendido a dos grupos diferentes de clientes potenciales. Por ejemplo, un fabricante de alarmas y equipos de seguridad tendrá entre sus clientes potenciales a los promotores inmobiliarios y a los propietarios de viviendas, y seguramente, las acciones comerciales con las que se pretende actuar diferirán en ambos casos.

Se deberá investigar acerca de los comportamientos de compra de los clientes. Con especial hincapié en cuestiones como: la motivación de compra de cada tipo de productos; sobre quién recae la decisión de compra —aspecto luego fundamental para desarrollar las políticas del marketing—; hábitos de compra; posible estacionalidad de las compras; compras medias efectuadas del producto en cuestión, y poder de negociación de los compradores. Esta investigación debería abordarse para los diversos grupos de clientes previamente establecidos, identificando para ello las variables que pueden dar lugar a esa segmentación de clientes (edad, sexo, poder adquisitivo, nivel de formación, estilo de vida...).

El estudio deberá demostrar el grado de receptividad de los clientes potenciales a los productos o servicios ofertados e igualmente deberá describir los elementos en los que los clientes basan sus decisiones de compras (precio, calidad, distribución, servicio, etc.) y la posibilidad de modificar esas decisiones mediante un cambio en los hábitos de consumo.

En el caso de que ya existan clientes potenciales que hayan expresado su interés en nuestro producto o servicio, el reflejo de esa evidencia es muy positivo de cara a la impresión que posibles inversores o financiadores reciben de nuestro proyecto.

En algunas ocasiones, nuestros clientes potenciales pueden pertenecer a otros sectores de actividad económica, por lo que el estudio de mercado debe de igual manera reflejar cuáles son la situación y las perspectivas de esos sectores. Por ejemplo, si pretendemos producir agua mineral para vender en hostelería y restauración, deberemos conocer cuál es la situación de ese sector o de algún subsector concreto —quizás sólo vendamos a restaurantes de lujo— y los condicionantes requeridos para entrar en el mismo (precios, stocks, períodos de entrega y recogida, etc.).

De igual manera, en el supuesto de un Plan de Negocio que aborde la puesta en marcha de una empresa fabricante de torres de refrigeración, nuestros clientes en sentido estricto posiblemente sean las empresas instaladoras de torres de refrigeración. Habida cuenta la íntima relación que este negocio tiene con el sector de la construcción, por lo menos, algunos párrafos dedicados a estudiar la situación y evolución prevista del mercado de la construcción deberían aparecer en el estudio de mercado de ese Plan.

Análisis de la competencia

Deben identificarse las empresas competidoras. En este punto conviene insistir en que competidores serán todos aquellos que ofrezcan productos o servicios que satisfagan la misma necesidad que nosotros. Por consiguiente, quien decidiese crear una empresa de distribución de agua mineral en garrafas para su implantación en ciudades caracterizadas por ofrecer agua de escasa calidad y no contemple como competidores a los fabricantes de agua mineral embotellada podría establecer estrategias inadecuadas, por ejemplo, en materia de precio. De esa manera, una idea acertada por cubrir una necesidad deficientemente cubierta pudiera fracasar estrepitosamente.

En relación con este punto, también debe advertirse la presencia de posibles productos sustitutivos que, en algún momento, puedan convertirse en una clara amenaza competitiva.

El emprendedor debe ser capaz de comprender el tipo de competidores a los que se va a enfrentar y de conocer sus fortalezas y debilidades, para poder competir con ellos de la manera más eficaz posible.

Es necesario incluir información acerca de la localización de nuestros competidores, las características de sus productos o servicios, sus precios, su calidad, la eficacia de su distribución, el servicio ofrecido, su cuota de mercado o volumen de ventas estimado, sus políticas comerciales, su rentabilidad y, en general, toda aquella información que ayude a nuestro producto o servicio a posicionarse de forma más adecuada en el mercado o segmento de referencia.

Más allá aún, es importante indicar los líderes en cada una de las características arriba indicadas, quién es líder en calidad, en precio, en costes, en distribución, etc. Esto nos permitirá observar la importancia que el mercado concede a cada una de estas características de los productos y posicionar de forma más apropiada el nuestro.

Dentro del análisis de la competencia, un punto que suele pasar desapercibido es el análisis de la competencia de importación. Es un aspecto cada vez más importante en todos los sectores económicos por el proceso de globalización que vive la economía internacional, el avance de las comunicaciones y, en el ámbito de la Unión Europea u otros espacios de libre comercio, el progresivo acercamiento a un comercio sin barreras arancelarias o aduaneras.

Barreras de entrada

Se entiende por barrera de entrada todo aquel mecanismo que imposibilita o dificulta la incorporación al mercado de nuevos competidores para participar de los beneficios del sector.

Por tanto, para el empresario es fundamental conocer cuáles son las barreras de entrada a su sector para intentar obviarlas y determinar qué estrategias diseñar para ello, si es que fuese posible.

Del mismo modo, el conocimiento de las barreras de entrada de su sector puede luego permitir al empresario elevar esas barreras o crear otras nuevas para reforzar su posición competitiva una vez iniciada la actividad empresarial frente a potenciales entrantes.

Lógicamente, ésta es una de las partes del estudio de mercado sobre las cuales es difícil encontrar información escrita, salvo que se trate de informes de consultores que, generalmente, suelen ser de índole confidencial. Por consiguiente, para establecer las barreras de entrada de un sector deberá reflexionarse tras un proceso previo de conocimiento en profundidad del sector, adquirido con toda seguridad al ir recabando información para completar el resto de apartados del estudio de mercado hasta ahora descritos.

Existe un enorme número de barreras de entrada, pero señalaremos a continuación aquéllas más comunes:

Economías de escala

Este es un fenómeno que se produce cuando el coste de fabricación de una unidad de un producto disminuye a medida que se aumenta el volumen de producción. Aunque en muchos sectores ocurre este fenómeno, es particularmente importante en aquellos sectores en los que existen altos costes fijos.

Tal es el caso del sector de los automóviles en el que para hacer rentable la actividad debe venderse un gran volumen de productos. Por tanto, si alguien ajeno al sector pretendiese producir coches o consiguiese una cifra de ventas muy significativa, cosa difícil con la enorme competencia existente en esta industria, debería vender sus productos a un precio considerablemente superior al de la competencia a fin de asegurarse algún beneficio, con lo que sus posibilidades de éxito en esta aventura resultarían ínfimas en todo caso. Esta es la causa por la que en la industria del automóvil hemos asistido a un fenómeno de concentración con sucesivos acuerdos de cooperación, fusiones o adquisiciones entre las distintas compañías.

Otras desventajas en términos de costes

Pensemos en cuestiones como el precio de la mano de obra que puede suponer que ciertas actividades que en España son escasamente rentables sí lo sean, por ejemplo, en el Norte de Africa por citar un entorno geográficamente próximo.

Incluso el acceso privilegiado a la materia prima puede constituir también importantes barreras de entrada. Es el caso de la industria papelera en Canadá, que cuenta con una materia prima de calidad y más barata que en muchas otras partes del mundo.

Diferenciación del producto

Este es un fenómeno que provoca sustanciosas barreras de entrada para los nuevos entrantes en un mercado, si alguno de los actuales competidores ha conseguido que los clientes perciban sus productos como «diferentes». Son varios los mecanismos que pueden conducir al mismo, como la imagen de marca, el prestigio, el empleo de patentes o, aunque cada vez menos, las políticas gubernamentales (por ejemplo, la venta al público de tabaco en España).

Por consiguiente, resultaría para un nuevo competidor casi imposible competir en términos ventajosos en el mercado de las bebidas de cola, por existir compañías con gran imagen de marca que han conseguido la fidelidad de sus clientes hasta el punto de estar dispuestos a pagar un plus de precio por consumir su refresco favorito.

Necesidades de capital

Esta será una barrera muy común para muchos de los que deciden adentrarse en el mundo de la creación de nuevas empresas, pero existen sectores en los que el fenómeno aparece con mayor vigencia.

Podría ser el caso de la industria del reciclaje de residuos que, pese a sus excelentes perspectivas de futuro, requiere todavía hoy enormes inversiones al alcance de muy pocos.

Pero sin ir a extremos tan obvios, cualquiera que pretenda dedicarse al comercio detallista deberá ser consciente de la barrera que supone acceder a un buen establecimiento con el precio del suelo existente en las ciudades. Esto incidirá en una disminución notable de la rentabilidad de muchas actividades que, de otro modo, resultarían de enorme interés.

Costes de cambio

El empresario debe pensar que, en ocasiones, para un potencial cliente el cambio de proveedor puede implicar unos costes adicionales que le influyan en su decisión de compra.

Pensemos en un fabricante de software. Si sus programas son incompatibles con los equipos informáticos de un cliente potencial cliente, éste, al coste del software, debería unir otros costes como el cambio del hardware, costes de aprendizaje de los nuevos programas, etc. Salvo que el producto mejorase apreciablemente las prestaciones del que hasta ahora empleaba, ese cliente potencial no compraría el nuevo paquete de software precisamente por los costes del cambio.

Acceso a canales de distribución

Cada vez más, el emprendedor debe ser consciente que se produce para vender y eso exige asegurarse el acceso a canales de distribución. Se trata de una tremenda barrera de entrada en la que deben reparar muchos empresarios, agudizada en nuestros días debido a que estamos asistiendo en la mayor parte de los países desarrollados a una concentración progresiva de los canales de distribución.

Este fenómeno se refleja en la expansión de grandes cadenas de super e hipermercados y en la aparición de cadenas de franquicias u otras fórmulas de comercio asociado. El acceso a estos canales resulta cada vez más complejo y, cuando se consigue, es en condiciones ciertamente duras dado que la distribución ha logrado un enorme poder de negociación.

Otras barreras

Existen otras muchas barreras de entrada que resulta imposible enumerar, pero siempre se deberá reparar en su influencia en cada actividad empresarial concreta.

Pueden citarse como barreras de entrada el contar con profesionales de prestigio en sectores como la enseñanza o la medicina, el encontrar locales adecuados y que cumplan la normativa si se pretende montar un restaurante, las características edafoclimáticas pueden constituir barreras de entrada en actividades agropecuarias, etc.

Influencia de las administraciones

Las diferentes administraciones públicas influyen de manera notoria en la actividad empresarial mediante la fijación de sus diferentes normativas que determinan el ámbito de la competencia en los distintos sectores económicos.

Esta influencia varía en los distintos países en función del modelo de política económica que inspira la acción de gobierno, pero también dentro de cada sector, de manera que la normativa es mucho más rígida en aquellos considerados «estratégicos» o de interés nacional.

Es destacable el hecho de la creciente utilización por parte de ciertos gobiernos de determinadas normativas con un afán eminentemente proteccionista y con las que se pretende sustituir el efecto de las barreras arancelarias que van desapareciendo.

En el estudio de mercado han de constar las posibles fórmulas en relación con el entorno social, ambiental (embalajes, etiquetas, envasados, residuos, etcétera) que puedan afectar de alguna manera a nuestro producto o servicio. En ocasiones, como ha ocurrido con motivo de la peste porcina, las propias normativas legales imposibilitan el inicio de determinadas actividades empresariales en relación con la exportación de derivados del cerdo de determinada procedencia geográfica. De ahí la importancia de cumplimentar correctamente este apartado del estudio de mercado.

En otras ocasiones, la influencia de la Administración no llegará hasta tales extremos, pero sí tendrá una repercusión final en la cuenta de resultados de la nueva compañía, como ocurre, por ejemplo, con las fianzas que deben depositarse si se quiere establecer una agencia de viajes.

En el caso de actividades de comercio al por menor, el empresario debe preocuparse especialmente por la legislación municipal en materia de urbanismo de cara al diseño definitivo de sus locales comerciales. Esta previsión ha de ser más importante si la nueva empresa nace con vocación de crecimiento hacia otras ciudades a través de franquicias u otras fórmulas similares, en cuyo caso el diseño de los locales debe efectuarse de forma que pueda cumplir sin mayores problemas el amplio espectro de la normativa de los diferentes ayuntamientos.

3.4.5. Plan de marketing

Una vez completado correctamente el estudio de mercado, el empresario se encuentra en condiciones de establecer las políticas adecuadas para introducirse en el mercado con su nuevo producto o servicio y, en segundo término, para desarrollar el crecimiento de su actividad, al menos, a medio plazo.

En suma, es el momento de trazar la estrategia. En sentido amplio podemos definir la estrategia de la empresa como el conjunto de medidas tendentes a:

- Establecer los objetivos de la empresa.
- Diseñar los planes de acción concretos para alcanzar esos objetivos.
- Definir el negocio en el que pretende enclavarse la empresa.
- Determinar el tipo de organización humana y económica a la que aspira la empresa.

Se supone que todo este conjunto de principios que constituyen la estrategia de la empresa deben establecerse con coherencia de modo que se tengan en cuenta una serie de factores limitantes, que podríamos clasificar como internos y exógenos. Así, destacaríamos, por una parte, los puntos fuertes y débiles de la organización o los valores propios de la misma. Por otra, los factores que podríamos denominar exógenos como el entorno competitivo y las expectativas sociales (política gubernamental, intereses sociales, hábitos y costumbres sociales, etc.) que habrán sido previamente detectados y analizados en el estudio de mercado.

La definición de la estrategia no puede considerarse labor exclusiva de las grandes corporaciones, también el nuevo emprendedor debe guiar sus pasos de manera ordenada.

Estrategias competitivas básicas

Con carácter general el empresario puede optar por tres estrategias competitivas básicas, tal y como propone M. Porter en su obra *Estrategia Competitiva,* que son las siguientes:

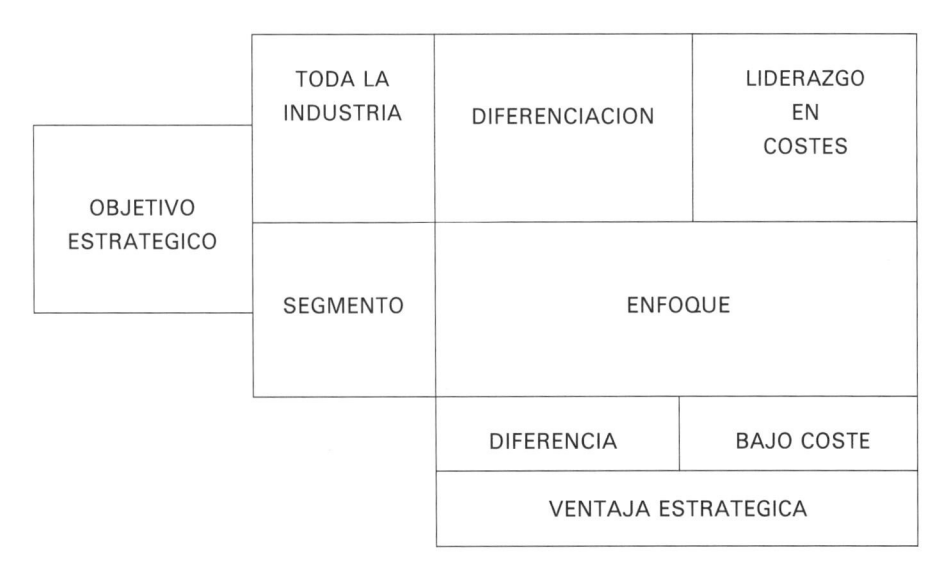

OBJETIVO ESTRATEGICO	TODA LA INDUSTRIA	DIFERENCIACION	LIDERAZGO EN COSTES
	SEGMENTO	ENFOQUE	
		DIFERENCIA	BAJO COSTE
		VENTAJA ESTRATEGICA	

Figura 3.3. Estrategias competitivas básicas propuestas por M. Porter.

Liderazgo en costes

Consiste en alcanzar el liderazgo en un sector económico mediante una serie de medidas dirigidas a conseguir una estructura de costes muy competitivos, que permitan luego posicionar el producto a un nivel de precio más bajo que el de los competidores.

Este tipo de estrategias suele pasar por conseguir una elevada participación de mercado o por factores como el acceso privilegiado a materias primas o el desarrollo de procedimientos industriales o nuevas tecnologías capaces de abaratar los costes de producción. Por tanto, salvo en estos dos últimos casos será complicado para una nueva empresa alcanzar el liderazgo en costes.

Las empresas líderes en costes suelen cuidar mucho el diseño de sus productos o contar con una amplia línea de productos relacionados entre sí al objeto de diluir los costes totales y poder abarcar una amplia porción del mercado con lo que garantizar un alto volumen de ventas.

Diferenciación

Consiste en la comercialización de productos o servicios que sean considerados por los clientes como únicos de manera que estén dispuestos a pagar por ellos un sobreprecio.

A la diferenciación puede llegarse por un diseño exclusivo, por la atención al cliente, por disponer de alguna patente, etc.

No es común, en general, el que esta estrategia conlleve altas participaciones en el mercado y suele necesitar para su consecución actividades como la investigación, la realización de intensas campañas publicitarias, el empleo de materias primas de alta calidad o un intenso y continuo apoyo al cliente.

La puesta en marcha de actividades como las que acabamos de citar supone altas inversiones o tiempo, por lo que tal vez ello sea un freno a la hora de optar por esta estrategia de manera absoluta para la nueva empresa, al menos desde su nacimiento.

Enfoque

Es una estrategia que pretende una alta segmentación de clientes, bien por dirigirse a un grupo muy particular de compradores o por especializarse en una línea muy concreta de productos o por centrarse en un determinado mercado geográfico. Se trata de una estrategia mixta en la que se pretende una diferenciación vía la satisfacción de ciertas necesidades de manera personalizada al centrarse en un segmento concreto o unos costes inferiores a los de los competidores por atender sólo una parte del mercado. De ahí, que suela ser ésta la estrategia más adecuada a la hora de comenzar una actividad empresarial, salvo que se den desde el principio circunstancias muy favorables para optar por alguna de las otras dos estrategias ya explicadas.

De entre todas las herramientas al servicio del emprendedor, suele ser el marketing la que más peso tiene a la hora de establecer la estrategia de implantación de una nueva empresa.

Cuatro son los pilares sobre los que se asienta una estrategia de marketing. Constituyen lo que de manera clásica se denomina marketing-mix: producto, precio, distribución y comunicación.

En el plan de marketing se ha de detallar, por tanto, qué producto o servicio se sitúa en el mercado, a través de qué canales de distribución, cómo se va a dar a conocer el producto y qué precio va a tener ese producto. Esto es, qué configuración óptima del marketing-mix se va a implementar para llevar a cabo la estrategia previamente fijada.

La búsqueda de la ventaja competitiva

Sea cual fuere la estrategia genérica diseñada para el lanzamiento de la nueva empresa, ésta debe pasar por la consecución de alguna ventaja competitiva. Se entiende que la ventaja competitiva es cualquier habilidad o capacidad de una empresa, que es percibida por los consumidores, y sobre la que se cimentará su participación de mercado.

La ventaja competitiva puede surgir a cualquier nivel de la actividad empresarial: a través de procesos tecnológicos (producción), a través de una fuerte imagen de marca (marketing), a través de una estructura de costes mejor que la de los competidores (finanzas), a través de determinadas capacidades directivas (recursos humanos)...

```
                    HABILIDAD ESPECIAL
                            ⇩
                    ┌─────────────────┐
                    │     VENTAJA     │
                    │   COMPETITIVA   │
                    └─────────────────┘
                   ↙                   ↘
       PARTICIPACION                      MAYOR
       DE MERCADO                      RENTABILIDAD
```

Figura 3.4. La ventaja competitiva.

Como ya se comentó en el capítulo anterior, constantemente asistimos a imperfecciones en los mercados, muchas de las cuales surgen cuando el consumidor advierte ciertas ventajas competitivas en alguna de las empresas oferentes de productos o servicios en ese sector de actividad. Estas circunstancias permiten a las empresas con ventajas competitivas generar mayores niveles de rentabilidad. Así se explica que mucha gente pague un plus de precio por determinadas marcas de refrescos o de ropa vaquera, cuando en muchas ocasiones se ha demostrado que en un «test ciego» esas mismas personas son incapaces de reconocerlos frente a los productos de los competidores.

Para que la ventaja competitiva sea efectivamente fuente de mayor rentabilidad y de una cuota de mercado ha de reunir, al menos, dos características que consideramos importantes: sostenible en el tiempo y en consonancia con las condiciones del entorno.

Alguien podría pensar que la creación de una tienda para la venta de productos relacionados con la película *Parque Jurásico* (muñecos, camisetas, pins, etc.) nacida al albor del extraordinario éxito de dicho «film» pudiera ser un enorme éxito. Ahora bien, la posible ventaja competitiva duraría exclusivamente mientras la película se mantuviera en las carteleras, por lo que no cabe hablar de algo sostenible en el tiempo.

Además, ya se ha incidido en la creciente capacidad de imitación de cualquier negocio atractivo que se da en estos momentos. Esto obligará a que la busca de ventajas competitivas se convierta en un proceso absolutamente dinámico, para la consecución de nuevas ventajas o para la defensa de las ya existentes.

Las condiciones del entorno determinarán que determinadas habilidades de la empresa constituyan una ventaja competitiva con los efectos positivos que ello implica o no. Por ejemplo, podemos considerar que la incidencia en la seguridad que manifiesta la multinacional sueca del automóvil «Volvo» ha constituido una ventaja competitiva para esta compañía, porque efectivamente la seguridad es un aspecto crítico en la decisión de compra de un automóvil para un significativo segmento de mercado.

Desde la génesis de la idea se ha de considerar qué posibles ventajas competitivas ofrece el nuevo concepto de negocio que se pretende introducir en el mercado. Una vez más, subrayar para ello la importancia de la innovación basada en un conocimiento sólido del sector, y muy particularmente de las fortalezas y debilidades de los actuales competidores, así como de todos los aspectos referentes a los clientes (hábitos de consumo, criterios para la decisión de compra, segmentación, etc.).

El plan de marketing ha de detallar toda la estrategia global de marketing-mix que permita explotar nuestra oportunidad de negocio y las ventajas competitivas derivadas de la misma.

A continuación vamos a exponer de forma resumida los contenidos de los principales elementos presentes en un plan de marketing.

Estrategia comercial global

En primer lugar, se debe fijar nuestra estrategia comercial global y definir la filosofía específica que en el apartado comercial anima nuestro proyecto empresarial. Como ya se ha apuntado, en empresas de nueva creación, la estrategia comercial global será el elemento definitorio más importante de la estrategia competiva general de la compañía. Se debe incluir aquí un estudio sobre la motivación primaria del cliente para la adquisición de nuestro producto o servicio, cómo identificaremos y contactaremos a nuestros clientes potenciales, qué características de nuestro producto o servicio (precio, calidad, distribución, servicio de entrega, garantía, etc.) enfatizaremos para generar ventas, etc.

Igualmente, debemos señalar los objetivos de ventas y cuantificarlos en unidades y en pesetas en un determinado horizonte temporal, que, al menos contemple el medio plazo, esto es, entre tres y cinco años. Es conveniente que esos objetivos tengan como punto de referencia hitos importantes en la vida de toda empresa como pueden ser la entrada en beneficios o el momento de alcanzar el liderazgo en cierto nicho de mercado, etc.

De igual modo, los objetivos fijados deben reflejar la política de expansión de la empresa. Señalaremos si el producto o servicio será en una primera fase introducido a nivel regional, nacional o internacional, las razones de ello y los planes de crecimiento futuros.

La estimación de las previsiones de venta suele ser uno de los aspectos más delicados de la elaboración del Plan de Negocio y, a la vez, de mayor importancia por cuanto marcará definitivamente los resultados económicos del proyecto. Por tanto, conviene ser absolutamente honestos en el establecimiento de estos parámetros, intentando justificar al máximo la cifra que se aporte en virtud de los datos del mercado o los resultantes de investigaciones propias. En todo caso, como veremos cuando abordemos el punto de Estudio Económico-Financiero del Plan de Negocio, esta cifra de ventas previsionales siempre se matiza con la elaboración de diversos supuestos de situación financiera en función de, al menos, tres hipótesis de ventas.

Queremos aclarar que el establecimiento de las previsiones de ventas debe considerarse algo más que una mera obligación para presentar estos datos a terceros, lo que podría inducir a establecer casi al azar. Por tanto, recomendamos que el empresario considere qué hay detrás de la cifra de ventas anuales estimadas: cuál es la compra media de su producto, qué estacionalidad en las ventas se puede producir, cuántas unidades hay que vender para facturar esa cantidad, etc.

Estrategia de producto

En primera instancia deberán definirse perfectamente cuáles serán los productos o servicios que va a comercializar la empresa. Por supuesto, deberán estar en consonancia con las características de aquellos que previamente hayamos considerado como nuestro público objetivo. La definición de los productos o servicios nos va a marcar cuál será el ámbito legal que regula la fabricación y/o comercialización del producto o la prestación del servicio al que habremos de habernos referido en el estudio de mercado.

En el caso de que sean productos deben reflejarse cuestiones tales como la marca comercial y otros elementos definitorios de la identidad corporativa (colores, anagramas, logotipo...), tamaños, calidades, *packaging*, prestaciones, gama, etc.

Si se trata de servicios debe quedar claro cuáles serán las actividades que efectivamente entran a formar parte de la oferta de servicios de la empresa y cuáles lo son exclusivamente de modo optativo y los que definitivamente no se ofrecen.

En ambos casos debe tenerse muy presente la estrategia de producto de los competidores, pues este punto es un importante elemento diferenciador en muchos casos.

En ocasiones, nos encontraremos con productos o servicios susceptibles de requerir servicio post-venta o sistema de garantía. En estos casos, debemos evaluar la importancia que para la decisión de compra del cliente potencial tiene el contar con tales servicios o garantías. Deberemos describir el tipo de garantía que se ofrece, su duración temporal, quién se encargará del servicio post-venta, y en qué costes incurriremos por establecer estos servicios. Como siempre, deberemos comparar lo ofrecido en este punto con respecto a lo ofertado por la competencia.

Estrategia de precios

A continuación, prestaremos atención a nuestra estrategia de precios, determinando los precios de comercialización de cada uno de nuestros productos o servicios, comparándolos con los de la competencia.

De manera sintética podemos determinar cuatro grandes factores que debe tener en cuenta el empresario a la hora de establecer su política de precios:

— Estrategia de la empresa, de manera que los precios estén en consonancia con el resto de variables que componen lo que hemos denominado marketing-mix.
— Costes: de forma que se establezca un rango mínimo de precios en función de los costes para no hacer peligrar la rentabilidad de la empresa. A veces se desciende de ese nivel de precios en momentos coyunturales como puede ser la entrada en un nuevo mercado o la captación de algún cliente importante, aunque siempre con riesgo.
— Elasticidad de la demanda, esto es, el grado de sensibilidad al precio que tienen los compradores de un determinado producto o servicio. En ciertas ocasiones, para un mismo producto, existen distintos segmentos de clientes, cada uno de ellos con una diferente sensibilidad al precio por razones absolutamente subjetivas según el «valor» que le otorguen a ese bien. Por ejemplo, el mercado de las corbatas es un buen ejemplo de lo que acabamos de explicar.
— Competencia, ya que hay que considerar siempre la política de precios de los competidores, en el sentido amplio de aquellos que satisfacen la misma necesidad que nosotros, y las reacciones y consecuencias que nuestra estrategia de precios pueda determinar en el mercado.

Una vez delimitados los precios, es interesante siempre cuantificar el margen bruto y calcular si semejante margen puede soportar los posteriores costes de distribución y ventas, garantía, formación de los clientes en su caso, servicio, amortización de inversiones, I+D, etc., y todavía generar un beneficio para la empresa.

Resulta útil, si contamos con el dato, comparar nuestros márgenes comerciales con los de la competencia, debiendo explicar las causas que originan posibles diferencias en este punto. Si nuestros precios son mayores debemos explicar nuestro sobreprecio en términos de novedad, calidad, garantía, prestaciones, servicio, ahorro en costes derivados, etc. En el supuesto de que nuestros precios sean menores que los de la competencia, deberemos ser capaces de explicar cómo podemos posicionarnos en el mercado con precios inferiores y mantener la rentabilidad de nuestro producto o servicio. Finalmente, debemos efectuar un análisis de sensibilidad estudiando diferentes políticas de precio. Por ejemplo, analizando si un mayor precio, a pesar de reducir volumen, aumenta la rentabilidad.

Estrategia de distribución

El plan de marketing ha de referirse también a la política de distribución, para prestablecer la manera en que vamos a poner nuestro producto en manos del consumidor final del mismo.

En primer lugar se debe decidir a través de qué agentes del canal de distribución nos vamos a introducir en el mismo. En este punto básicamente podemos decidir vender directamente al consumidor final del producto o servicio, emplear distribuidores que realicen esta operación, acceder a los mayoristas o a los detallistas.

Es necesario describir la composición, forma de contratación y cualificación del equipo de ventas, encargada de poner el producto o servicio a disposición de los usuarios, tanto de forma inmediata como a medio y largo plazo.

Una cuestión decisiva al respecto que debe dilucidarse es el empleo de fuerza de ventas propia, que implica unos mayores costes de estructura a cambio de un más eficaz control, o la contratación de una fuerza de ventas ajenas, que libera de ciertos costes fijos, pero implica un menor control de la política de distribución. En algunos casos, más que a criterios estrictamente económicos la decisión obedecerá a motivos «estratégicos». Por ejemplo, si se trata de fabricar y distribuir productos que precisen estar en todo momento bajo ciertas condiciones ambientales, como no sobrepasar determinadas temperaturas, puede resultar interesante contar con una distribución propia que asegure el perfecto estado de los mismos cuando lleguen a manos de los consumidores.

Con independencia de la naturaleza de la fuerza de ventas seleccionada, se deben diseñar las medidas de control de la misma.

A continuación, se debe precisar el número de unidades, tanto humanas como de equipos, que deben componer la fuerza de ventas en función, inicialmente, del número de clientes a los que se piensa llegar y de la naturaleza del negocio.

Se debe describir también la política de márgenes comerciales y medidas de promoción ofrecidas a distribuidores, representantes y comerciantes y la comparación con lo que hace nuestra competencia. Además, se han de presentar las ventas estimadas por cada representante o miembro del equipo de ventas, los incentivos diseñados para diferentes volúmenes y los costes totales de la actividad de ventas y su porcentaje con respecto a la facturación global estimada.

Se hará referencia a los períodos de cobros a clientes y otras consideraciones como política de descuentos, anticipos, rappels, etc.

Cuando estemos evaluando la posibilidad de exportar se debe incluir en este apartado una serie de aspectos específicos como el sistema de distribución internacional, el transporte hasta el punto de destino, los seguros y cobros de clientes internacionales, los trámites para la exportación y la implicación de todas las operaciones derivadas de la exportación en términos de tiempo.

Estrategias de comunicación

Se han de describir en primer lugar las fórmulas de comunicación que se van a utilizar para atraer la atención de los clientes potenciales de nuestro producto o servicio. Son varias las herramientas de comunicación de las que puede hacer uso el empresario y, por citar algunas de ellas, señalemos la publicidad, las promociones, los mailings, el buzoneo, el telemarketing, la aparición en ferias, los patrocinios, las relaciones públicas, etc.

Se deberá evaluar el tipo de negocio en el que nos encontramos y las disponibilidades de fondos existentes a la hora de optar por uno u otro medio, con el fin idílico de lograr la máxima eficacia al menor coste posible.

Así, si se piensa emplear la publicidad dentro del plan general de comunicación, es importante elaborar un plan de medios que recoja las acciones concretas que se van a realizar, los medios a los que nos dirigimos y por qué, así como el mensaje que se pretende destacar. Lógicamente este mensaje debe estar en consonancia con la estrategia general de la empresa y deberá resaltar aquel aspecto clave y diferencial que ofrecemos frente a los competidores (mejor precio, servicio más completo, mejor ubicación, mayor calidad de productos o servicios, etc.).

Otros datos que deben aparecer en el plan de medios serán el número de apariciones, tamaño o duración de nuestras apariciones, frecuencia de las mismas, valoración económica del plan, impactos a los que aspiramos y coste por impacto de nuestra actividad.

Similar procedimiento se puede seguir en el caso de llevar a cabo otras medidas de comunicación como las que se han reseñado.

3.4.6. Descripción técnica

El apartado de descripción técnica debe incluir, en el caso de que nuestra actividad esté basada en el desarrollo, producción y comercialización de un producto las dos primeras fases ahora citadas: el desarrollo y la producción.

Si estamos ante un servicio, al no existir un proceso productivo como tal, en este apartado nos limitaremos a realizar una descripción detallada de los procedimientos y las necesidades técnicas en las que incurriremos a la hora de prestar el servicio concreto.

Nos vamos a centrar a continuación en el supuesto concreto de que nuestro proyecto se base en el desarrollo y posterior producción de un bien cualquiera. En este caso, debemos comenzar considerando la duración de los trabajos de investigación y desarrollo que nos lleven a configurar totalmente el producto y las necesidades de inversión en equipo humano y de laboratorio, muestra, prototipos, etc., que ello acarrea.

Además debemos examinar si estamos capacitados en términos de tecnología y *know-how* para tal desarrollo o si, por el contrario, vamos a necesitar subcontratar algunas de las labores derivadas. Por tanto, habremos de describir en profundidad la asignación de funciones en el proceso de desarrollo, los riesgos y dificultades de todo tipo inherentes a esta fase, posibilidad de establecer a medio plazo en mejoras del producto o en desarrollo de nuevos productos sinérgicos, los costes del proceso y finalmente los derechos de propiedad derivados del producto.

A continuación, hemos de detenernos en la fase de producción propiamente dicha, para lo cual debemos prestar atención preferente a los siguientes aspectos:

- Descripción del proceso productivo que se va a seguir. En este punto siempre hay que tener en consideración la normativa en materia de calidad, seguridad y, en general, homologaciones a los requisitos legales establecidos ya que pueden implicar la necesidad de incluir ciertas actividades dentro del proceso productivo con lo que esto conlleva en cuestiones como personal, equipos o espacio físico.
- Ciclo operativo, incluyendo el número de unidades a producir, volumen máximo de fabricación, el número de turnos en horas y días necesario para cubrir las previsiones de producción y las necesidades de personal, su cualificación y coste.
- Localización geográfica de las instalaciones, ventajas y desventajas de la opción elegida en términos de existencia de mano de obra cualifi-

cada, coste de la misma, conflictividad laboral de la zona, incentivos a la ubicación de instalaciones fabriles, normativa medioambiental, proximidad a las fuentes de materia prima, accesibilidad de las instalaciones, etc.
- Edificios y terrenos necesarios en metros cuadrados, superficies cubiertas, locales, instalaciones de energía eléctrica, almacenes, sistemas de seguridad, etc. También deben contemplarse las fórmulas financieras de adquisición de los mismos, posibilidades de expansión, régimen de adquisición, gastos de mantenimiento y estructura, de diseño y realización de la planta, y coste estimado del conjunto de las instalaciones.
- Equipos necesarios para la fabricación de los productos (o la venta de los servicios), características, modelos, fórmulas de adquisición, capacidad de producción, coste estimado y periodificación de las adquisiciones y, finalmente, duración del equipo productivo y amortización anual. Es fundamental compararlos con los de la competencia pues disponer de mejores equipos puede determinar el éxito futuro de la compañía. Mucho más en momentos, como el actual, en los que los cambios tecnológicos se suceden a gran velocidad con las subsiguientes mejoras en rendimiento, fiabilidad o calidad final del producto.
- Estrategia del proceso productivo, decisiones de subcontratación de componentes y motivo de la misma, definición de los subcontratados, quiénes son, cualificación y coste, descripción del plan de producción en términos de volumen, coste, mano de obra, materia prima, componentes subcontratados, gestión de stocks, etc.
- Descripción de los procesos de control de calidad, control de inventarios y procedimientos de inspección que garanticen mínimos costes y eviten problemas de insatisfacción en nuestros clientes. Respecto a la calidad, conviene destacar que no sólo debe prevalecer en los productos fabricados por la empresa, sino que debe extenderse a todos los niveles funcionales, ya que supone en muchas ocasiones un elemento diferenciador que el cliente sabe valorar. Además, hay que definir perfectamente las medidas de todo rango que se van a implementar para ofrecer calidad: más número de empleados que garantice una prestación del servicio más rápido, por ejemplo, en hostelería; servicio a domicilio en el caso de distribución minorista; servicio de atención telefónica en la banca, etc.

Para concluir con este punto, conviene recalcar la importancia de emplear un lenguaje comprensible a la hora de redactar este apartado del Plan de Negocio, incluso para los que no siendo expertos en la materia puedan resultar lectores interesantes del Plan (banqueros, inversores, socios o empleados potenciales, posibles clientes o proveedores, abogados, asesores fiscales, colaboradores, etc.). Si se incluye el proyecto de ingeniería del proceso del que se trate, es mejor presentarlo en un libro aparte y que un somero resumen del mismo constituya el apartado de Descripción Técnica en la Memoria del Plan de Negocio. En todos los casos, el empleo de dibujos, esquemas o fotografías siempre ayuda a comprender mejor este capítulo del Plan.

3.4.7. Plan de compras

El plan de compras debe recoger la relación de materias primas, materiales y equipos necesarios para producir y comercializar nuestro producto o servicio, lo que supone desde el mobiliario de oficina hasta los vehículos de transporte, etc.

Igualmente, se ha de incluir un listado de proveedores u otras fuentes de aprovisionamiento y su localización.

Entre los proveedores deben incluirse desde aquellos responsables de, por ejemplo, el diseño y equipamiento de instalaciones fabriles y comerciales, hasta los más específicos de mercancías, componentes o materias primas de la actividad. Se debe hacer mención a las condiciones y períodos de pago a los mismos, descuentos sobre compras, disponibilidad y condiciones de entrega, etc.

Dentro de este apartado debe hacerse referencia a la gestión de las compras y al almacenaje de las mismas. Se trata de diseñar una adecuada política de compras que permita en todo momento disponer de las materias primas necesarias para llevar a cabo la actividad empresarial, para lo que deberán fijarse los períodos de reposición y, como siempre, todo ello con la premisa de hacerse al menor coste posible.

Mención especial merece la gestión de los stocks, que cobra especial significación en empresas comerciales. La existencia de stocks supone un coste para la empresa, por lo que también debe diseñarse un plan de almacenamiento que optimice esos costes.

Hay que determinar las necesidades de espacio para almacén de materias primas y productos terminados, y el coste de dicho almacenaje. Por último, deben considerarse las posibles estacionalidades del consumo o del suministro de materia prima para asegurar siempre un stock mínimo que garantice el funcionamiento normal de la empresa.

3.4.8. Organización y recursos humanos

Contar con un equipo humano capaz de llevar a cabo con garantías un determinado proyecto empresarial es un enorme activo, por lo que se deberá cuidar este aspecto de manera especial al elaborar el Plan de Negocio.

Este apartado del Plan de Negocio incluye, en primer lugar, una relación de las necesidades de personal que va a requerir la empresa, tanto en funciones directivas como en puestos de línea. Debe efectuarse una descripción detallada de los puestos directivos claves con los perfiles requeridos para cada uno de ellos o la descripción de las personas si ya estuviesen determinadas, con la enumeración de sus responsabilidades.

Cuando ya se cuenta con una determinada persona para ocupar un puesto de responsabilidad es necesario describir en detalle su experiencia profesional, su especialización en una determinada área funcional o en un sector determinado y una lista de sus logros a lo largo de su carrera profesional. Este tipo de acciones aumenta la confianza de los posibles inversores en el equipo gestor y a la vez indica a los inversores las posibles debilidades o fortalezas de su equipo directivo.

Más adelante, conviene describir de forma detallada las responsabilidades y tareas concretas que cada miembro de la organización ejercerá en el proyecto objeto del Plan de Negocio.

En cuanto al personal de línea, es necesario recoger las categorías laborales que existirán en la empresa, las tareas a desempeñar por cada una de esas categorías, perfil o experiencia profesional requerida, el convenio laboral al que se acogen los trabajadores con sus especialidades si las hubiese, y el número de trabajadores por categoría y puesto, estableciendo turnos de trabajo que garanticen el correcto funcionamiento de la empresa. Para todos los casos, habrá que fijar la remuneración de cada uno de los empleados determinando el coste total en nóminas para la organización, sin olvidar las obligaciones fiscales (pagos a la seguridad social, retenciones, etc.) que esto acarrea y que suponen otra fuente de gastos para el empresario que se debe prever. También hay que especificar la existencia de posibles políticas salariales que contemplen ciertas remuneraciones variables, para qué puestos, y con qué criterios se calculará la parte variable del salario.

Es necesario detallar las fórmulas de contratación bajo las que se incorporarán los empleados a la naciente compañía. Es posible que ciertas funciones, por ejemplo, asesorías legales o fiscales, no recaigan en personal fijo de la empresa, sino que se subcontraten, por lo que, en esos casos, debería especificarse a quién, a qué coste y en qué condiciones.

Se debe hacer referencia a la política global de la empresa en el área de recursos humanos, especialmente si el tamaño de la empresa aconseja crear una división específica de personal. En estos casos concretos es recomendable diseñar un organigrama de la empresa por áreas de actividad y con las personas específicas, si existiesen, en los puestos de responsabilidad gerencial. Podría, incluso, establecerse una política de formación de los recursos humanos de la compañía.

Finalmente, será preciso analizar la oferta de mano de obra para determinar de dónde se van a seleccionar los empleados y si esta labor va a corresponder a los propios empresarios o se le va a encargar a una empresa especializada, en cuyo caso deberemos fijar a cuál y el coste de esta asesoría.

3.4.9. Estructura legal

En este apartado, debemos recoger la forma jurídica que adoptará la empresa y el motivo de su elección frente a otras fórmulas jurídicas recogidas por nuestro ordenamiento, así como el régimen fiscal de la misma, elección de los socios, y la filiación de los socios fundadores de la empresa.

Si estuviésemos ante el supuesto de una empresa ya constituida, a lo anteriormente citado se añadirían todas aquellas circunstancias que hubiesen modificado la naturaleza jurídica de la misma.

Se deberá adjuntar copia de las escrituras de constitución y estatutos de la empresa.

La estructura legal deberá recoger también el nombre y la personalidad de otros socios o inversores, con el porcentaje accionarial correspondiente y sus diferentes categorías, con sus obligaciones y restricciones. Además, se debe incluir en este apartado todo lo relacionado con los servicios de asesoría que se vayan a prestar desde el exterior, con especificación de la personalidad de los asesores, su especialidad y el coste estimado de sus servicios.

Todos los trámites administrativos y legales necesarios para constituir la empresa, por ejemplo, constitución de la sociedad, registros, licencia fiscal, licencias de actividad o de obras, etc., han de constar detallados paso a paso, con indicación del tiempo requerido para llevarlos a cabo y el coste de los mismos.

En caso de carecer de la formación jurídica suficiente, es muy recomendable ponerse en manos de algún experto en la materia para definir la forma jurídica de la empresa y el marco fiscal en el que se va a desarrollar la actividad. Una correcta planificación a este nivel es absolutamente necesaria pues puede evitar muchos problemas a posteriori.

3.4.10. Estudio económico-financiero

El plan financiero es otro de los elementos básicos incluidos en un Plan de Negocio. Sus propósitos son el de evaluar el potencial económico de un proyecto empresarial y el de presentar alternativas viables de financiación para el mismo.

Como es obvio, antes de llegar a este punto concreto, y tras la realización de una primera investigación de mercado, habrá sido necesario realizar algunos números previos que nos indiquen la posible viabilidad económica y financiera del negocio. Ahora, se desarrollarán esas «cuentas iniciales» hasta conformar un auténtico estudio económico-financiero.

A la hora de comenzar a elaborar nuestro plan financiero, hemos de referirnos a las hipótesis sobre las cuales dicho plan se va a apoyar, hipótesis que se contienen en su mayoría en los diferentes apartados que hemos ido cubriendo a la hora de realizar nuestro Plan de Negocio. En definitiva, el estudio económico-financiero consiste fundamentalmente en ordenar todos aquellos datos que deben figurar en el resto de apartados del Plan de Negocio: hipótesis de venta o listado de precios en el plan de marketing, coste de las materias primas en el plan de compras, sueldos y salarios que aparecerán en el capítulo de organización y recursos humanos, etc.

Todo estudio económico-financiero debe responder una serie de cuestiones importantes como son las que se proponen a continuación:

¿Cuánto dinero necesito para acometer el proyecto empresarial sobre el que gira el Plan de Negocio?

Es necesario conocer, por una parte, el dinero que voy a necesitar inicialmente para poner en marcha la idea de negocio, lo que podríamos denominar inversión inicial, si bien, a efectos estrictamente contables una parte de ese monto inicial puede considerarse inversión y otra gasto con las correspondientes implicaciones fiscales que ello conlleva.

De otro lado, también deberemos cuantificar las necesidades financieras requeridas para acometer la actividad propia del negocio, una vez puesto éste en marcha.

En la planificación financiera debe tenerse en consideración especial todo el período de tiempo que transcurre desde que se empiezan a efectuar los pagos correspondientes a la puesta en marcha del proyecto hasta que se comienzan a ingresar fondos derivados de la actividad propia del negocio. Por ejemplo, en el caso de la construcción y explotación de un hotel este período se alarga considerablemente en el tiempo y son muchas las partidas de gastos que deben ser satisfechas: compra del terreno, adecuación del mismo, pago de permisos, licencias y honorarios de los profesionales que acometen el proyecto, gastos derivados, compra de materiales y equipos necesarios, contratación del personal necesario, etc.

¿Dónde lo consigo?

El empresario debe prever cuáles van a ser las fuentes de financiación a las que va a acudir para poder llevar a cabo su actividad empresarial. No nos vamos a extender ahora más en este punto porque en la presente obra se dedica un capítulo completo a la financiación de nuevos negocios.

¿Cuál va a ser la estructura financiera de la nueva empresa?

El empresario deberá determinar qué parte del capital de la empresa estará en sus manos, lo que tradicionalmente se denomina recursos propios, y cuál corresponderá a terceros, recursos ajenos.

La tendencia general es intentar mantener la máxima participación con recursos propios, aunque es conveniente que el emprendedor reflexione sobre la naturaleza de su negocio antes de tomar decisiones en este sentido. En ocasiones, se va a desarrollar un concepto que requerirá un rápido crecimiento para asegurarse el éxito —recordemos el ejemplo ya referido en el Capítulo 2 sobre la telecomida en España— y eso puede exigir asegurarse la financiación para la expansión dando entrada a terceros en el accionariado.

De todos modos, una asesoría en materia legal permitirá al empresario creador de la idea dotar a la compañía, vía estatutaria por ejemplo, de una serie de mecanismos que le permitan mantener un cierto control de su negocio, aunque tomen participaciones en la compañía nuevos socios.

¿Cuánto ganarán los inversores del negocio?

Este es un asunto sustantivo y sobre el que en demasiadas ocasiones no reparan en toda su profundidad los redactores de Planes de Negocio.

La cuestión es tanto más importante cuando estamos utilizando el Plan de Negocio como tarjeta de presentación para la búsqueda de los recursos financieros que permitan la puesta en marcha de una nueva idea empresarial.

El estudio económico financiero deberá, por tanto, reflejar la rentabilidad que se obtendría razonablemente por la inversión en ese negocio, así como los mecanismos sobre los que se van a sustentar dichos retornos de la inversión (reparto de dividendos, recompra de acciones, venta de acciones en bolsa, etc.).

Ligando este punto con el anterior, es conveniente que el emprendedor en virtud del tipo de negocio que tiene entre sus manos evalúe qué tipo de inversiones va a requerir. En ocasiones se tratará de ideas complejas, que requieran inversiones en investigación y desarrollo, por lo que comenzarán a generar beneficios en un plazo medio o largo. En estos casos es desaconsejable involucrar en el accionariado a financiadores mucho más preocupados por recuperar en breve plazo su inversión, porque pueden comprometer seriamente la viabilidad del proyecto.

Por otra parte, todo estudio económico-financiero debe presentar una serie de estados financieros provisionales que contemplen, al menos, un horizonte temporal a medio plazo, esto es, entre tres y cinco años variando de la madurez —y, por tanto, estabilidad— del sector en el que nos encontremos. Deben considerarse, al menos, los siguientes.

Previsión de tesorería

Este es un estado financiero en el que se recogen con detalle las entradas y salidas de fondos líquidos de la empresa durante un período fijado de tiempo.

Al menos, para el primer año debe hacerse por meses ya que ese primer año suele ser crítico para lo consolidación del negocio en el mercado. Además, esto nos permitirá detectar la existencia de posibles estacionalidades en la venta de nuestros productos y estar en disposición de planificar el tratamiento financiero preciso para cubrir su efecto. Esta previsión nos permitirá definir las necesidades de financiación a corto plazo que va a requerir nuestra actividad.

Cuadro 3.2. Ejemplo simplificado de cuenta de tesorería

(1)	SALDO INICIAL DE CAJA	
(2)	INGRESOS TOTALES	
(3)	PAGOS TOTALES	
(4)	SALDO NETO DE CAJA = (2) − (3)	
(5)	SALDO DE TESORERIA = (1) + (4)	

Cuenta de resultados

Es el estado financiero que refleja el resultado económico, beneficio o pérdida, obtenido por la empresa a lo largo de un determinado período de tiempo.

Se aconseja contemplar tres escenarios en función de la cifra de ventas esperada: uno que pudiéramos denominar «realista», otro «optimista» y un escenario «pesimista».

También conviene estudiar el efecto de posibles variaciones de otras partidas significativas de la cuenta de resultados realizando el correspondiente análisis de sensibilidad. Por ejemplo, si se trata de un negocio de exportación a Francia, convendría plantearse diferentes escenarios que contemplen una serie de razonables variaciones en la relación peseta-franco. En otras ocasiones, puede establecerse este análisis de sensibilidad en función del coste de la materia prima si éste está sujeto a fluctuaciones, como ocurre en el caso de las industrias agrarias.

Como en el caso anterior, se recomienda que para el primer año se efectúe una cuenta de resultados mensual y para el resto bastaría con una por año.

Cuadro 3.3. Ejemplo de cuenta de resultados provisional tipo

- VENTAS

  (COSTE DE LAS MERCANCIAS VENDIDAS)

- MARGEN BRUTO DE EXPLOTACION

  (GASTOS GENERALES)
  (AMORTIZACIONES)
  (GASTOS FINANCIEROS)

- BENEFICIO NETO ANTES DE IMPUESTOS

  (IMPUESTOS)

BENEFICIO NETO

Balance

Es el estado en el que se refleja la situación económica y financiera de una empresa en un momento determinado. En el balance aparecerán el estado de las inversiones y de las fuentes de financiación de la empresa.

Como en el caso de la cuenta de resultados previsional, deberá elaborarse un balance mensual para el primer año, así como el estudio del efecto de las diferentes hipótesis en el balance (véase Cuadro 3.4).

Punto de equilibrio

El punto de equilibrio, también denominado punto muerto o *break even point* es un parámetro económico que nos indica el volumen de actividad en el cual los ingresos igualan a los costes, esto es, en el que se obtiene un beneficio cero.

De la propia definición se deduce el enorme interés que para el empresario supone este estado financiero, de ahí que sea uno de los aspectos que deberán figurar en todo Plan de Negocio, ya que le permiten determinar el volumen de ventas a partir del cual entrará en beneficios.

El cálculo del punto de equilibrio es conveniente realizarlo no sólo en términos del volumen de ventas, sino también en unidades, de tal modo que luego puede servir de base para el control de la actividad de la empresa una vez ésta comience a funcionar.

Cuadro 3.4. Ejemplo de balance previsional de situación tipo

ACTIVO	PASIVO
DISPONIBLE Caja y bancos	EXIGIBLE A CORTO Proveedores, acreedores Créditos a corto...
REALIZABLE A CORTO Clientes Efectos Deudores	EXIGIBLE A MEDIO Y LARGO Créditos a largo...
EXISTENCIAS Materias primas Productos semielaborados Productos terminados	RECURSOS PROPIOS Capital Reservas Previsiones
INMOVILIZADO MATERIAL Terrenos Equipos Mobiliario y enseres...	RESULTADOS
INMOVILIZADO INMATERIAL Patentes Marcas...	
INMOVILIZADO FINANCIERO Títulos y participaciones en otras empresas Fianzas y depósitos	
GASTOS AMORTIZABLES De primer establecimiento De emisión de bonos...	

Cuadro 3.5. Cálculo del punto de equilibrio
en una empresa monoproducto

Para calcular el punto de equilibrio de una empresa monoproducto basta aplicar la fórmula siguiente:

$$N = CF/(I-CV) \qquad (1)$$

N = Volumen de actividad en el que el beneficio es cero.
CF = Sumatorio de costes fijos, aquellos costes que son independientes del volumen de actividad de la empresa (por ejemplo, el alquiler de la oficina).
I = Ingresos totales de la compañía.
CV = Sumatorio de costes variables, aquel que depende del volumen de actividad de la empresa (por ejemplo, el coste de materias primas).

A la diferencia entre ingresos y costes variables se le denomina margen de contribución total (MCT), cifra que puede obtenerse multiplicando el margen de contribución unitario por el número de unidades producidas (N). Por tanto, la fórmula (1) también puede expresarse así:

$$MCT = CF$$

Como MCT = N · MCU, siendo MCU el margen de contribución unitario

$$N = CF/MCU \qquad (2)$$

Esto también permite definir el punto de equilibrio como el volumen de actividad en los costes fijos, los cuales son cubiertos por el margen de contribución total.

Cuando se trate de empresas multiproducto bastará para calcular el punto de equilibrio hallar el precio de venta promedio y el coste variable unitario promedio en función de cuál sea la proporción existente de cada producto. La diferencia entre estos dos parámetros permitirá inmediatamente el cálculo del margen de contribución unitario promedio. Sin más que aplicar (2) conoceremos el punto de equilibrio para una empresa multiproducto.

Ratios de rentabilidad

Todo estudio económico-financiero debe incluir una serie de estados financieros que indiquen la rentabilidad esperada que se puede obtener por la participación en el proyecto empresarial que presenta el Plan de Negocio.

Los estados financieros comúnmente más empleados a estos efectos son los siguientes:

- Payback o período de recuperación de la inversión.
- Valor actual neto (VAN): suma de los *cash-flows* netos originados por una inversión.
- Tasa interna de retorno (TIR).

El estudio económico-financiero debe completarse con todos aquellos ratios que afiancen el atractivo del proyecto ante cualquier potencial inversor en el mismo.

Conclusiones sobre el estudio económico-financiero

Una vez realizados los estados financieros descritos, es interesante hacer un comentario sobre las conclusiones principales que reflejan los mismos. Datos como la máxima cantidad de capital requerida y cuándo será requerida, la cantidad de deuda requerida, cuándo se debe repagar la misma, etc., deben contemplarse en este momento.

En cuanto a la rentabilidad de la inversión esperada, los períodos de recuperación de la inversión, así como los ratios financieros más apropiados al plan financiero concreto.

En algunas ocasiones, cuando el empresario acaba su estudio económico-financiero resulta que la rentabilidad del proyecto empresarial que se analiza resulta, cuando menos, dudosa. Sobre este punto, conviene recordar que la rentabilidad no puede entenderse como un concepto absoluto, sino que es dependiente de otros muchos factores, por lo que no cabe hablar de Planes de Negocio no rentables en sentido estricto.

Por consiguiente, si del análisis de viabilidad realizado, un proyecto resultase ser de dudosa rentabilidad, será labor de sus promotores analizar las causas de dicha situación y aportar posibles soluciones. Una medida que puede considerarse, si es posible y adecuado, es la subcontratación de ciertas actividades que, al menos, inicialmente se desarrollarían dentro de la empresa. Con ello se reducen los costes fijos de la compañía y puede alcanzarse el punto de equilibrio con un más reducido nivel de actividad, con lo que aumentan las posibilidades de rentabilizar la inversión. Claro está, cualquier cambio que se establezca sobre los planteamientos de partida conllevará la modificación de algunas de las medidas ya diseñadas en otros capítulos del Plan de Negocio: una vez más, incidimos en el carácter dinámico con el que debe afrontarse la elaboración de un Plan de Negocio y su posterior puesta en marcha.

Incluso la conclusión final del Plan de Negocios puede recomendar la no inversión en el proyecto empresarial objeto de estudio tras esta profundización en el análisis que acabamos de recomendar. No se olvide que éste es uno de los objetivos que cubre la elaboración del Plan.

Antes de completar el apartado referido al plan financiero, es oportuno referirse una vez más a la doble función que éste cubre como desarrollo global de la estrategia del proyecto empresarial y como herramienta de marketing a la hora de obtener financiación para el mismo. Si damos prioridad a esta segunda función corremos el riesgo de «inflar» las hipótesis de nuestros estados financieros con lo que estaríamos cometiendo un doble error. El derivado de introducir estas variaciones en los supuestos y el de cometer un fraude que puede llegar a ser perseguible penalmente por los presuntos inversores que se verían defraudados en sus expectativas.

3.4.11. Valoración del riesgo

La puesta en marcha de un proyecto empresarial o el lanzamiento de un nuevo producto son actividades que de manera indudable llevan aparejados múltiples riesgos y problemas, y el Plan de Negocio debe contener implícitas asunciones sobre los mismos.

Por tanto, se debe incluir una descripción de los riesgos y de las posibles consecuencias de circunstancias adversas que afecten a la industria, a nuestra compañía, nuestro equipo humano, la aceptación de nuestro producto o servicio por el mercado, o a retrasos en el lanzamiento del producto o servicio o de la obtención de los recursos financieros necesarios.

En definitiva, todo negocio tiene unas claves de éxito que son las que el empresario debe conocer, si es posible, incluso antes de comenzar su actividad (para lo cual la elaboración de un Plan de Negocio supone una gran ayuda por cuanto posibilita estudiar el mercado, un contacto con los principales agentes que operan en el mismo, etc.) y que determinarán la posibilidad de sacar adelante con éxito un proyecto empresarial.

Del mismo modo, la valoración de riesgos debe hacer referencia a factores externos como recesión, nuevas tecnologías, reacción de competidores, cambios en la demanda, obsolescencia prematura, etc. Todo ello influirá en el desarrollo de nuestro proyecto y en las posibles medidas correctoras de los factores de riesgo que podamos aplicar.

La identificación y la discusión de los factores de riesgo en nuestro proyecto empresarial demuestran la capacidad de gestión del redactor, su visión empresarial y aumentan la credibilidad del proyecto de cara a los potenciales inversores.

3.4.12. Resumen

Este es el último apartado de nuestro Plan de Negocio. En él debemos hacer constar, de forma resumida, las principales fortalezas del proyecto, sus debilidades, sus ventajas y oportunidades y sus amenazas o riesgos.

Es la última oportunidad de convencer al inversor aún no convencido en la bondad del proyecto, por lo que no debemos escatimar esfuerzos a la hora de reflejar la verdadera rentabilidad de nuestro proyecto.

3.5. ASPECTOS FORMALES A LA HORA DE REDACTAR UN PLAN DE NEGOCIO

No cabe duda de que, aunque nos hemos extendido de forma más detallada en los aspectos de fondo, no se pueden pasar por alto ciertas cuestiones formales a la hora de presentar un Plan de Negocio. Tanto más en la medida en que pensemos utilizar nuestro Plan como reclamo ante potenciales socios, inversores o colaboradores. No podemos pensar que somos los únicos en acudir a este tipo de instancias, por lo que habremos de esforzarnos en presentar un documento que, desde el primer momento, atraiga la atención del lector, para que lo estudie y valore con una buena predisposición.

La elaboración de un Plan de Negocio lleva consigo el seguimiento de una serie de reglas o estándares que afectan aspectos formales del mismo, como el vocabulario utilizado, la estructura interna del documento, el contenido de cada apartado concreto o la propia presentación formal del documento. No obstante, existe una gran libertad de acción dependiendo del propósito que persigue nuestro Plan, las personas a las que va dirigido, el sector y tipo de actividad empresarial que contempla e incluso el lugar donde se llevará a cabo la actividad principal que se planifica.

Comenzando por el lenguaje utilizado, debemos destacar que es uno de los elementos más importantes a la hora de hacer atractivo el proyecto empresarial, por lo que deberá satisfacer supuestos como son el buen estilo, la capacidad de comunicación, el orden y la coherencia, la ausencia de redundancias, la economía en la redacción, etc.

Un Plan de Negocio se suele dirigir a un amplio espectro de lectores, por lo cual es importante utilizar un lenguaje que sea inteligible por más de un colectivo: inversores, banqueros, productores, técnicos. Los redactores de Planes de Negocio que tengan como objeto productos o servicios de alto contenido tecnológico deberán hacer un esfuerzo especial por acercar su terminología a un lenguaje comprensible por todos los interesados en su lectura. La experiencia nos enseña en estos casos que muchas personas con proyectos brillantes y con enorme potencial que incorporan un alto contenido científico encuentran grandes dificultades en ponerlos en marcha al no encontrar socios para ello. Entre otras razones, porque no se preocupan de hacer comprensible su idea y los beneficios que puede reportar en el orden práctico.

Las referencias a las especificaciones técnicas del producto o servicio serán imprescindibles en determinados casos y, por tanto, deberán aparecer en algún apartado del Plan de Negocio, normalmente en el referido al proceso productivo. En ocasiones, las partes de contenido muy técnico o científico es mejor presentarlas en anexos, al que puedan remitirse los lectores interesados en esas cuestiones, con lo que lectura resultará más agradable para los legos en materia técnica. Otras veces es aconsejable incluir como anexo un glosario de términos técnicos en el que se definan aquéllos cuyo significado pueda desconocer cualquier no experto en la materia, o si sólo aparecen unos pocos, explicar su significado en un pie de página.

También habrá de tenerse en cuenta la consecución de una buena presentación formal del Plan de Negocio a fin de dotar al documento del máximo atractivo para sus potenciales lectores. Por tanto, la encuadernación habrá de ser cuidada y deberá ir acompañada de una correcta presentación en cuanto a calidad del papel empleado, uso de márgenes suficientes y doble espacio para evitar textos excesivamente abigarrados, y una buena impresión que haga posible la lectura sin la menor dificultad.

Es recomendable diseñar una correcta separación de apartados para facilitar la comprensión del texto al lector y permitir acudir a algún punto concreto de trabajo de manera rápida, para lo cual, por otro lado, es condición básica enumerar las páginas e incluir un índice. El empleo del subrayado, las negritas o las letras cursivas pueden resultar un método eficaz para resaltar aquellos aspectos del Plan de Negocio que consideremos relevantes y que, por tanto, no deberían pasar desapercibidos a los lectores.

En el proceso de elaboración de todo Plan de Negocio, y con particular incidencia en apartados como el estudio de mercado, se hace acopio de una gran cantidad de información, por lo que será absolutamente necesario procesar perfectamente todos esos datos y resumirlos de forma clara y concisa a lo largo del documento.

Es muy ilustrativa la presencia en el Plan de esquemas, gráficos, dibujos o fotografías, que facilitarán en gran medida la comprensión del proyecto, y permitirán reducir el volumen del mismo.

Como norma general, es más indicado que el contenido del Plan de Negocio aparezca en dos libros. Uno, la memoria, destinado al grueso de la información. El otro, el libro de anexos, en el que se incluyan todas aquellas informaciones no directamente relevantes, pero que apoyen o confirmen tendencias o estrategias establecidas en el libro principal (encuestas o estadísticas, informes de terceros, textos legales, recortes de prensa, gráficos, planos, mapas, fotografías, etc.).

4
La búsqueda de los recursos financieros

4.1. INTRODUCCION

Todo emprendedor, una vez que cuenta con una oportunidad de negocio ya evaluada, se encuentra con el problema de la obtención de recursos financieros adecuados y suficientes para la puesta en marcha de su proyecto, o para la financiación del crecimiento o diversificación de la empresa en marcha. Dependiendo del mercado en que desarrolle su actividad el emprendedor, la obtención de suficientes recursos financieros será más o menos problemática, aunque de cualquier manera, es éste uno de los elementos de más compleja solución en toda nueva empresa.

Hasta ahora, este manual ha analizado tres de los cuatro elementos que concurren en la puesta en marcha de un proyecto empresarial, el empresario, la búsqueda de la oportunidad de negocio y el análisis de viabilidad del proyecto empresarial. Es precisamente este último elemento, el Plan de Negocio y más concretamente su análisis económico-financiero, el que va a determinar las posibilidades del empresario a la hora de acudir en busca de financiación para su proyecto, salvo que el capital aportado sea propio. En este capítulo analizaremos las fuentes de financiación para la inversión, se trate de la puesta en marcha de proyectos empresariales o de financiación para empresas ya establecidas.

A nadie escapa el hecho de que la financiación es uno de los aspectos más difíciles con que se encuentra el potencial o el actual empresario, más aún si el «candidato» es joven y su proyecto empresarial se encuadra en el terreno de actuación de las pequeñas y medianas empresas. Muchos expertos del sector financiero señalan que en España es más fácil obtener financiación para grandes proyectos de inversión que para pequeñas empresas impulsadas por empresarios individuales. Este fenómeno es común en muchos mercados financieros, aunque en los mercados más desarrollados existen instrumentos financieros específicamente diseñados para la pequeña inversión, facilitándose de esta manera el proceso de la puesta en marcha de un proyecto de creación de empresas.

A pesar de que el aspecto de la búsqueda de financiación es uno de los más difíciles con que se encuentra el empresario potencial o el emprendedor con un proyecto empresarial en marcha, existen múltiples fórmulas a las que acudir en el mercado en busca de financiación.

La primera distinción posible a la hora de examinar las diferentes fuentes de financiación se establece entre la obtención de deuda o la aportación de capital o recursos propios. En el primer supuesto, el uso de deuda, el emprendedor se compromete a devolver la cantidad objeto de la aportación de deuda más los intereses estipulados por el uso de los fondos.

En el segundo supuesto, cuando el emprendedor recibe aportaciones de fondos en concepto de capital, se produce una cesión de parte del accionariado de la compañía, con la pérdida de control que ello puede suponer dependiendo de la importancia de las aportaciones. En resumen, el emprendedor que no cuente con los recursos necesarios para financiar la puesta en marcha de su proyecto empresarial, o en su caso, las nuevas inversiones de un proyecto en marcha, se encuentra ante la disyuntiva de acudir a deuda manteniendo el control de la compañía o ceder un porcentaje del accionariado evitando las obligaciones financieras que conlleva la devolución de la deuda.

Generalmente, una combinación de ambas modalidades se muestra como la fórmula más adecuada a la hora de financiar un proyecto de inversión.

A continuación analizaremos las diferentes fuentes de financiación que en la mayoría de los mercados se encuentran a disposición del emprendedor. Hemos de hacer constar aquí que las distintas fuentes de financiación encuentran diferente desarrollo dependiendo del mercado en que opere el empresario. Como ejemplo, en los Estados Unidos, la fórmula del capital riesgo encuentra un extraordinario desarrollo y conoce múltiples modalidades que casi siempre ofrecen respuesta a las necesidades del inversor, por el contrario, en España, el capital riesgo se halla aún en fase casi embrionaria, centrando su actividad en proyectos muy específicos, en mercados determinados y sirviendo a empresas ya constituidas por lo general.

4.2. LA FINANCIACION POR DEUDA

Muchos empresarios encuentran necesario financiar parte de sus inversiones con deuda. La deuda a corto (menos de un año) suele servir para financiar el fondo de maniobra necesario para las operaciones, eliminándose con los resultados de las primeras operaciones. La deuda a largo (entre uno y cinco años) suele servir para financiar las operaciones de compra de terrenos, instalaciones, maquinaria u otros activos. La fuente más habitual de financiación de este tipo de deuda son los bancos comerciales, aunque en España y en otros sistemas se puede acudir también a la banca pública, las entidades de financiación, a instrumentos financieros como el leasing y en algunos supuestos a la emisión de deuda en sus diversas modalidades.

4.2.1. La banca comercial

La banca comercial ha desarrollado en los últimos años un importante número de productos financieros destinados a la financiación de proyectos de inversión en la pequeña y mediana empresa. Créditos, préstamos, líneas de crédito y descuento comercial son modalidades adaptadas a las necesidades del empresario y de su inversión. Para proyectos empresariales de mayor volúmen, los bancos cuentan con recursos para ayudar al empresario a acudir a los mercados de capitales (pagarés, obligaciones, salidas a la Bolsa), proporcionar socios inversores o asesorar a la empresa en su salida al exterior. La mayoría de las entidades bancarias han desarrollado una línea de productos específicos para las PYMES que incluyen la aportación de los fondos necesarios para la inversión, apoyo en la gestión y tramitación de los proyectos empresariales y asesoría jurídica y fiscal para las nuevas compañías.

A la hora de recurrir a un banco en busca de recursos, existen una serie de preguntas que el emprendedor se habrá de plantear junto con sus respuestas para conocer a fondo sus necesidades y sus posibilidades de éxito en la captación de recursos:

¿Cuánto dinero necesitamos?

La respuesta y la justificación de las necesidades financieras y de los rendimientos de la inversión está en el análisis de viabilidad de la misma, documento imprescindible a la hora de acudir a la captación de fondos externos. Algunos emprendedores acuden a sus bancos sin tener una clara idea de la cantidad de financiación que necesitan. Sólo saben que quieren dinero. El banco necesita una respuesta precisa a esta pregunta; cuanto más precisos seamos en nuestra petición, más posibilidades tendremos de obtener financiación.

¿Qué uso vamos a dar a los fondos obtenidos?

Los bancos a la hora de conceder financiación para la inversión, en cualquiera de sus fórmulas, siempre buscan eliminar la mayor cantidad de riesgo posible. Dependiendo del uso que vayamos a dar a los fondos, nuestras posibilidades de éxito aumentarán o disminuirán. Así, las inversiones en activos, como, por ejemplo, inmuebles o maquinaria serán más valoradas por el banco a la hora de decidir sobre la concesión de la financiación solicitada.

¿Cuándo necesitamos el dinero?

Presionar a un banco para una inmediata concesión de financiación es una táctica perdedora. Acudir en busca de financiación a un banco sin tener respuestas para preguntas como éstas o sin un plan de actuación demuestra poca capacidad de planificación en el emprendedor y conduce siempre a la negativa de la concesión de fondos. Planificar con antelación y solicitar plazos de tiempo razonables es la táctica más adecuada.

¿Por cuánto tiempo necesitamos el dinero?

Cuanto más corto es el período de tiempo por el que se solicita la financiación, mayores son las posibilidades de obtención de la misma. El plan de negocio o el análisis de viabilidad del proyecto debe responder puntualmente a cuándo y cómo se devolverán los fondos.

¿Cómo vamos a devolver los fondos?

Esta es la pregunta más importante. ¿Qué pasa si las cosas no resultan como estaban planificadas? Si la cuenta de resultados no lo permite, ¿existen otras fuentes de ingresos para devolver el dinero? ¿Qué garantías ofrecemos? ¿Qué activos realizables posee la compañía?

Estas son las preguntas básicas que todos nos debemos hacer y responder antes de acudir a cualquier entidad bancaria en busca de financiación para la inversión.

La banca comercial es, claramente, una de las fuentes de financiación más utilizadas para la obtención de deuda. La mayoría de las grandes entidades bancarias ofrecen productos específicos para la financiación de proyectos empresariales y de inversiones de pequeñas y medianas empresas, en muchas ocasiones son atractivas condiciones y a un tipo de interés por debajo del mercado. Sin embargo, a pesar de estas facilidades, el empresario que acude al banco en busca de financiación habitualmente se verá obligado a presentar garantías hipotecarias, personales o de otro tipo para poder obtener esa financiación. La banca comercial se ve obligada a minimizar el riesgo mediante las exigencias de garantías, negando, en la mayoría de las ocasiones, la concesión de financiación a aquel que únicamente acuda a la entidad con un Plan de Negocio, aunque éste describa una magnífica oportunidad de negocio con una elevada rentabilidad.

A pesar de todo, la banca comercial sigue siendo la principal referencia con que cuenta el empresario a la hora de buscar financiación para la puesta en marcha de un proyecto empresarial o la financiación de la inversión de una empresa en marcha. Casi todas las entidades bancarias que operan en España empiezan a dedicar una creciente atención al empresario a través de servicios especializados o «banca de empresas». Estos servicios comprenden la financiación de activos fijos o circulantes a través de diversos productos, la gestión de tesorería, la financiación del comercio exterior y otros servicios empresariales.

4.2.2. La banca pública

En la mayoría de los países en que existe banca pública, ésta, además de servir para financiar proyectos de interés social, de financiar las exportaciones de empresas nacionales y otras actividades, suele tener como una de sus finalidades la financiación de la inversión empresarial, el apoyo a la actividad económica y a la generación de empleo y riqueza colectiva.

En algunos países europeos, la banca pública desarrolla programas específicos de financiación a nuevas empresas y canaliza los fondos comunitarios que se destinan a estas actividades.

Estos programas suelen comprender la puesta en el mercado de una cantidad determinada de recursos económicos para subvencionar y financiar actividades de creación de empresas e inversiones de pequeñas y medianas empresas.

En general, y en la mayoría de los sistemas económicos, las administraciones entienden que uno de los principales problemas con que se encuentran las pequeñas y medianas empresas por su dimensión es la dificultad de acceso a una financiación adecuada a sus necesidades. La falta de acceso directo al mercado de capitales, la insuficiencia de garantías ante las entidades de crédito y la carencia de información y asesoramiento hacen que muchas pequeñas y medianas empresas tengan un menor acceso a la financiación ajena y que, dentro de ésta, dependan un elevado porcentaje de la banca comercial, con lo que ello supone en lo relativo a los costes financieros.

En España, la administración, a través del Instituto de Crédito Oficial (ICO), el Banco Europeo de Inversiones (BEI) y la banca pública, Argentaria, ha puesto en marcha una serie de medidas de apoyo financiero a las PYMES que resumimos a continuación:

1.º *Préstamos preferentes del Instituto de Crédito Oficial (ICO)*

El Gobierno español ha instrumentado una línea de crédito de 100.000 millones de pesetas para las pequeñas y medianas empresas, cantidad a desembolsar a lo largo de 1993 y 1994, con independencia del sector de actividad o del ámbito geográfico en que desarrollen su actividad. La finalidad de esta línea de créditos es la de financiar a largo plazo inversiones productivas en las mejores condiciones del mercado, para lo que el ICO ha establecido acuerdos con bancos y Cajas de Ahorro.

Estos préstamos financian hata el 50 por 100 de la inversión que el empresario acomete en el proyecto empresarial, con un plazo de devolución de cinco años, incluido un año de carencia de amortización del principal, o de siete años con dos de carencia. El tipo de interés puede ser variable o fijo. El tipo variable sería el del MIBOR (tipo de interés al que los bancos prestan entre sí), si el empresario opta por un interés variable éste será fijado por el ICO en las mejores condiciones del mercado.

Para la obtención de estos créditos, cuyo riesgo comparte el ICO con la entidad financiera participante, el empresario debe acudir a una de estas entidades para iniciar la solicitud.

2.º *Subsidiación de tipos de interés para proyectos de alta tecnología*

Dentro del mismo programa de ayuda a las PYMES, el Gobierno español ha abierto una línea de crédito por valor de 10.000 millones de pesetas en condiciones privilegiadas para la adquisición de equipos de alta tecnología por parte de las PYMES, con la finalidad de la mejora del contenido tecnológico de los productos o de los procesos de fabricación.

Los recursos necesarios para la subsidiación de los tipos de interés se obtendrán de las consignaciones presupuestarias del Ministerio de Industria, Comercio y Turismo. Estos préstamos se tramitan y conceden por alguna de las entidades financieras con las que el ICO mantiene acuerdos, y se conceden con un plazo de amortización de cinco años, de los cuales el primero será de carencia de amortización del principal, pudiendo alcanzar la cantidad total del préstamo el 60 por 100 del importe total de las nuevas inversiones.

3.º *Préstamos globales del Banco Europeo de Inversiones*

Las PYMES podrán beneficiarse de los préstamos del Banco Europeo de Inversiones (BEI) a través de las entidades financieras concertadas, existiendo un fondo de 50.000 millones de pesetas para préstamos a PYMES.

4.2.3. Las entidades de financiación

Las entidades de financiación son entidades de crédito que financian, bien directamente bien mediante el descuento de efectos, el consumo y la inversión. Si bien estas entidades suelen ser más utilizadas por los consumidores para financiar el consumo, en determinadas ocasiones pueden ser una fuente de financiación empresarial alternativa de gran interés para el empresario.

En cada país, las entidades de financiación están sometidas a una legislación específica. Como ejemplo de su funcionamiento, en España las entidades de financiación:

- Revisten de manera obligatoria la forma de sociedad anónima, siendo sus acciones nominativas.
- Requieren un capital mínimo desembolsado no inferior a los 100 millones de pesetas si tienen carácter nacional, de 50 millones si su carácter es regional y de 15 millones en el supuesto de carácter provincial.
- No tienen consideración de empresa bancaria, Caja de Ahorros o cooperativa de crédito.

A la hora de solicitar información con una de estas entidades suele ser habitual la negociación para cada supuesto de las condiciones y características del préstamo. Los intereses se fijan en función del riesgo que represente la operación, siendo habitualmente superiores a los de los bancos. Además, los requisitos y las garantías para la concesión de la financiación suelen ser menores que en el caso de los bancos y el plazo de concesión más breve.

4.2.4. El leasing

El leasing es un instrumento financiero que permite al empresario la financiación a medio y largo plazo de activos fijos mobiliarios o inmobiliarios. En realidad el leasing es un contrato de arrendamiento financiero que permite la disposición de un bien mueble o inmueble mediante su alquiler, con una opción de compra. En otras palabras, mediante el contrato de leasing el emprendedor dispone del bien objeto de leasing en régimen de alquiler mediante el pago de un canon mensual, existiendo a la finalización del contrato una opción de compra a cambio de un valor residual de antemano prefijado.

Requisito del leasing es que los bienes objetos del contrato queden afectados a fines estrictamente profesionales. Su tratamiento fiscal ha hecho del leasing un instrumento de financiación muy atractivo en aquellas legislaciones en las que ha recibido un tratamiento fiscal favorable. En muchos países, para el arrendatario el importe total de la cuota a satisfacer en concepto de leasing tiene carácter deducible, salvo que los activos objetos de alquiler tengan carácter de no amortizables.

Entre las ventajas de este método de financiación se encuentran las siguientes:

- Las cuotas son tomadas, en muchas legislaciones, como gasto deducible en el impuesto de sociedades.

- El leasing permite la financiación del 100 por 100 del bien objeto de contrato, algo que no es posible en muchas otras fórmulas de financiación.
- A la hora de negociar con los proveedores el precio del bien que posteriormente será objeto de financiación por leasing, el pago al contado del bien que lleva aparejado el leasing puede resultar en descuentos por pago al contado.
- El leasing es un alquiler con opción del compra, a la finalización del contrato y tras el pago de un valor residual el arrendatario puede adquirir la propiedad del bien.
- El leasing, al suponer un arrendamiento de un bien, convierte, por tanto, la propiedad del bien en garantía en caso de impago, y no supone generalmente la aportación de garantías adicionales por parte del empresario, facilitándose de esta manera la obtención de recursos financieros, aunque cada vez más, y ante la dificultad de hacer líquido el objeto de leasing en caso de impago, las entidades exigen garantías adicionales.

La principal desventaja del leasing como método de financiación se encuentra el coste de la misma. En efecto, el leasing suele llevar aparejado el pago de un interés superior al de otras fórmulas de financiación. Además, en algunos sistemas, este instrumento financiero no cuenta con un tratamiento fiscal favorable.

El leasing conoce distintas modalidades según el mercado en que nos encontremos y el tipo de financiación que persigamos. Entre las fórmulas más comunes de leasing encontramos el leasing financiero, en el que la sociedad de leasing se compromete a la entrega del bien objeto del contrato, pero no a su mantenimiento ni a su reparación.

En el leasing operativo, el arrendador se compromete, además de a la cesión del bien, a su mantenimiento y reposición por modelos más avanzados tecnológicamente.

El *lease-back,* otra de las modalidades del leasing, consiste en que una propiedad del arrendatario se vende a la compañía de leasing para que ésta la ponga a disposición de aquél en concepto de arrendamiento, incrementando aquél sus recursos disponibles.

Finalmente, la distinción entre leasing mobiliario e inmobiliario responde a la naturaleza del bien objeto del leasing y a su clasificación en bienes muebles o inmuebles.

4.2.5. Las Sociedades de Garantía Recíproca (SGR)

Una Sociedad de Garantía Recíproca (SGR) se define como una «sociedad mercantil constituida por empresarios, generalmente pequeños, con capital variable y cuyo objetivo exclusivo consiste en prestar garantías por aval o por cualquier otro medio admitido en derecho a favor de sus socios para las operaciones que éstos realicen dentro del giro o tráfico de las empresas de que sean titulares». En realidad, las Sociedades de Garantía Recíproca no constituyen fuentes de financiación, aunque por su importancia al facilitar al inversor la tramitación de deuda ante entidades financieras, las SGR se recogen en este apartado. En realidad, las SGR tienen como fin el de prestar garantías por aval a sus socios para facilitar la obtención de créditos en las mejores condiciones del mercado.

Estas sociedades fueron creadas en España por el Real Decreto de 26 de julio de 1978, en línea con lo que se venía desarrollando en otros países de la CEE, con la pretensión de convertirlas en instrumento de apoyo real a las pequeñas y medianas empresas. Los socios de las SGR son pequeñas y medianas empresas de todos los sectores de actividad económica. Estas sociedades cuentan con el apoyo de las instituciones privadas y de las administraciones central y autonómicas.

Desde su nacimiento, las SGR se crearon bajo fórmulas de iniciativas mixtas con participación tanto del sector privado como del sector público, papel este último que correspondió inicialmente en España al Instituto de la Pequeña y Mediana Empresa Industrial (IMPI). No obstante, este protagonismo del IMPI ha sido asumido por las Comunidades Autónomas en los últimos tiempos. Actualmente en España, están agrupadas en las 25 Sociedades de Garantía Recíproca existentes unas 40.000 pequeñas y medianas empresas, que ocupan a casi 200.000 trabajadores. Las SGR tienen un capital social suscrito superior a los 15.000 millones de pesetas y un Fondo de Garantía que supera los 10.000 millones. El aval medio de las SGR a lo largo de su historia se sitúa en torno a los 5,5 millones de pesetas y en los dos últimos años han movilizado más de 170.000 millones de pesetas.

En toda SGR caben distinguirse dos tipos de socios:

- Socios partícipes, que son aquellos empresarios que obtienen los servicios de las SGR.
- Socios protectores, que son entidades de carácter público (comunidades autónomas, diputaciones, etc.) o privado (Cajas de Ahorros, cámaras de comercio, bancos, etc.) que con el fin de apoyar al sistema realizan aportaciones al capital y al fondo de garantía sin poderse beneficiar de los servicios que presta la SGR.

Para ser socio partícipe de una SGR es necesario ser empresario y contar con un proyecto empresarial viable, adquirir la condición de socio partícipe en una SGR suscribiendo una cuota social y desembolsando, al menos, el 25 por 100 de su importe. Una vez cumplidos estos requisitos, se puede empezar a tramitar un aval a través de la SGR, operación que cuenta con los siguientes pasos:

a) Solicitud de aval, para lo cual la empresa solicitante abona una cantidad (0,5 por 100 del riesgo total del aval) en concepto de estudio de la operación.

b) La Dirección Técnica de Riesgos y la Asesoría Jurídica de la SGR estudian la viabilidad de la empresa para asegurarse que ésta puede devolver el préstamo y, en caso positivo, continúa el proceso.

c) Contrato o firma de operación.

d) La empresa solicitante debe cumplimentar los siguientes requisitos:

— Aportación de la cuota de capital (4 por 100 del importe del aval como máximo) necesario para obtener la condición de socio, imprescindible para contar con los servicios de la SGR.

— Aportación de la cuota correspondiente al Fondo de Garantía (5 por 100 del riesgo inicialmente formalizado), aunque muchas Comunidades Autónomas subvencionan este abono hasta en cuatro puntos. Este porcentaje del 5 por 100 es el único fijado por ley, mientras que el resto se fijan en los estatutos de cada SGR.

— Abono de la comisión anual del aval, cifrada en un 1 por 100 sobre el capital pendiente de amortizar.

e) La SGR presenta el aval ante la entidad financiera y hace un seguimiento de la operación. En caso de morosidad, la SGR responde ante la entidad financiera y luego ejercerá sus derechos contra el socio moroso.

f) Cuando la empresa amortiza íntegramente el préstamo se cancela el aval y la SGR reembolsa a ésta la cuota de capital y la correspondiente al fondo de garantía.

Como ya se apuntó con anterioridad, los socios partícipes de las SGR son pequeños y medianos empresarios que cuentan con sociedades de reducido capital social, lo que les obliga para continuar con el crecimiento de su negocio a acudir frecuentemente a fuentes externas de financiación, y en la mayoría de los supuestos los solicitan en cuantías reducidas.

Precisamente, la búsqueda de financiación externa para las pequeñas y medianas empresas supone, como ya hemos indicado en este mismo apartado, un grave problema, bien por no poder acceder a ella por falta de las garantías exigibles por la entidad financiera o, porque si lo consiguen, lo hacen en condiciones muy adversas en cuanto a períodos de amortización de la deuda (generalmente corto o medio plazo) o al coste financiero (superior al de la gran empresa).

Estos problemas relativos a la financiación pueden en cierta medida obviarse cuando una empresa acude a una SGR ya que el ser avalado por estas instituciones supone una serie de ventajas tales como:

- Acceso al crédito con una menor exigencia en cuanto a garantías patrimoniales, ya que avala la SGR. No obstante, las entidades financieras exigen algún otro tipo de garantía como prueba de interés del empresario y de su propia fe en el proyecto que emprende. En cualquier caso, los verdaderos criterios determinantes para la concesión del crédito pasan a ser la viabilidad del proyecto y su capacidad para generar fondos.
- Coste de capital más barato: las SGR realizan una labor de intermediación que les convierte en mayoristas de dinero, con lo que obtienen líneas de crédito incluso más baratas que las ofrecidas a las grandes empresas.
- Facilita a las PYMES el acceso a la financiación con períodos de amortización más largos, también como consecuencia del poder de negociación de las SGR ante las entidades financieras. Así se consigue unir en el tiempo la devolución del crédito con las expectativas de generación de fondos.
- Asesoramiento de la viabilidad del proyecto en lo relativo a la financiación más adecuada a la empresa en cuestión.
- Contacto con otras empresas del sector, de entre las 36.000 PYMES asociadas.
- Tramitación y canalización de ayudas especiales, especialmente las concedidas por las Comunidades Autónomas.

Con la finalidad de dotar de una mayor liquidez y solvencia a las SGR, el Gobierno español ha diseñado un mecanismo de reafianzamiento de los créditos avalados por las SGR con la creación de una nueva sociedad de refianzamiento a partir de la fusión de las dos actualmente existentes: la Sociedad Mixta del Segundo Aval y Sogasa. Los principales accionistas de la nueva sociedad serán el Instituto de la Pequeña y Mediana Empresa Industrial (IMPI), las SGR y el Instituto de Crédito Oficial (ICO).

4.2.6. El factoring

El factoring es una potencial fuente de financiación empresarial que supone la venta de las cuentas a cobrar. El factoring supone un acuerdo entre un factor y una empresa cliente por el que la sociedad de factoring le presta al menos dos de estos cuatro servicios: cobertura de riesgos, financiación, cobro de facturas y administración de éstas.

En el factoring, las grandes compañías tienen mayores ventajas que las pequeñas. El cobro de las deudas es una gestión especializada que requiere de experiencia personal y criterio. Las pequeñas compañías pueden no contar con un directivo responsable de créditos, teniendo que acudir a un factor para que se encargue de esa gestión. En el factoring, el factor y la empresa se ponen de acuerdo sobre los límites de crédito de cada cliente y el período medio de cobro. La empresa notifica a cada cliente que el factor (normalmente una entidad financiera) ha comprado la deuda y desde ese momento y en cualquier venta, la empresa envía una copia de la factura al factor, el cliente paga directamente al factor y éste paga a la empresa sobre la base del período medio de cobro acordado, independientemente de si el cliente ha pagado. Los gastos de la operación implican que el factor cobre una comisión del 1 o 2 por 100 de la factura.

Este acuerdo proporciona a las empresas ayuda en el cobro y las asegura contra créditos dudosos. Además supone una buena inyección financiera, pues el factor suele estar dispuesto a adelantar un elevado porcentaje de las deudas (70 a 80 por 100) con un interés ligeramente superior al preferencial.

El factoring es muy común en algunos sectores de actividad, especialmente en el sector textil, donde es una práctica habitual. En España operaban en 1994 veinte sociedades factores que sumaban una cifra de negocio de 630.000 millones de pesetas, aunque países del entorno español como Italia tienen una cifra de negocio doce veces superior.

4.2.7. La emisión de deuda mediante títulos

Una empresa o incluso un comerciante individual, cualquiera que sea su sector de actividad y tamaño, puede acudir al mercado para la obtención de recursos financieros mediante la emisión de bonos y pagarés de empresa.

Los bonos u obligaciones son valores mobiliarios de renta fija que representan parte del empréstito. Su renta puede variar según sean las cláusulas del contrato, de modo que el término renta fija se refiere a que ésta queda bien limitada y bien definida por sus cláusulas. Los bonos u obligaciones suponen una obligación por parte del prestatario de pagar regularmente la renta y reembolsar el capital al vencimiento.

Los bonos se distinguen según la forma de estar designado el titular en bonos al portador, nominativos y mixtos. Según su forma de emisión, en bonos con prima o sin prima. Según su forma de reembolso, bonos con prima o sin prima y según el tipo de garantía, bonos garantizados (con garantía hipotecaria, prenda de efectos públicos, aval solidario, etc.) y bonos sin garantía. Además, y como modalidad importante, existen los llamados bonos convertibles que permiten una ampliación del capital social cuando la conversión de los bonos en acciones haya sido prevista en el momento de la emisión. En España, el importe total de las emisiones de bonos está regulado, y tendrá como límites las siguientes cantidades:

- En sociedades de responsabilidad limitada y sociedades anónimas, el capital social desembolsado, más las reservas del último balance aprobado.
- En sociedades colectivas y comanditarias, el capital desembolsado.
- Asociaciones y otras personas jurídicas, la cifra de valoración de sus bienes.

Además, la emisión de bonos u obligaciones acarrea una importante cantidad de gastos para la empresa emisora, gastos que suponen los costes de aseguramiento, de notaría y registro mercantil, gastos de agente de cambio y bolsa, impuestos, publicidad, etc., dependiendo la cuantía de estos conceptos de cada sistema legislativo.

Por su parte, los pagarés de la empresa son pagarés financieros que suponen una promesa de pago no garantizada. Los pagarés son una promesa de pagar dinero en una moneda nacional o extranjera convertible hecha por el firmante del documento. Para muchas empresas los pagarés son una atractiva fórmula de financiación, resultando más económicos que la financiación bancaria y evitando una excesiva dependencia bancaria.

Tanto los bonos como los pagarés, si bien pueden ser emitidos por todo tipo de empresas, son un instrumento de financiación escasamente utilizable por las pequeñas empresas, y menos aún por empresas recientemente constituidas. La dificultad radica en, una vez cubiertos los costes de la emisión, encontrar suscriptores, dado que este tipo de inversores buscan asegurar su rentabilidad acudiendo a la adquisición de bonos y pagarés emitidos por empresas sólidas y con reputación en el mercado.

4.3. LA FINANCIACION POR RECURSOS PROPIOS

4.3.1. El capital-riesgo

La fórmula del capital-riesgo se define como «la inversión en acciones o títulos valores similares realizada en una empresa por un capitalista independiente, en forma minoritaria y por un período limitado para apoyar a la empresa en su paso por uno o varios estadios de crecimiento a lo largo de su vida económica».

El capital-riesgo se ha configurado en economías avanzadas como uno de los principales instrumentos de financiación empresarial, aunque en otras economías razones fiscales o de otro tipo han impedido la eclosión de este instrumento tan eficaz a la hora de subsanar los desequilibrios que los sistemas financieros producen en las pequeñas y medianas empresas.

El capital-riesgo supone, pues, la aportación de recursos financieros y directivos a pequeñas y medianas empresas innovadoras de manera temporal y en general, minoritaria. A través de esa financiación en forma de participación empresarial el inversor expone su capital a riesgos elevados con el objetivo de obtener importantes plusvalías.

Por su parte, el empresario participado a través del capital-riesgo recibe una valiosa aportación financiera y un soporte de gestión para el desarrollo del proyecto por parte del inversor.

Dentro de la jerga del capital-riesgo, éste recibe diversos nombres según la etapa empresarial en la que interviene. Así, se habla de:

- Capital-semilla, cuyo fin es el diseño de un producto nuevo.
- Capital-arranque: usado para lanzar al mercado el producto nuevo.
- Capital de desarrollo, para hacer frente al plan de expansión de producción y ventas.
- Capital de consolidación, o de asentamiento en el mercado.

Generalmente, las empresas de capital-riesgo tratan de identificar proyectos innovadores con gran potencial de crecimiento en los cuales el nivel de riesgo es superior al aceptable por las instituciones financieras convencionales, con el objetivo de facilitar, con su aportación, el crecimiento del negocio y, de esta forma, poder realizar importantes plusvalías con la venta futura de sus participaciones.

El marco legal de la actividad de capital-riesgo en España viene determinado por el Real Decreto-Ley 1/1986 de 14 de marzo, modificado en sus artículos 13/3 y 14 por la Disposición Adicional Tercera de la Ley de Presupuestos Generales para 1988, de tal modo que se distinguen dos figuras principales en el ámbito de capital-riesgo:

- Sociedad de capital-riesgo: Sociedad Anónima que se dedica fundamentalmente a invertir sus propios recursos en la financiación temporal y minoritaria de PYMES innovadoras, aportando un valor añadido en forma de apoyo gerencial.
- Sociedad gestora de fondo de capital-riesgo: grupo de especialistas, de reconocida experiencia y prestigio en inversiones de capital-riesgo, dedicados a promover la constitución y desarrollar la gestión de fondos de capital-riesgo de duración temporal, a cambio de una cantidad fija más una participación de las plusvalías realizadas en la desinversión.

Un aspecto diferencial de la inversión en capital-riesgo es que se realiza sin ninguna garantía personal o real específica. La única garantía posible de la recuperación de capital invertido es la buena marcha de la empresa en sí. El empresario receptor de financiación a través de esta fórmula no tendrá por tanto ninguna obligación de devolución de la misma, como sucede en el supuesto de financiación por deuda. En la financiación por capital-riesgo el empresario cederá una parte del accionariado de su compañía a cambio de la inyección económica que aporta el inversor, con el aspecto negativo de la pérdida de independencia que ello puede suponer.

El capital-riesgo siempre se conforma con una participación minoritaria, pues su intervención no supone el controlar la empresa, sino solamente participar en los riesgos y eventuales beneficios de la misma.

Esto no quiere decir, como antes apuntábamos, que, una vez efectuada la inversión, el inversor en capital-riesgo se desentienda de los problemas de la empresa. Las empresas de capital-riesgo procuran colaborar al máximo en la buena marcha del negocio asesorando y apoyando con su experiencia, información y contactos, por lo que suele ser norma común que muchas compañías de capital-riesgo entren a formar parte de los Consejos de Administración de las empresas participadas, buscando asegurar la correcta gestión de las mismas.

Por otra parte, el empresario que consigue la financiación de una firma de capital-riesgo cuenta, además de los aspectos positivos que esto supone intrínsecamente, con la indudable ventaja de poder obtener para su proyecto empresarial otros recursos ajenos de manera más fácil de lo habitual, ya que los posibles financiadores valorarán positivamente que el riesgo sea compartido y que haya sido evaluado por una entidad de capital-riesgo.

Desde el punto de vista operativo, el acceso a la financiación del capital-riesgo pasa por un primer contacto entre el empresario y la compañía de capital-riesgo, que suele consistir en una breve presentación oral, en la que el empresario debe abordar, entre otras, cuestiones como:

- Las actividades de la empresa si es que ésta ya existe.
- Factores claves del éxito de la empresa.
- Perspectivas de crecimiento.
- Forma de alcanzar los objetivos propuestos.
- Equipos de gestión y sus antecedentes.
- Financiación necesaria y forma en que se va a utilizar.
- Situación y perspectivas financieras de la empresa.

Si se logra despertar el interés del inversor tras este primer contacto, generalmente las firmas de capital-riesgo piden al empresario un Plan de Negocio, sobre cuyo contenido no nos extenderemos ahora al haberse tratado este aspecto en el Capítulo 3 del presente libro.

La empresa de capital-riesgo evaluará el Plan de Negocio propuesto, para lo cual cuenta con un equipo multidisciplinar del que forman parte ingenieros, que conocen y estudian las bondades técnicas del proyecto, expertos en marketing que aportan su conocimiento sobre los diferentes mercados, financieros que estudian los planes económico-financieros del proyecto y asesores legales que aportan el soporte legal.

Si el Plan de Negocio resulta atractivo para el inversor, el siguiente aspecto a analizar por la sociedad de capital-riesgo es el de las características personales y profesionales de los emprendedores. En el caso de que la compañía de capital-riesgo apruebe la inversión en el proyecto empresarial que le ha sido presentado, y tras la negociación de las condiciones de la inversión, se firma un contrato privado con la empresa en cuestión en el que se fijan aspectos como el de la entrada de nuevos socios y sus condiciones; la proporción de capital que asume la sociedad de capital-riesgo, que lógicamente será mayor a medida que aumenta el riesgo de la inversión (equipos de gestión jóvenes sin éxitos contrastados, necesidad de crear nuevos mercados para un producto nuevo, etc.); el tiempo por el que el capitalista de riesgo se compromete a participar en el proyecto, los mecanismos de materialización de la inversión; calendario de la financiación, y las fórmulas de desinversión, de las cuales las más comunes son:

- Recompra de la participación por parte del accionista mayoritario.
- Venta de acciones en Bolsa.
- Compra de acciones por un tercero, admitido como tal de mutuo acuerdo por las partes.

En nuestro país, el capital-riesgo alcanza un limitado grado de desarrollo en comparación con las culturas empresariales más avanzadas como la japonesa o la norteamericana, entre otras causas por carecer de los estímulos fiscales con que esta actividad cuenta en dichos países. No obstante, en los últimos tiempos se está produciendo un cierto incremento de esta actividad hasta el punto de que en 1994 la Asociación Española de Entidades de Capital-Riesgo (ASCRI) contaba con más de sesenta sociedades que manejaban unos recursos propios superiores a los 100.000 millones de pesetas. En cualquier caso, la falta de una legislación favorable en cuanto al tratamiento de las plusvalías generadas por las inversiones en capital-riesgo está poniendo en peligro el desarrollo del sector, aunque parece existir un propósito legislativo más favorable en este sentido.

En España, y a modo de ejemplo, existen sociedades de capital-riesgo privadas, aunque el sector ha encontrado su desarrollo a través de las iniciativas del sector público a través de las SODI (Sociedades de Desarrollo Industrial) y las SCRICA (Sociedades de Capital-Riesgo de las Comunidades Autónomas). Además, el Instituto de Crédito Oficial (ICO) ha dotado un fondo de 10.000 millones de pesetas destinado a la toma de participaciones minoritarias en el capital de nuevas empresas o a la participación en nuevos proyectos de empresas existentes. Este fondo servirá, igualmente, para la concesión de préstamos participativos con plazos de amortización de hasta 10 años y hasta tres de carencia a tipos de interés crecientes hasta alcanzar los niveles de los tipos de mercado en cinco años, o alternativamente, a tipos de interés constantes inferiores a los del mercado.

Con el fin de facilitar la canalización de este fondo, el ICO tomará la participación que el Banco Exterior de España (BEX) y el Banco de Crédito Agrícola (BCA) tienen en la sociedad de capital-riesgo AXIS Participaciones Empresariales.

En España, las principales sociedades de capital operan desde la iniciativa pública, aunque existe un creciente número de sociedades y fondos de capital-riesgo en el sector privado.

Sociedades de capital-riesgo de iniciativa pública

Grupo SODI

El grupo SODI (Sociedades de Desarrollo Industrial) es una organización de sociedades de inversión financiera y de servicios, cuyo principal accionista es el Instituto Nacional de Industria (INI), junto al que participan las Administraciones Autonómicas e Instituciones Financieras de cada una de las regiones en que operan estas sociedades.

Está constituido por siete sociedades que desarrollan su actividad en cada una de las siguientes regiones: Andalucía (SODIAN), Aragón (SODIAR), Canarias (SODICAN), Castilla-La Mancha (SODICAMAN), Castilla-León (SODICAL), Extremadura (SODIEX) y Galicia (SODIGA).

Las sociedades del Grupo SODI actúan fundamentalmente mediante la participación en el capital social de las empresas que lo solicitan, bien en el momento de su creación o en una ampliación del mismo, previa aprobación en Consejo de Administración del Grupo SODI, que estudia la viabilidad del proyecto empresarial en cuestión.

La participación es siempre minoritaria, situándose entre el 5 y el 45 por 100, oscilando el plazo de permanencia entre los tres y ocho años.

Por consiguiente la SODI se configura no como instrumento de nacionalización o suplantación de la iniciativa privada, sino como socio impulsor de la misma.

Además, SODI participa como socio activo, pues entra a formar parte del Consejo de la Sociedad participada asesorando fundamentalmente en temas estratégicos y operativos, así como favoreciendo acuerdos de colaboración tecnológica, financiera, y comercial con empresas del Grupo INI.

Las inversiones de las SODIS pueden realizarse en cualquier sector de la actividad económica. Prueba de ello es la participación en sectores tan diversos como son: la automoción, el agroalimentario o el electrónico.

Además, el Grupo SODI ofrece una amplia gama de servicios a las empresas participadas que se resumen a continuación:

- Concesión de préstamos, en condiciones plenamente competitivas con el mercado, así como otras fórmulas de captación de recursos tales como créditos participativos, obligaciones convertibles, *warrants,* etcétera.
- Ingeniería financiera, para lo que cuenta con el apoyo de sus socios financieros, empresas especializadas del INI, etc.
- Diseño y análisis del Plan de Negocio.
- Estudios de mercado y sectoriales.
- Asesoramiento financiero, jurídico y fiscal.
- Búsqueda de socios, tanto nacionales como internacionales.
- Localización geográfica y asesoramiento en la adquisición de suelo y otros aspectos de la implantación de la empresa.

La red geográfica del grupo SODI se completa con otras tres sociedades, en las que el INI no es socio mayoritario, como son:

ENINSA (Empresa Nacional de Innovación, S. A.) orientada a la captación de proyectos de inversión del exterior y con actuación en todo el territorio nacional.

SODECO (Sociedad para el Desarrollo de las Comarcas Mineras) implantada en Asturias.

INICIATIVES, S. A., con sede en Barcelona.

Otras importantes iniciativas de capital-riesgo de carácter público son:

SOCIEDAD DE FOMENTO EMPRESARIAL, patrocinada por la banca pública, cuenta con un fondo de 5.000 millones de pesetas para inversores.

IMPI (Instituto de la Mediana y Pequeña Empresa Industrial), promueve la creación de Sociedades de Acción Colectiva, uniones de empresas en las que el IMPI aporta hasta un 45 por 100 del capital con un límite temporal de tres años, ampliable a otros tres.

Recientemente, el Ministerio de Industria español, a través del IMPI y en colaboración con el Ministerio de Economía, ha elaborado un ambicioso Plan de Apoyo al Empleo y Competitividad a las PYME que tendrá un período de vigencia hasta 1999. Este plan está destinado a facilitar la inversión y a mejorar la estructura financiera de las empresas españolas. El plan pretende, entre otros fines, atacar el problema de la financiación bancaria a largo plazo de las PYMES mediante la creación de instrumentos privados alternativos.

Sociedades de promoción industrial de iniciativa autonómica

Son sociedades de capital-riesgo en las que las aportaciones de capital proceden del Gobierno Autónomo. Casi todas las Comunidades Autónomas cuentan con una sociedad de este tipo o están en fase de desarrollo de las mismas.

A nivel europeo existen otra serie de sociedades de capital-riesgo que se agrupan en la European Ventures Capital Asociation (EVCA), las cuales suelen invertir en empresas jóvenes con crecimiento potencial importante.

4.3.2. La salida a Bolsa

La salida a Bolsa es una fórmula de financiación para empresas constituidas. Supone el poner en el mercado bursátil acciones de la compañía, por cuya suscripción se obtienen ingresos financieros que no suponen deuda para la empresa. En España, existen dos mercados, el primer y el segundo mercado.

- El primer mercado requiere para su ingreso que las compañías cuenten con un capital social superior a los 200 millones, un mínimo de 100 accionistas y una rentabilidad sobre el capital del 6 por 100 en los últimos dos ejercicios o en tres ejercicios alternados en los últimos cinco años.
- El segundo mercado requiere un capital social mínimo de 50 millones y máximo de 1.000 millones. El número de accionistas con una participación inferior al 25 por 100 de las acciones ha de ser como mínimo de 20, no existiendo restricciones por la rentabilidad de la empresa. En España, el segundo mercado es actualmente muy estrecho y de poca liquidez debido a su escasa contratación.

En cualquiera de sus dos mercados, la salida a Bolsa no es un importante instrumento de financiación para nuevas empresas. En el caso de las PYMES, aquellas que cumplan los requisitos de acceso a cualquiera de los mercados, generalmente el segundo, todavía habrán de generar la suficiente confianza en los inversores como para poder obtener recursos financieros en el mercado bursátil.

En España, dentro del programa de Medidas Financieras de Apoyo a las Pequeñas y Medianas Empresas que desarrolla el Ministerio de Economía y Hacienda, se viene elaborando un programa de acción que permita el acceso de las PYMES a los Mercados de Valores. La ventaja de este programa para las PYMES radica en que al ser menores los requisitos de acceso, las PYMES podrán recurrir al mercado de capitales, bien para la obtención de recursos propios, mediante la emisión y negociación de acciones, bien para la captación de recursos ajenos, emitiendo bonos, obligaciones, pagarés y otros instrumentos tanto a corto como a largo plazo. De este modo, se pretende conseguir una mayor diversificación de las fuentes de financiación y una disminución de sus costes. Para desarrollar este programa, el Ministerio de

Hacienda ha optado por una mejora del sistema hoy vigente, buscando cuatro objetivos básicos:

1. Facilitar la emisión de valores, suavizando los requisitos de acceso a los mercados de las PYMES.
2. Impulsar la negociación, abriendo la posibilidad de flexibilizar los límites de autocartera aplicables a las PYMES que cotizan en las Bolsas de Valores.
3. Incentivar dichas operaciones, bonificando en un 50 por 100 las tasas a percibir por la Comisión Nacional del Mercado de Valores.
4. Potenciar las inversiones en este mercado, ofreciendo un tratamiento fiscal favorable a los beneficios obtenidos por las inversiones similar al otorgado a las acciones admitidas a negociación en los mercados oficiales de valores. Tal tratamiento consiste en reducir los incrementos patrimoniales en un 11,11 por 100 anual a partir del segundo año en que permanezca la inversión.

A pesar de que estas ayudas, u otras existentes en mercados diferentes al español, supongan un estímulo a la utilización de los mercados de valores como fórmula de financiación para las PYMES y faciliten el proceso, para el emprendedor con una idea de negocio o con un proyecto empresarial reciente no supone una posibilidad tangible.

4.3.3. Los inversores o socios

Los inversores suelen constituir una importante fuente de financiación para la puesta en marcha de proyectos empresariales y para la inversión de pequeñas y medianas empresas. La búsqueda de inversores para la puesta en marcha de un proyecto se apoya en el atractivo que a éste le ofrecen el/los empresarios, la oportunidad de negocio y la esperanza de rentabilidad apoyada en el Plan de Negocio. Los inversores suelen tomar una participación accionarial en el negocio, buscando rentabilizar su inversión, y suelen pertenecer al círculo de relaciones personales o profesionales del emprendedor.

Para poder negociar con los inversores su participación, suele ser necesario aportar un completo Plan de Negocio que analice el mercado de actuación de la empresa, desarrolle las estrategias necesarias para poder penetrar en ese mercado con éxito y determine la rentabilidad de la inversión en el proyecto. La cuantía de la aportación y su canje por acciones de la compañía serán negociables, existiendo habitualmente una prima de inversión para el inversor por el desarrollo de la oportunidad de negocio y la puesta en marcha del mismo.

4.4. AYUDAS OFICIALES PARA LA CREACION DE EMPRESAS Y LA INVERSION DE LAS PYMES

En todas las economías existen una serie de organismos, generalmente de carácter público, cuya razón es la de prestar apoyo a la creación de empresas y a la gestión de pequeños y medianos proyectos empresariales, en sus más diversas formas: desde la prestación de ayudas financieras, como pueden ser las subvenciones, los créditos con tipo de interés privilegiado o los incentivos fiscales, hasta la simple asesoría para facilitar la búsqueda de información para la elaboración de análisis de viabilidad, la tramitación de constitución de la empresa, etc.

El propósito de este último apartado del Capítulo 4 es el de ofrecer un conocimiento más profundo de las principales instituciones que en España, aunque en casi todos los países existen instituciones similares con un mayor o menor grado de desarrollo, pueden servir de ayuda para la creación de empresas. La información que a continuación se recoge no pretende ser exhaustiva, dada la excesiva atomización entre múltiples entidades nacionales, autonómicas, regionales y locales y la frecuencia de los cambios que en este terreno se suceden.

4.4.1. El Instituto de la Pequeña y Mediana Empresa Industrial (IMPI)

El Instituto Español de la Pequeña y Mediana Empresa, organismo dependiente del Ministerio de Industria, Comercio y Turismo, coordina y canaliza las políticas de apoyo a las pequeñas y medianas empresas.

El IMPI ofrece una serie de servicios a las empresas en forma de ayudas, asesoría o información que os presentamos a continuación:

- *Plan de Promoción de Diseño, Calidad y Moda,* que ha tenido dos fases (1985-1988, 1988-1992) a través del cual el IMPI facilita ayudas que pueden llegar a alcanzar el 50 por 100 de las inversiones en el sector de intangibles.
- *Plan de Promoción del Diseño Industrial* (1992-1996), dotado con 15.300 millones de pesetas y cuyo objetivo es elevar la competitividad de las empresas españolas de cara al desafío del Mercado Unico.
- *Programas de Asesoramiento a la Pequeña y Mediana Empresa.* Estos programas cuentan con la colaboración especial del SECOT (Seniors Españoles para la Colaboración Técnica), asociación sin ánimo de lucro promovida por tres grandes entidades: Consejo Superior de Cámaras de Comercio, Círculo de Empresarios y Acción Social Empresarial.

Este servicio de asesoramiento incluye los siguientes aspectos:

— Aportar ideas y soluciones a la gestión empresarial.
— Proveer de información para mejorar la toma de decisiones empresariales.
— Asesorar sobre la creación de nuevas empresas.

Sociedades de Acción Colectiva
Son agrupaciones de pequeños empresarios y su objeto social redunda en beneficio de las empresas que las constituyen. Se pretende que pequeñas empresas puedan, mediante alianza temporal, acceder a proyectos que de otra forma serían irrentables o inabordables por su reducida escala de operaciones. El IMPI puede participar de manera minoritaria, hasta un 45 por 100 y con un límite temporal de tres años, ampliable a otros tres.

Línea directa de teléfono (INFOIMPI)
Es un servicio informativo con la siguiente oferta:

- Ayudas de la Administración a la creación de empresas.
- Acceso al banco de datos del IMPI, que constituye el Sistema de Información Empresarial (SIE) del que nos ocuparemos seguidamente.

Euroventanilla
Son centros informativos localizados en diferentes instituciones, tanto públicas como privadas, donde puede obtenerse la siguiente información:

- Conocer actividades, programas y legislación de la UE.
- Cooperación con empresas europeas.
- Cómo encontrar un distribuidor para sus productos.
- Cómo presentar una candidatura de su empresa a un programa comunitario.
- Trasladar a la Comisión propuestas y sugerencias de sus empresas.

Sistema de Información Empresarial (SIE)
Es un instrumento de información para empresas que cuenta con una red de centros situados en:

- Dependencias de organismos o entidades de los gobiernos autónomos.
- Cámaras oficiales de Comercio e Industria.
- Asociaciones empresariales.
- Otras organizaciones en contacto con el mundo empresarial.

Estos centros de información están conectados a una unidad central con sede en el IMPI, que mantiene y actualiza unas bases de datos con información relativa a:

- Base de empresas industriales.
- Base de datos de subcontratación.
- Laboratorios de ensayo.
- Oferta tecnológica española.
- Base de empresas de servicios.
- Ayudas y acciones de fomento.
- Disposiciones legales.
- Ferias y exposiciones.
- Concursos públicos.

Finalmente, resaltar que el IMPI capta y selecciona a las empresas que reúnen las condiciones adecuadas para participar en los programas Europartenait, que consisten en unos encuentros periódicos entre distintas empresas cuyo fin es que las PYMES encuentren socios para realizar negocios conjuntos en Europa.

Asimismo, coordina la participación de empresas españolas en los diferentes programas comunitarios de ámbito tecnológico.

4.4.2. Centro de Desarrollo Tecnológico Industrial (CDTI)

El CDTI es una Sociedad Estatal dependiente del Ministerio de Industria, Comercio y Turismo, cuyo objeto es gestionar la política tecnológica del citado ministerio.

Las principales funciones del CDTI son:

- Financiar los proyectos de Investigación y Desarrollo de empresas españolas.
- Promocionar la explotación industrial de las tecnologías desarrolladas por estas empresas.
- Desarrollar programas de gestión de apoyo a la innovación tecnológica.
- Promover la colaboración entre industrias y centros de investigación.
- Evaluar el contenido tecnológico y económico-financiero de los proyectos en los que intervengan empresas.
- Facilitar a las Universidades, Organismos Públicos de Investigación y empresas, canales de promoción para la explotación comercial de las tecnologías desarrolladas por ellos.
- Gestionar la participación de las industrias y Centros de Investigación en los Programas Marco de la UE, EUREKA y diversos convenios bilaterales.

Atendiendo a las necesidades de cada proyecto, el CDTI dispone de las siguientes modalidades de financiación:

- Créditos privilegiados: se trata de créditos a bajo interés, varios puntos por debajo del mercado, en los que se aplica una cláusula de riesgo técnico. Esta cláusula determina que en caso de que el proyecto no consiga sus objetivos técnicos, la empresa quede exenta de devolver la totalidad de la cantidad prestada y únicamente reintegra al CDTI la parte que, de acuerdo con su aportación en el proyecto, le corresponde en el precio de venta de los activos fijos financiados por el centro.
- Créditos de prefinanciación, destinados a empresas que acuden a concursos de programas internacionales.
- Créditos sin interés, modalidad definida especialmente para financiar los proyectos concertados de los Programas Nacionales de Investigación Científica y Desarrollo Tecnológico.

De estos créditos del CDTI pueden beneficiarse sociedades mercantiles que acometan Proyectos de Investigación, Desarrollo Tecnológico e Innovación Industrial. Ahora bien, la empresa aspirante deberá poseer recursos que le permitan financiar un mínimo del proyecto, cifrado en el 30 por 100 de la inversión total.

La empresa debe elaborar un anteproyecto en el que se definan claramente las innovaciones tecnológicas aportadas, el presupuesto comercial y la viabilidad comercial de la propuesta.

Una vez estudiado dicho anteproyecto, el Consejo de Administración del CDTI toma su decisión sobre la aprobación de los proyectos.

4.4.3. El Instituto Español de Comercio Exterior (ICEX)

El Instituto Español de Comercio Exterior (ICEX) es un ente público adscrito a la Secretaria de Estado de Comercio. Su finalidad es programar, coordinar y ejecutar las acciones de promoción necesarias para estimular la presencia de la empresa española en los mercados exteriores.

Para conseguir tales objetivos, el ICEX se ha conformado como un centro de servicios y asistencia al exportador en aspectos tales como:

- Información administrativa sobre los trámites burocráticos que requiere la actividad exportadora.
- Información sobre mercados exteriores.
- Información sobre la oferta española.
- Bases de datos, tanto elaboradas por el propio instituto como aquellos otros de las que es distribuidor en virtud de acuerdos firmados con la UE.
- Asesoramiento, en los aspectos más problemáticos de la actividad exportadora como contratación y arbitraje comercial internacional, transportes y normalización.

- Formación básicamente relacionada con la gestión comercial internacional.
- Organización de ferias, misiones comerciales y promociones sectoriales.
- Proyectos de promoción de PYMES exportadoras.

Paralelamente, el ICEX también pone a disposición de las empresas con aspiraciones exportadoras una serie de medidas de estímulo y apoyo a sus inversiones directas en los mercados internacionales:

- **Asesoramiento especializado** en cuestiones tales como los regímenes a los que están sometidas las inversiones extranjeras, repatriación de dividendos y *royalties,* sistema fiscal y laboral, etc.
- **Agencias Multilaterales de Desarrollo,** servicio mediante el cual se promueve la participación de empresas españolas en proyectos auspiciados y financiados total o parcialmente por instituciones multilaterales de Ayuda al Desarrollo (Banco Mundial, Banco Africano, Banco Asiático, Fondo Europeo de Desarrollo, etc.).
- **Compañía de Financiación del Desarrollo (COFIDES),** sociedad anónima participada mayoritariamente por el ICEX cuyo objeto es proporcionar apoyo financiero a las empresas españolas para la realización de inversiones en el exterior.

A la hora de evaluar los proyectos susceptibles de ser apoyados financieramente por COFIDES se considera prioritario que:

- La inversión propicie un flujo de exportación estable desde España al país de destino.
- El proyecto conlleve la introducción de tecnología española.

El apoyo de COFIDES, generalmente limitado a un porcentaje de la inversión total, se instrumenta mediante las siguientes fórmulas de conversión, compatibles entre sí:

- Participación minoritaria en el capital de la sociedad que se cree al efecto.
- Concesión de préstamos y de créditos.
- Otorgamiento de avales para la captación de recursos externos.

Por otra parte, cabe destacar que el ICEX promueve zonas de protección artesana para empresas de menos de 10 trabajadores y subvenciona hasta el 40 por 100 de la inversión inicial.

4.4.4. Cámaras de Comercio e Industria

Las Cámaras son corporaciones que tienen como misión principal defender los intereses generales del comercio y la industria de las ciudades en las que están situadas y, en muchos casos, esta finalidad se hace extensible a toda la Comunidad Autónoma de la que se trate.

Forman parte del censo de las Cámaras todas las personas naturales o jurídicas que contribuyen al Tesoro Público por el ejercicio de su actividad mercantil, industrial o de servicios en la demarcación geográfica de cada Cámara.

Si bien las Cámaras no prestan ningún tipo de ayuda económica, sí pueden resultar útiles como fuentes de información y de asesoría ya que prestan una serie de servicios que pueden resultar de especial interés a la hora de crear una nueva empresa y que, de modo genérico, pasamos a resumir en las próximas líneas:

- Asesoría jurídica, sobre la interpretación y aplicación de la legislación y normativa reguladora de la actividad mercantil e industrial referente a temas fiscales, laborales, administrativos, etc.
- Arbitraje comercial, ofreciendo la posibilidad de someter las diferencias que se susciten en el tráfico mercantil a la Corte de la ciudad en cuestión.
- Asesoría económica, para lo que se elaboran estudios a nivel local, autonómico, nacional e internacional.
- Asesoría técnica, incluyéndose algunos temas de interés como son el servicio de creación de empresas o el de asesoramiento sobre financiación para PYMES.
- Servicio de promoción de comercio exterior, donde se informa y asesora sobre trámites para la exportación e importación, tratados comerciales con otros países, participación en ferias y exposiciones en España y en el extranjero, etc.
- Base de datos con información sobre las empresas de la zona geográfica a la que pertenece la cámara.

4.4.5. Incentivos promovidos por la Unión Europea

La UE ofrece un claro apoyo a las empresas con programas tendentes a resolver cuestiones que están en consonancia con las líneas estratégicas generales de la Comunidad como son la mejora del medio ambiente y la reducción de los residuos industriales, la reconversión en sectores claves, la creación de empleo o las políticas de desarrollo regional en áreas deprimidas.

Estas medidas se llevan a cabo a través de ayudas presupuestarias a fondo perdido y préstamos, que, en España se canalizan a través de la Banca Pública.

Se enumeran a continuación algunos de los mecanismos comunitarios de ayudas a las empresas:

Fondo Social Europeo

Ofrece ayudas a la creación de empleo en cooperativas y sociedades laborales, promoción de iniciativas locales, promoción del empleo autónomo, apoyo salarial para la contratación de mujeres en aquellos sectores en los que se dé un desequilibrio en el número de trabajadores de uno y otro sexo y, finalmente, ayudas para la integración laboral de los minusválidos.

Se trata en general de ayudas financieras directas o exenciones de cotización a la Seguridad Social.

Banco Europeo de Inversiones

Para ciertas inversiones prioritarias, concede préstamos a tipos de interés fijos o flotantes. También avala préstamos ante otros organismos. A través de ciertos bancos españoles, el BEI concede una serie de préstamos globales a un interés menor que el del mercado.

Nuevo Instrumento Comunitario (NICIV)

El NIC fue creado en 1978 para potenciar las acciones en favor de la inversión, el empleo y la convergencia económica entre los países miembros.

Aunque inicialmente las ayudas del NIC se centraron en infraestructuras y en el sector eléctrico, actualmente se extienden a otros sectores de la industria y los servicios, con especial incidencia en aquellos proyectos que incorporen nuevas tecnologías o que posean un alto contenido innovador, e incluso dentro de este programa se financian también activos inmateriales (patentes, licencias, etc.).

A los préstamos del NIC también se accede a través de intermediarios financieros de los Estados miembros.

FEOGA

Concede ayudas y subvenciones a fondo perdido a proyectos agrícolas, ganaderos y pesqueros, con especial incidencia sobre aquellos que fomentan el asociacionismo o favorecen la corrección de desequilibrios estructurales.

Programas Esprit II y Brite-Euram

El objetivo de estos programas es conseguir una industria europea avanzada tecnológicamente, para lo que subvencionan proyectos de cooperación internacional e investigación.

Hay otra serie de programas dedicados a investigación en el campo de las nuevas tecnologías en biología, medicina, agricultura, telecomunicaciones, etcétera.

Además de esta serie de incentivos y ayudas, la Comisión Europea tiene en marcha una serie de mecanismos orientados a facilitar información a las PYMES, de los que destacaremos los siguientes:

Euro Info Centro (Euroventanillas): constituyen una red descentralizada que cubre toda Europea con más de 200 puntos al servicio de las PYMES de los que 26 están en España, localizados en Cámaras de Comercio, Organizaciones Empresariales, Instituciones Públicas o Privadas donde se informa acerca de legislación comunitaria, programas de ayuda o investigación o posibilidades de financiación privilegiada.

Oficina de acercamiento de empresas: con sede en Bruselas, donde el empresario puede demandar información acerca de la situación de su sector económico, o cómo contactar con un posible socio.

Business Cooperation Network (BC-Net): es un banco de datos informatizado y centralizado en Bruselas donde se obtiene información similar a la anterior, pero de manera más confidencial y con la asesoría de un consultor acerca del perfil del socio potencial y de los mercados de actuación futura más interesantes.

Esta red cuenta con más de 600 asesores de empresas que cubren todos los países comunitarios y algunos países terceros.

Europartenariat: reunión de empresas que se celebra cada seis meses en una región deprimida o en declive industrial, cuyo objeto es igualmente el entrar en contacto con socios europeos, aunque en este caso se hace directamente sin la presencia de intermediarios.

Interprise (Iniciativa de Fomento de la Asociación entre Industrias y Servicios de Europa): es un foro similar al anterior con la diferencia de que no se trata sólo de empresas instaladas en zonas deprimidas, sino que su celebración queda garantizada con la participación únicamente de diez empresas de tres regiones diferentes.

Capital de lanzamiento: se trata de un proyecto todavía en fase experimental con el que la Comisión Europea pretende ayudar a la financiación de nuevas empresas.

4.4.6. Incentivos promovidos por las Comunidades Autónomas

Prácticamente todas las Comunidades Autónomas españolas tienen establecidas una serie de medidas para fomentar la creación de empresas. La norma general para la obtención de algún tipo de ayuda suele pasar por el requisito de la creación de empleo, y, sobre todo, si éste es marginal (jóvenes, mujeres, etcétera).

Por la extraordinaria variedad y tipología de las ayudas que las Comunidades Autónomas conceden a los emprendedores para la puesta en marcha de proyectos empresariales, remitimos aquí a las mismas para ampliar la información.

5
La constitución y los primeros pasos de la empresa

En este capítulo, analizaremos la tarea de constituir una empresa, una vez que contamos con una oportunidad de negocio bien definida y analizada su viabilidad; posteriormente abordaremos la importancia de las pequeñas y medianas empresas en toda economía, y cerraremos con el desarrollo de las estrategias genéricas y de marketing más adecuadas para las pequeñas y medianas empresas en su fase inicial y su posterior crecimiento. Por supuesto que esta obra podría analizar los demás aspectos de la actividad empresarial y las diferentes áreas de actividad de una PYME: producción/prestación de servicios, gestión de recursos humanos, administración financiera, etc., pero éste no es el objetivo de un manual que se centra más en la puesta en marcha del proyecto empresarial. Por eso incluimos aquí únicamente algunas ideas sobre planificación estratégica en PYMES y abordamos el área comercial, básica en cualquier empresa en desarrollo, dejando los demás aspectos relativos a la gestión de las pequeñas y medianas empresas a una obra posterior.

5.1. LA CONSTITUCION DE LA EMPRESA: TRAMITES DE CONSTITUCION DE UNA EMPRESA Y ELECCION DE LA FORMA JURIDICA

En el capítulo anterior analizábamos los recursos financieros con que cuenta el emprendedor a la hora de poner en marcha su proyecto empresarial o de financiar la inversión de la pequeña y mediana empresa. Cerrábamos así el círculo iniciado por el emprendedor con su decisión, la búsqueda y el análisis de viabilidad de la oportunidad de negocio, y por fin la adquisición de recursos, financieros y de todo tipo para la puesta en marcha de su proyecto empresarial.

```
EMPRESARIO
    ⇩
OPORTUNIDAD
    ⇩
  ANALISIS
    ⇩
  RECURSOS
```

Vamos a examinar el camino que le queda por recorrer al emprendedor para comenzar su actividad, la constitución de su empresa y la elección de la fórmula societaria más adecuada para su funcionamiento en el mercado.

5.1.1. Formas jurídicas de constitución de una empresa

Una vez desarrollado el Plan de Negocio su proyecto empresarial y analizada su viabilidad y su rentabilidad, y conociendo sus fórmulas de financiación, el empresario debe aún tomar una importante decisión al respecto de la forma jurídica a adoptar, que habrá de adaptarse a la actividad que pretenda desarrollar.

Para una correcta elección de la forma jurídica más adecuada a cada proyecto empresarial, la Guía de Creación de Empresas de la Cámara de Comercio e Industria de Madrid indica una serie de criterios que el empresario ha de tener en cuenta a la hora de elegir la forma jurídica de su empresa y que a continuación describimos:

• *Según el tipo de actividad ejercida por la empresa*: la actividad a desarrollar condiciona la elección de la forma jurídica en aquellos casos en que en la normativa aplicable se establezca una forma jurídica concreta. Por ejemplo, las entidades de financiación han de revestir según la legislación española la forma de Sociedad Anónima. Las sociedades de crédito hipotecario, igualmente han de revestir forma de Sociedad Anónima. En la Comunidad de Madrid, las agencias de viajes deberán constituirse como Sociedades Anónimas o sociedades de responsabilidad limitada.

• *Según el número de promotores*: la elección de la forma jurídica de una sociedad se ve influenciada por el número de promotores. Lo normal, en el caso de existencia de varios promotores es constituir una sociedad. Si sólo son dos los socios, la Sociedad Anónima, la Sociedad Anónima Laboral y la Sociedad Cooperativa no podrán ser constituidas. En el caso de existencia de únicamente dos socios, éstos habrán de optar necesariamente por la fórmula de Sociedad de Responsabilidad Limitada, Sociedad Colectiva o Sociedad Comanditaria.

• *Por la responsabilidad de los promotores*: la elección de una fórmula societaria u otra se basará, en la mayoría de los supuestos, en la responsabilidad que los promotores de la misma estén dispuestos a asumir en el desarrollo del proyecto empresarial. La responsabilidad puede estar limitada al capital aportado o ser ilimitada, afectando tanto al patrimonio mercantil como al civil.

• *Por las necesidades económicas del proyecto*: en la elección de la forma societaria también influye de manera determinante la dimensión económica del proyecto. Para constituir una sociedad de responsabilidad limitada se requiere un capital mínimo de 500.000 pesetas, para una sociedad anónima, el capital mínimo es de diez millones de pesetas.

• *Por los aspectos fiscales del proyecto*: a la hora de elegir la forma jurídica más adecuada a cada proyecto empresarial un aspecto muy importante es el de los resultados previstos en el ejercicio de la actividad empresarial y la contribución fiscal que por los mismos se haya de efectuar. En España, las sociedades tributan a través del Impuesto sobre Sociedades, cuyo tipo impositivo es único, y los empresarios individuales lo hacen a través del Impuesto sobre la Renta de las Personas Físicas, en el que el tipo impositivo va elevándose según van incrementándose los beneficios.

Al elegir la forma jurídica más apropiada para cada empresario/empresarios y cada proyecto empresarial, en España existen varias posibilidades que recoge el cuadro que figura a continuación:

Cuadro 5.1

```
            FORMAS JURIDICAS
    PERSONAS FISICAS
         Empresarios individuales
    PERSONAS JURIDICAS
         Sociedades Mercantiles
              Sociedad Anónima
              Sociedad Anónima Laboral
              Sociedad de Responsabilidad Limitada
              Sociedad Colectiva
              Sociedad Comanditaria
         Sociedades Cooperativas
```

El primer criterio de clasificación distingue entre personas físicas o personas jurídicas, generando una clasificación primera entre empresarios individuales y sociedades. A continuación pasamos a explicar de manera resumida las principales características de cada forma jurídica atendiendo a criterios de los requisitos, la responsabilidad y la forma de adquisición de la personalidad.

a) *El empresario individual.* Son personas físicas que realizan en nombre propio y por medio de una empresa actividades comerciales, industriales o profesionales. Los únicos requisitos del empresario individual son los de la mayoría de edad y contar con la libre disposición de sus bienes. La responsabilidad asumida por el empresario individual es ilimitada, no existe separación entre el patrimonio personal y el patrimonio de la empresa. En cuanto a los trámites administrativos, la Inscripción en el Registro Mercantil sólo es obligatoria en el caso de que las actividades a realizar estén dentro del sector naviero, aunque puede realizarse en cualquier caso si así lo desea el empresario.

b) *La Sociedad Anónima.* Las Sociedades Anónimas (S.A.) son sociedades de tipo capitalista en las que la capital social esté repartido en acciones de libre transmisión y en las que los socios no responden personalmente de las deudas sociales.

Los requisitos de constitución exigen que exista un capital social mínimo de 10 millones de pesetas dividido en acciones, bien nominativas, bien al portador, capital que ha de estar suscrito y desembolsado en un 25 por 100 del valor nominal de cada acción. El número mínimo de socios se estipula en tres y para su creación se necesita escritura pública, inscripción en el Registro Mercantil, liquidación del Impuesto sobre Operaciones Societarias al 1 por 100, Declaración Censal y Obtención del Código de Identificación Fiscal.

c) *La Sociedad Anónima Laboral.* Es ésta una Sociedad Anónima en la que, al menos, el 51 por 100 del capital social pertenece a los trabajadores que prestan en ella sus servicios retribuidos de forma directa, personal, por tiempo indefinido y en jornada completa.

Los requisitos de constitución de una Sociedad Anónima Laboral (S.A.L.) exigen un capital mínimo de 10 millones de pesetas, totalmente suscrito y desembolsado en un 25 por 100 con un número mínimo de cuatro socios de los que al menos tres serán socios trabajadores con relación laboral por tiempo indefinido y a jornada completa. Además, ninguno de los socios podrá poseer acciones por más del 25 por 100 del capital social, salvo en el caso de entidades públicas o personas jurídicas en cuyo capital participen, que podrán poseer hasta un 49 por 100 del capital. La responsabilidad de los socios en este tipo de sociedades es limitada, no respondiendo personalmente éstos de las deudas sociales.

Para la adquisición de la personalidad de una S.A.L., es necesario otorgamiento de escritura pública, inscripción en el Registro Mercantil y en el Registro Administrativo de Cooperativas y Sociedades Anónimas Laborales, Declaración Censal y obtención del Código de Identificación Fiscal, estando exentas del impuesto sobre operaciones societarias.

d) *Las Sociedades de Responsabilidad Limitada.* La Sociedad de Responsabilidad Limitada (S.L., o S.R.L.) son sociedades de tipo capitalista en las que el capital social está dividido en participaciones iguales, acumulables e indivisibles, que no pueden incorporarse a títulos negociables ni denominarse acciones.

Entre los requisitos de constitución, el número mínimo de socios es de dos y el capital mínimo es de 500.000 pesetas, totalmente suscrito y desembolsado. Para su creación se necesita escritura pública, inscripción en el Registro Mercantil, liquidación del Impuesto sobre Operaciones Societarias al 1 por 100, Declaración Censal y Obtención del Código de Identificación Fiscal.

e) *Las Sociedades Colectivas.* La Sociedad Colectiva (S.C. o S.R.C.) es aquella sociedad mercantil tradicional en la que los socios intervienen directamente en la gestión y responden de manera personal, ilimitada, solidaria y subsidiaria. La Sociedad Colectiva cuenta con un capital social compuesto por las aportaciones de los socios, aportaciones que pueden realizarse en dinero, bienes o derechos. El número mínimo de socios es de dos, sin existir número máximo y para su creación se necesita escritura pública, inscripción en el Registro Mercantil, liquidación del Impuesto sobre Operaciones Societarias al 1 por 100, Declaración Censal y Obtención del Código de Identificación Fiscal.

f) *La Sociedad Comanditaria.* La Sociedad Comanditaria es aquella sociedad de tipo personalista caracterizada por la coexistencia de socios colectivos, que responden ilimitadamente de las deudas sociales y participan en la gestión de la sociedad, y de socios comanditarios cuya responsabilidad se limita al capital aportado o comprometido y no participan en la gestión.

Las sociedades comanditarias pueden tener el carácter de comanditarias simples y comanditarias por acciones, en estas últimas la participación de los socios comanditarios está representada por acciones, mientras que en las primeras el capital se compone de las aportaciones de los socios colectivos.

El capital mínimo exigido en las sociedades comanditarias es, igual que en las sociedades anónimas, de 10 millones de pesetas, desembolsado al menos en un 25 por 100 y con un número mínimo de socios de dos. Para su creación se necesita escritura pública, inscripción en el

Registro Mercantil, liquidación del Impuesto sobre Operaciones Societarias al 1 por 100, Declaración Censal y Obtención del Código de Identificación Fiscal.

g) *Las Sociedades Cooperativas.* Las Sociedades Cooperativas son asociaciones de personas físicas o jurídicas que, teniendo intereses o necesidades socio-económicas comunes, desarrollan una actividad empresarial. Tiene carácter social y persiguen el objetivo de facilitar a sus socios determinados bienes o servicios al precio mínimo posible, o de retribuir sus prestaciones al máximo posible.

Las Sociedades Cooperativas cuentan como mínimo con cinco socios, con una responsabilidad limitada al importe de sus aportaciones, salvo disposición en contrario de los estatutos. Su capital estará dividido en aportaciones nominales de los socios, o asociados, y estará suscrito y desembolsado al menos en un 25 por 100. Para su creación se necesita escritura pública, inscripción en el Registro Administrativo de Cooperativas y Sociedades Anónimas Laborales, liquidación del Impuesto sobre Operaciones Societarias, Declaración Censal y Obtención del Código de Identificación Fiscal.

5.1.2. Los trámites de constitución de una empresa

La constitución de una empresa se convierte en ocasiones en una de las más difíciles tareas con que se enfrenta el empresario. Dependiendo del país y la legislación en que éste vaya a operar, la constitución de una empresa se puede hacer efectiva con unos pocos trámites gestionados en un único lugar, o por el contrario, se puede convertir en una auténtica sucesión de requisitos que compliquen el procedimiento de manera extraordinaria.

En España, como ejemplo y referencia en cuanto a la constitución de una empresa, el/los empresarios deben cubrir un importante número de trámites administrativos que se desarrollarán ante diferentes instituciones, complicándose en exceso estos aspectos meramente administrativos de la puesta en marcha del negocio. A pesar de la complejidad del proceso, existen en nuestro país algunos centros de información que pueden facilitar el mismo a través de servicios de «Ventanilla única» en los que realizar todos los trámites necesarios, aunque bien es cierto que ninguno de estos servicios ha alcanzado hasta el momento una eficacia que contribuya a facilitar la labor del emprendedor en la puesta en marcha de la empresa.

Con una finalidad didáctica, y de manera resumida, a continuación vamos a enumerar los diferentes trámites con que se encuentra cualquier empresario a la hora crear su empresa, distinguiendo en cada grupo de trámites ante qué organismo se desarrollan.

a) Trámites de creación de la personalidad jurídica:

– Certificación negativa del nombre.

Este trámite consiste en acreditar que el nombre elegido por la sociedad no coincide con el de otra existente. Para que así conste, el Registro Mercantil expide una certificación negativa.

– Otorgamiento de Escritura Pública.

Es un acto en el que ante notario, los socios fundadores proceden a la firma de la escritura de constitución de la sociedad según establecen los estatutos.

– Impuesto de Transmisiones Patrimoniales y Actos Jurídicos Documentados.

Este es un impuesto que grava la constitución de una sociedad con el 1 por 100 de su capital social y que se devenga ante la Delegación Provincial de la Agencia Estatal de la Administración Tributaria correspondiente al domicilio fiscal de la sociedad.

– Obtención del Código de Identificación Fiscal.

Se tramita ante la Delegación o Administración de la Agencia Estatal de la Administración Tributaria correspondiente al domicilio fiscal de la sociedad y sirve para identificar la empresa a efectos fiscales.

– Registros.

Las sociedades mercantiles desarrollan la actividad registral en el Registro Mercantil correspondiente a su domicilio fiscal a efectos de dotar de publicidad de su situación jurídica mercantil, a través de la cual la sociedad adquiere su personalidad jurídica.

b) Trámites en Hacienda:

– Declaración sobre Actividades Económicas.

Tributo local que grava el ejercicio de actividades empresariales, profesionales o artísticas y que es obligatorio para toda sociedad, empresario o profesional. Se devenga en la Administración o Delegación de Hacienda.

– Declaración censal.

Declaración censal de comienzo, modificación o cese de actividades que se ha de presentar a efectos fiscales. Se lleva a cabo ante la Administración de Hacienda correspondiente al domicilio fiscal de la empresa.

— Libros de Hacienda.

Existen una serie de libros en los que existe obligación de reflejar las distintas operaciones empresariales. Estos libros se diligencian en la Administración de Hacienda correspondiente al domicilio fiscal de la empresa.

c) Trámites en el Ministerio de Trabajo y Seguridad Social:

— Inscripción de la Empresa en la Seguridad Social.

Trámite obligatorio para todo empresario que vaya a efectuar contrataciones, como paso previo al inicio de sus actividades. Esta inscripción se realiza ante la Administración de la Seguridad Social correspondiente al domicilio de la empresa. La inscripción será única por cada provincia donde se tenga un centro de trabajo, salvo que en la misma provincia se ejerzan dos o más actividades sometidas a ordenanzas de trabajo distintas.

— Alta en el Régimen General de la Seguridad Social.

Significa el régimen de la Seguridad Social para trabajadores por cuenta ajena. Se tramita ante la Administración de la Seguridad Social correspondiente al domicilio de la empresa. Tanto la afiliación como la solicitud de alta en este régimen se debe realizar con anterioridad al comienzo de la relación laboral.

— Comunicación de apertura del centro de trabajo.

Obligatorio para aquellas empresas que procedan a la apertura del centro de trabajo o reanuden la actividad. La comunicación se ha de realizar dentro de los 30 días siguientes al inicio de la actividad. Este trámite se desarrolla ante la Dirección Provincial de Trabajo y Seguridad Social.

d) Trámites en el Ayuntamiento:

— Obtención de la Licencia de Obras.

Esta es la licencia municipal necesaria para efectuar cualquier tipo de obras en un local, nave, establecimiento, etc. Se tramita ante el Ayuntamiento o la Junta Municipal correspondiente.

— Licencia de Actividades e Instalaciones.

Consiste en aquella licencia municipal que acredita la adecuación de las instalaciones proyectada a la normativa urbanística vigente y a la reglamentación técnica que pueda ser aplicable. Se tramita ante el Ayuntamiento o la Junta Municipal correspondiente.

5.2. LA IMPORTANCIA DE LAS PYMES EN LOS SISTEMAS ECONOMICOS

Cuando utilizamos el término PYME, esto es pequeña y mediana empresa, lo primero que procede es definir aquello que entendemos como tal. Existen diversos criterios para calificar a una empresa como pequeña o mediana: generalmente se han utilizado conceptos como el volumen de ventas, el número de empleados, el capital, el valor añadido, etc. Criterios como el capital o el volumen de ventas parecen depender en exceso del sector de actividad en que se encuadre la empresa, lo mismo que la productividad de la mano de obra como criterio clasificador, por lo que siendo rigurosos deberían descartarse a la hora de clasificar estas empresas.

El criterio del número de trabajadores de la empresa ha sido históricamente el más utilizado a la hora de distinguir entre pequeña, mediana y gran empresa. En España, país en el cual la estadística no es precisamente la ciencia más evolucionada, la asunción de este criterio responde también a la existencia de una clasificación fiable como es la de las cuentas de tesorería de la Seguridad Social, cuya fiabilidad, dejando a un lado la enorme importancia de la economía sumergida, es aceptable.

Utilizando los criterios generalmente establecidos por las empresas auditoras en España y refrendados por la IV Directiva de Sociedades de la UE, se considera, en función del número de trabajadores, la siguiente clasificación:

- Pequeñas empresas: entre 1 y 50 trabajadores.
- Medianas empresas: entre 50 y 250 trabajadores.
- Grandes empresas: más de 250 trabajadores.

De la información recogida por la tesorería de la Seguridad Social, podemos deducir que más del 92 por 100 de las empresas que forman parte de nuestro tejido empresarial pertenecen a la categoría de pequeña y mediana empresa. Del total de PYMES, más de la tercera parte de las mismas reviste además el carácter de empresa familiar. La existencia de empresas subdimensionadas y la peculiar problemática de las empresas familiares (algo que tratamos en otra nota técnica) son, según la opinión más extendida, dos de las razones estructurales que afectan en mayor medida a la competitividad de la empresa española en general.

Las autoridades económicas son, en parte, responsables de la situación poco competitiva en que se encuentran gran parte de nuestras PYMES, al no haber sido capaces de:

    a) Establecer un marco jurídico, social, laboral, fiscal y financiero más adecuado para que nuestras PYMES puedan desarrollarse.

    b) Fomentar con medidas fiscales y financieras un redimensionamiento de nuestras PYMES posibilitándolas acceder a economías de escala que las hagan más competitivas en el nuevo entorno económico. La reciente creación de la figura de «Agrupaciones de Interés Económico» puede facilitar la cooperación y concentración de empresas, reforzando el capital, compartiendo riesgos e incrementando la rentabilidad de proyectos empresariales concretos.

En un sistema de libre mercado como el nuestro, no es función primordial de los gobernantes establecer medidas que salvaguarden la salud de la empresa privada, distinto es el establecimiento de medidas correctoras que traigan como consecuencia un aumento de la riqueza y el bienestar colectivos e igualmente exigibles son medidas correctoras de los desequilibrios que infraestructuras deficientes producen al empresario en general.

5.2.1. Problemática actual de las pequeñas y medianas empresas en España

El principal problema con que se encuentra la pequeña y mediana empresa española actualmente es el de su escasa competitividad en el entorno actual. La preocupante situación que sufren muchas de nuestras PYMES, que se ve agravada por nuevas amenazas competitivas generadas por los cambios en las tendencias de la economía mundial, tiene su origen en una serie de causas principales que identificamos a continuación:

- Como causa principal de la falta de competitividad de nuestra pequeña y mediana empresa, cabe citar la supervivencia de la misma durante un largo período de tiempo en una situación artificial de falta de competencia generada por las aplicaciones de todo tipo de medidas proteccionistas en nuestra legislación. La falta de esa necesidad de competir a nivel internacional ha generado un profundo *gap* entre nuestras PYMES y las de otros países en los que la ausencia de esa coyuntura proteccionista ha obligado a sus empresas a competir en mercados abiertos.
- Desde un punto de vista más cercano a la gestión, nuestras empresas han adolecido en los últimos tiempos de una serie de problemas cuya urgente corrección es condición indispensable para su supervivencia:
  - Falta de «calidad directiva» en los responsables de la gestión empresarial.
  - Falta de planificación y dirección excesivamente orientada al corto plazo.
  - Falta de atención al cliente y al producto o servicio como consecuencia de la excesiva estabilidad de los mercados y la concentración en «producir y vender».

- Falta de instrumentos financieros aplicables a las PYMES y dificultad de obtener recursos a buen precio.
- Nula atención hacia mercados internacionales.
- Escasa inversión en I+D e insuficiente incorporación de nuevas tecnologías, con la consiguiente incidencia en costes y obsolescencia de los métodos de producción.

5.2.2. Competir con la gran empresa: principales debilidades de las PYMES

La existencia de empresas con tamaños que nos parecen sorprendentemente pequeños encuentra su única explicación en el nicho de mercado en el que desarrollan su actividad. Hay sectores en los que el «gigantismo» no es solamente algo natural, sino que es la única manera de sobrevivir: por ejemplo, la industria aeroespacial. Sin embargo, en otras industrias, el «enanismo» puede dotar a los competidores en el sector de importantes ventajas competitivas: por ejemplo, el sector de restauración o el de Alta Costura.

A nadie escapa, situémonos en un sector o industria cualquiera, que el poder inherente al tamaño de los competidores es decisivo en muchos aspectos. Las grandes compañías marcan el sector en lo relativo a precios, productos, métodos de gestión, etc. Afortunadamente, las políticas gubernamentales en todas las economías de libre mercado limitan el poder de los gigantes penalizando las prácticas restrictivas de la competencia que pudieran hacer desaparecer a los competidores menores. En cualquier caso, las pequeñas y medianas empresas acusan una serie de debilidades que a continuación pasamos a resumir:

a) Limitaciones de carácter financiero

El problema de la dificultad de obtención de recursos financieros para las pequeñas empresas no sólo se manifiesta a la hora de poner en marcha un proyecto empresarial. Mientras cualquier gran empresa suele tener pocas dificultades a la hora de extender un crédito importante por una institución bancaria, la obtención de recursos para la financiación de un plan de expansión para una pequeña empresa siempre encontrará máximas dificultades, lo que en muchos casos puede precipitar su desaparición.

b) Obtención de recursos humanos cualificados

Un altísimo porcentaje de directivos de empresa encuentra mayores recompensas trabajando en grandes compañías donde la oportunidad y el éxito suelen ser mayores. Con excepciones, los mejores profesionales ocupan los cuadros directivos de las grandes empresas, añadiendo una nueva desventaja para las pequeñas. Además, en las pequeñas empresas, el/los directivos serán responsables de un mayor número de tareas y áreas funcionales que aquellos profesionales más especializados de las grandes compañías. Este hecho impide a los primeros concentrarse en planificar a medio y largo plazo estrategias específicas, debiendo dedicar su actividad a «más urgentes» actividades del día a día de la compañía. Se suele dejar para «más tarde» la actividad de planificación, pero casi siempre, ese «más tarde» no llega nunca.

c) Mayores costes

Los costes son motivo de constante preocupación para el pequeño empresario. A menos que se encuentre en un sector en el que el tamaño óptimo de operación sea el de pequeña escala, la existencia de costes mayores a los de la competencia pueden suponer graves tensiones financieras. La pequeña empresa muy difícilmente puede obtener los mismos precios que la grande en la compra de materias primas, maquinaria u otros suministros. Las economías de escala en poder de las grandes suponen enormes ventajas. Lo mismo sucede a la hora de competir en marketing. ¿Cómo puede cualquier pequeño fabricante de productos alimenticios competir con los grandes del sector, cuyas campañas se cuantifican en miles de millones de pesetas?

d) Excesiva concentración

La excesiva concentración de la actividad de la pequeña empresa sobre un territorio, un producto, un proveedor o una fuente de financiación multiplica los riesgos de la empresa en el supuesto probable de que el producto no encuentre aceptación en el mercado, el territorio en el que comercializa sea sacudido por una fuerte recesión, el proveedor incumpla precios o plazos de entrega o el financiador no cumpla sus promesas de financiación.

Son muchos los factores de éxito que tienen que concurrir para que la empresa salga adelante, algo que no sucede en la gran empresa, altamente diversificada y con capacidad de amortiguar factores como los anteriormente descritos.

e) Falta de imagen de marca

A la hora de introducir nuevos productos o servicios en un mercado cualquiera, el producto que cuenta con el respaldo de una gran marca, auspiciado generalmente por una empresa grande, tiene una aceptación previa inmediata por parte del gran público. La pequeña compañía que lanza un nuevo producto al mercado, puede considerarse afortunada si tan siquiera el nombre de la compañía es reconocido por el gran público. Cada producto que lanza al mercado ha de ser «probado», contando con escasa o nula ventaja previa.

5.2.3. Fortalezas basadas en la dimensión de las PYMES: no son todo debilidades

A pesar de las obvias desventajas que en una pequeña dimensión puede suponer, existen también ciertas ventajas que han permitido a las pequeñas y medianas empresas sobrevivir en su lucha competitiva con las grandes. Entre otras, podemos citar las siguientes:

a) El «trato directo»

Los clientes, proveedores, empleados, etc., siempre prefieren negociar y tener acceso directo con el «jefe». Creen que de esta manera obtendrán un trato más ventajoso. El contacto facilita un mejor servicio al cliente, o en su caso proveedor o distribuidor. En sectores donde las diferencias en producto o precio son mínimas, lo que hemos denominado «trato directo» puede tener gran influencia en el mercado. El mismo factor puede tener una importante influencia positiva en la propia estructura interna de la compañía, generándose un mayor sentimiento de lealtad hacia la empresa.

b) Mayor flexibilidad operacional

En un entorno económico tan dinámico como el actual, la flexibilidad puede suponer una enorme ventaja. Con las condiciones del mercado cambiando de forma continua, una pequeña empresa está en mejores condiciones de cambiar su rumbo para adaptarse a las nuevas tendencias de la demanda.

c) Mayor motivación

En pequeñas empresas, la alta dirección suele coincidir con el/los propietarios o mayores accionistas. Ello significa un mayor compromiso personal con el éxito de la empresa, jornadas laborales mayores y una supervisión más cercana de todas las áreas funcionales de la empresa, lo cual necesariamente ha de tener una importante incidencia sobre la eficacia productiva de la organización.

d) Falta de atención de parte de los competidores

Los movimientos que una pequeña empresa pueda realizar para experimentar nuevas líneas de productos, estrategias de ventas o test en el mercado generalmente pasarán desapercibidos para sus competidores de mayor tamaño. Por el contrario, cualquier movimiento de estos últimos será observado de forma muy cercana por el mercado y sus movimientos futuros generalmente serán anticipados por empresas más dinámicas y flexibles, erigiendo nuevas barreras en el mercado.

5.2.4. Oportunidades para PYMES en el entorno actual

Una reacción común de entre los directivos de las pequeñas y medianas empresas, ante la entrada en el sector de «grandes» empresas competidoras, es la de sentirse presa del pánico y reaccionar recortando precios, expandiendo sus líneas de productos o servicios o lanzando al mercado productos extremos. Lo que suele seguir a este tipo de estrategias es el agravamiento de la situación que se pretendía solucionar.

Lo que procede ante la entrada en el sector de grandes compañías es un estudio profundo de las operaciones de las mismas. Casi sin excepción comprobaremos que las grandes compañías se dirigen a ocupar «grandes segmentos» de mercado, aquéllos en los que existan grandes volúmenes, casi infinitos consumidores potenciales o pedidos de gran importancia. El diseño de los productos de las grandes compañías seguirá la estrategia de atender segmentos potencialmente importantes en volumen, los productos irán destinados a satisfacer al «cliente tipo». Las campañas de marketing igualmente irán dirigidas al cliente tipo del mercado. Sin embargo, siempre existirá un número importante de clientes potenciales que no responderán a esa calificación de «cliente tipo». Mucha gente preferirá acudir a establecimientos que como McDonalds ofrezcan un menú estándar en todas sus unidades, con una calidad razonable, y un bajo precio. Sin embargo, un importante número de consumidores preferirá comida más elaborada o platos precocinados. Muchas veces la segmentación vendrá dada por razones físicas: por ejemplo, ropa especial para gente obesa o de elevada estatura. Aquí se encuentran las oportunidades para las pequeñas empresas, cubriendo las necesidades de clientes claramente diferenciados en mercados segmentados.

Vamos a profundizar en el anterior argumento examinando las principales oportunidades que encuentran las PYMES y que a su vez suponen problemas operacionales de las grandes empresas:

a) Cambios de hábitos en la demanda

Las necesidades y deseos de la demanda cambian de manera constante. El *baby boom* constituyó en su primer momento grandes oportunidades para sectores relacionados con la alimentación infantil, el calzado especializado para bebés, etc. Más adelante, esa misma demanda exigía música pop, pantalones vaqueros y T-Shirts. Hoy aquellos que produjeron el crecimiento de fabricantes de ropa infantil posibilitaron un aumento en la demanda de formación de postgrado o de automóviles familiares.

Otra característica común entre el consumidor es el deseo de ser diferente, a nadie le gusta llevar la misma camisa que el compañero de trabajo o el mismo vestido que la secretaria de su jefe, mucha gente adquiere productos por lo limitado de su oferta. Ello concede multitud de oportunidades a pequeñas empresas con mayor facilidad de innovar o de satisfacer los deseos de consumidores que buscan diferenciación.

b) Gustos y hábitos diferentes en mayoristas y minoristas

Los mayoristas y minoristas que conforman los canales en cualquier mercado no responden a características comunes; si todos compartiesen los mismos hábitos, serían únicamente agentes intermediarios en procesos distributivos en los que no existiría preocupación alguna por las características diferenciales de los productos de los fabricantes que compiten en ese mercado. Afortunadamente, los distribuidores compiten intensamente entre ellos por lograr una imagen diferenciada que les posibilite obtener la lealtad de los consumidores finales.

Si bien los distribuidores «obligatoriamente» ofrecerán las marcas principales en su mercado, el hecho de que todos ellos promocionen la misma marca conlleva generalmente intentos de diferenciación vía precio con fuertes reducciones del margen de contribución en ese producto principal. Ello hace necesario contar con marcas secundarias que les aporten diferenciación y mayores márgenes, brindando una buena oportunidad a pequeñas y medianas empresas.

c) Capacidad de desarrollo de «productos uniformes»

En muchas industrias es imposible la producción masiva sin que la calidad final se resienta o sin que sea imposible obtener un producto final uniforme. Si tomamos como ejemplo un productor a gran escala de tomate concentrado, las enormes necesidades de materia prima generalmente obligarán al productor a proveerse de distintos suministradores de dicha materia, lo que se traducirá inevitablemente en un producto final que por definición se dirigirá a un consumidor del denominado «tipo» al que no le preocupe encontrar la máxima calidad o productos siempre uniformes. Un pequeño productor de tomate concentrado podrá posicionarse fácilmente y con mayor eficacia en un segmento alto del mercado donde el consumidor busque la calidad y uniformidad en el producto.

5.2.5. Cómo aprovechar las oportunidades: programa de acción para PYMES

El sentido común nos indica que las pequeñas empresas nunca podrán competir en igualdad de condiciones que las grandes, intentar competir «cara a cara» con éstas siempre nos llevará a fracasar de forma absoluta. Si los grandes competidores suelen concentrar su actividad en segmentos de mercado que ofrezcan un enorme potencial de ventas y, por tanto, desprecian aquellos segmentos limitados en cuanto a su tamaño potencial, la pequeña empresa deberá aprovechar esos segmentos estrechos desarrollando productos especializados e intentando obtener una imagen local apoyándose en sus productos y servicios diferenciados.

Para ello deberá:

a) «Regionalizar» sus productos o servicios aprovechando las diferentes necesidades de diversos grupos de consumidores, bien por características físicas, hábitos locales o sofisticación del segmento. Cada región en un territorio determinado ha desarrollado gustos propios difícilmente satisfechos por los productos indiferenciados que ofrecen los grandes competidores. En mercados locales, la pequeña empresa deberá aprovechar su mayor proximidad y conocimiento de los gustos y hábitos de consumo propios, concentrando su actividad en la identificación de esos hábitos de consumo con su producto o servicio y aprovechando su mayor flexibilidad para moverse al unísono con los cambios en la demanda.

b) Desarrollar estrategias concretas que le permitan un correcto posicionamiento en segmentos de mercados nacionales a los que no pueden llegar los grandes competidores. Para ello es imprescindible la elaboración de un completo estudio de mercado previo que identifique las características del mercado de referencia.

c) Aprovechar las ventajas que el «trato directo» y la dimensión de las pequeñas empresas aportan en su lucha competitiva.

Para concluir, las pequeñas empresas encontrarán mayores oportunidades en situaciones expansivas, en las cuales se incrementa el nivel de renta de los consumidores, produciéndose una mayor fragmentación en los mercados. En situaciones de recesión económica, las posibles oportunidades de las pequeñas empresas se reducen grandemente y la presión competitiva puede poner en peligro de extinción o absorción por parte de los grandes a los competidores de menor tamaño.

5.3. LA IMPORTANCIA DE LA PLANIFICACION ESTRATEGICA EN LAS PYMES

Cuando Ramón Areces comenzó su pequeña operación de sastrería a medida bajo el nombre de «El Corte Inglés» es muy probable que no tuviera en mente una operación que hoy factura cientos de miles de millones de pesetas y que compite en casi todos los sectores imaginables. Cuando Steven Jobs y Steve Wozniak, fundadores de Apple Computer, desarrollaron su primer ordenador partiendo de un «kit» informático en su garage, probablemente no imaginarían que Apple Computer sería la compañía pionera en la industria de los microordenadores. Cuando Luciano Benetton comenzó a vender en la pequeña localidad de Treviso unos sueters que producían sus hermanas en una pequeña tricotadora doméstica, es casi seguro que el bueno de Benetton no imaginaba, ni en sus sueños más remotos, que su compañía figuraría cuarenta años después a la cabeza de la industria mundial de la moda.

Seguro que tanto Ramón Areces como Jobs y Wozniak o como Benetton tenían muchas ideas y planes para el futuro. Muchos incluso aventurarán que la razón de su éxito fue la de estar en el sitio correcto en el momento adecuado, la suerte. Está claro que la suerte desempeña un importante papel en el desarrollo de cualquier proyecto empresarial, aunque incluso en el supuesto de grandes ideas empresariales, éstas tienen muy difícil prosperar si detrás de ellas no se encuentra un plan estratégico adecuado al potencial de la idea y del mercado al que se dirige, al menos en una fase evolucionada del proyecto empresarial.

Peter Druker ha escrito que «el futuro no puede ser conocido..., no ha nacido aún; está todavía sin formarse, sin determinar. Pero puede ser moldeado mediante acciones predeterminadas y dirigidas». Si ponemos en relación esas ideas predeterminadas y dirigidas con la idea de un emprendedor, podemos producir esos resultados que moldeen el futuro. De hecho, la planificación estratégica no es otra cosa que un procedimiento diseñado para ayudar a una firma a anticipar el futuro y a prepararse para el mismo de modo eficaz.

El desarrollo de planificación estratégica es vital para que una pequeña o mediana empresa pueda obtener ventajas competitivas en el sector en el que compite. En otras palabras, la pequeña empresa ha de desarrollar un plan para crear una imagen de exclusividad en la mente de su clientela potencial. Si tomamos como ejemplo el sector de la moda, cada empresa definirá su producto pensando en el segmento de mercado en el que quiere competir. Un restaurante definirá sus menús, sus políticas de precio y sus instalaciones de acuerdo con el segmento específico que pretenda cubrir. Es muy probable que un restaurante italiano que pretenda captar como segmento principal el mercado de los profesionales, se instale en una zona de alta densidad de oficinas, diseñe un menú de precios ajustados y ponga el acento en la rapidez del servicio y la variedad de su carta. Todo en el restaurante habrá de responder a esa imagen que pretende fomentar.

El desarrollo de un plan estratégico por parte de una pequeña empresa protege a ésta de las graves consecuencias que una falta de diferenciación en su mercado le puede acarrear. Como señalamos, una de las ventajas de las PYMES sobre competidores de mayor tamaño radica en su mayor proximidad al mercado. Las PYMES cuentan con gamas de producto más estrechas, con una menor base de clientes, con una distribución más regionalizada. Todo ello permite a las pequeñas empresas obtener un conocimiento mucho más cercano de sus mercados y de cómo servir mejor las necesidades de sus clientes, lo que en buena lógica le ha de facilitar la labor de elaboración de un plan estratégico adaptado a sus necesidades reales.

5.3.1. Dificultades a la hora de desarrollar una planificación estratégica adecuada en las PYMES

Si la planificación estratégica parece tan adecuada para las PYMES y más sencilla de formular en función de su tamaño que en el supuesto de las grandes empresas, ¿por qué es tan ignorada por los propietarios/directivos de las PYMES? Las respuestas a esta pregunta son tan variadas como la condición y características de los gestores de las pequeñas empresas, pero, en general, podemos identificar las siguientes razones:

a) *Falta de experiencia*: con relativa frecuencia, los propietarios de las pequeñas empresas son generalistas con un amplio historial profesional, generalmente en actividades poco afines a la planificación estratégica y sí más cercanas a las productivas. La planificación es una herramienta que, como todas, ha de ser aprendida y experimentada.

b) *Incapacidad para iniciar la planificación*: en muchas ocasiones el propietario/directivo de una pequeña empresa comprende la necesidad de planificar, aunque cuando se enfrenta a la pregunta ¿por dónde comienzo?, olvida todo intento planificador, nunca ha planificado y no sabe cómo obtener las variables necesarias para hacerlo.

c) *Falta de recursos*: la falta de recursos que sufren muchas pequeñas y medianas empresas en términos de capital, experiencia, especialistas en las áreas funcionales y recursos de gestión externos, influyen de manera negativa a la hora de poner en marcha procesos de planificación estratégica. También es cierto que el tamaño es un factor que puede ayudar a las PYMES, dado que la elaboración de un plan estratégico se ve simplificada debido al menor tamaño de éstas. Además, para una PYME es muy difícil poder acceder a consultoría estratégica basándose en la ya mencionada circunstancia de la escasez de sus recursos económicos.

d) *Concentración en las operaciones del día a día*: la pequeña empresa está inmersa en una diaria lucha competitiva que en la mayoría de las ocasiones le supone que el propietario/directivo se vea incapacitado para dedicar un solo minuto a las cuestiones estratégicas, al dedicar todo su tiempo a las «emergencias» derivadas de la gestión del día a día. Esta

situación a menudo se traduce en un ciclo vicioso, no se puede planificar por falta de tiempo y la falta de planificación aumenta el número de problemas a resolver, impidiendo la actividad planificadora.
- *e) Escasa comprensión de la importancia de la actividad planificadora*: en demasiadas ocasiones el propietario/directivo de una empresa contempla la actividad planificadora como un «ejercicio de estilo» al que se le puede dedicar algún tiempo cuando las labores de gestión lo permiten. En muchas ocasiones el responsable de una PYME entiende que su negocio es tan pequeño y la gestión del mismo tan sencilla que la actividad de planificación no le va aportar gran cosa. Todos los estudios acerca de la utilidad de la planificación estratégica en las PYMES sugieren lo contrario.
- *f) Falta de una tecnología específica para la planificación*: muchos propietarios/directivos de pequeñas empresas encuentran la actividad de planificación altamente compleja. Además, es una actividad que consume mucho tiempo que éstos no poseen. Por último, aquellos que han profundizado en la materia de la planificación estratégica se quejan de que casi toda la información y los materiales al respecto se dirigen a la planificación estratégica en las grandes compañías, y que, por tanto, le son de escasa utilidad para su empresa.
- *g) Escaso «convencimiento» de la necesidad planificadora*: muchos propietarios/directivos de PYMES piensan que su tamaño no es lo suficientemente importante para influir en el mercado, por lo que obvian la actividad de planificación.

Lo que es importante considerar a la hora de hablar de PYMES y estrategia, es que si bien en muchas ocasiones el propietario/directivo no puede desarrollar un concepto «formal» de estrategia por las limitaciones más arriba contempladas, siempre debería seguir una cierta «actitud estratégica»; un proceso informal de estrategia para el corto, medio y largo plazo, frente a un concepto más formal de «planificación estratégica» normalmente dirigido al medio y largo plazo.

5.3.2. El desarrollo de la planificación estratégica en las PYMES. El método de las seis etapas

Por las características particulares de las PYMES, su tamaño, la necesaria flexibilidad en su gestión, su organización «informal», su cercanía al mercado y su gran adaptabilidad al cambio, las pequeñas y medianas empresas necesitan un enfoque particular a la hora de desarrollar su planificación estratégica.

Este proceso se ha demostrado muy efectivo desde el punto de vista de los resultados de las PYMES. A la hora de desarrollar su planificación estratégica, los propietarios/directivos de las pequeñas y medianas empresas necesitan aunar las especiales características de sus empresas con sus necesidades concretas. Para ser efectiva, la planificación estratégica de una PYME se debe ajustar a una serie de requisitos generales:

- En primer lugar, el horizonte temporal debe ser relativamente corto, en función del tamaño de la firma, en torno a los dos años, o incluso a un plazo menor. Este principio puede contradecir la opinión de algunos planificadores que consideran que nunca podemos hablar de planificación estratégica si nuestro horizonte temporal es menor a los dos años.
- El proceso planificador no debe estar demasiado estructurado ni debe realizarse con una excesiva rigidez, aunque debe concretarse de alguna manera.
- La pequeña y mediana empresa debe hacer participar en el proceso a terceros (proveedores, clientes) para aumentar la eficacia, credibilidad y creatividad del mismo.
- No deben establecerse objetivos inamovibles para el plan inicial, éste debe contemplar cierta flexibilidad y permitir ajustes a la hora de su puesta en marcha. Los creadores del plan no deberían seguir modelos de planificación estratégica diseñados para las grandes compañías, el tamaño de una PYME es un factor diferencial de primer orden que justifica un proceso planificador diferente.

Una vez expuestos los requisitos generales que debemos contemplar a la hora de iniciar la planificación estratégica en una pequeña o mediana empresa, vamos a desarrollar a continuación un método efectivo de planificación que consiste en el seguimiento de seis etapas.

1.ª ETAPA. Desarrollo de un concepto claro de la misión de la compañía

Lo primero que nos debemos plantear a la hora de desarrollar una estrategia es el conocer en qué sector estamos compitiendo y, por tanto, cuál es la «misión» de la compañía dentro de su mercado de referencia. La descripción de esta «misión», concepto por otra parte refutado por muchos estrategas, aunque útil para nuestros propósitos, aportará a nuestra compañía un cierto sentido direccional. Sin una definición de la misión propia clara y concisa, muchas pequeñas compañías pueden verse compitiendo de manera desorientada en los mercados. La definición de la misión aportará al propietario/directivo la información necesaria para saber a dónde quiere guiar a la compañía y que habrá de hacer para llegar allí.

Si preguntamos al propietario de un restaurante en qué sector está inmersa su empresa, la respuesta será parecida a algo así: *¡Oh, eso es fácil.*

Compito en el sector de la restauración! Pero la respuesta no es tan fácil. La anterior respuesta es absolutamente inútil desde el punto de vista de la planificación estratégica. Lo que el propietario debería responderse es: ¿qué tipo de restaurante dirijo? ¿Quiénes son mis clientes? ¿Qué imagen tengo en el mercado? ¿Qué necesidades del mercado satisface mi negocio? ¿De qué manera satisface mi negocio esas necesidades?

Para ser funcional, la definición de la misión de la pequeña compañía debe identificar la actual posición de la empresa en el mercado y sugerir su dirección futura. La definición de la misión de la compañía es un concepto cambiante y como tal debe ser capaz de crear ventajas competitivas para la compañía mediante la identificación de nuevas y mejores formas de satisfacer las necesidades de los clientes en un mercado concreto. El método aquí sugerido para la definición de la misión debe incluir una identificación de los segmentos del mercado que se consideran objetivo de la estrategia genérica de la empresa, para de esta manera poder posicionar la compañía con sus productos y/o servicios en condiciones de alcanzar de la manera más eficaz posible esos segmentos de mercado.

La segmentación de los mercados es fundamental para las pequeñas y medianas empresas. Pocas PYMES salen adelante tratando de vender «todo en todos» los segmentos de un mercado cualquiera. La segmentación del mercado significa el desmenuzar un mercado en unidades compactas de menor tamaño para después poder atacar cada segmento de ese mercado con una estrategia de marketing adecuada para ese grupo concreto representado en cada segmento. Para segmentar el mercado una PYME debe plantearse preguntas como las que aparecen a continuación: ¿quiénes son los clientes de sus productos?, ¿por qué compran esos clientes?, ¿cuál es su grado de lealtad hacia sus proveedores?, ¿qué factores les incitan a aumentar o disminuir el número de compras?, ¿cuáles son las características concretas del mercado en términos de edad de los clientes, nivel de renta, hábitos de compra, localización geográfica, etc.?

Para poder llevar a cabo un proceso correcto de segmentación, el propietario/directivo de la PYME deberá:

- En primer lugar, identificar las necesidades de dos o más grupos de clientes potenciales con necesidades similares.
- Una vez hecho lo anterior, verificar que el segmento tiene el suficiente tamaño y potencial de compra para generar beneficios para la empresa. La segmentación se revela como un proceso altamente ineficaz si la compañía no puede obtener beneficios del segmento identificado.
- Posicionarse y alcanzar el mercado. Para ser rentable, el segmento identificado ha de ser accesible.

El posicionamiento de una empresa en un mercado significa un esfuerzo para influenciar la percepción de la clientela potencial y crear la imagen deseada para la compañía y sus bienes y servicios. El propietario/directivo puede utilizar alguna de las características importantes para sus clientes, como el precio, la calidad, el servicio, su distribución, etc., para diferenciarse de sus competidores. Las estrategias de diferenciación con mayor éxito nos muestran una compañía que satisface una necesidad de mercado con sus productos creando la percepción en aquél de que sus productos y servicios son únicos y, por tanto, diferentes (y mejores) de aquellos ofrecidos por sus competidores. Por ejemplo, poniendo de manifiesto las virtudes cualitativas de sus productos, Perrier ha convencido a su mercado de que sus productos, los más caros en su segmento, son diferentes (y mejores) que los de sus competidores.

Un posicionamiento adecuado permite a las pequeñas empresas competir con ventaja en un segmento de mercado. Competir en precio es un método muy utilizado para participar en un mercado, método que puede resultar muy peligroso para las pequeñas empresas, que no pueden confiar en la generación de economías de escala como lo puedan hacer sus competidores de mayor tamaño. Una táctica de posicionamiento más inteligente para las PYMES es la explotar las ventajas de su dimensión, su mayor flexibilidad, un mejor conocimiento del nicho de mercado y su producto, o una mayor facilidad para adaptarse a las necesidades del cliente. Un supermercado de barrio nunca podrá competir en precio con las grandes superficies o las cadenas de distribución asociadas, pero podrá mantener una posición competitiva ofreciendo extras como el reparto a domicilio, el crédito a sus clientes, etc.

2.ª ETAPA. Obtención y análisis de información relevante en la elaboración del plan estratégico

La definición de una sólida misión corporativa requiere información sobre el mercado y el negocio en sí mismo. La obtención y el análisis de información relevante es una fase crucial para el desarrollo del plan estratégico. En la mayoría de las ocasiones, la calidad y la cantidad de la información obtenida determinará la calidad del resultado final.

A la hora de desarrollar el plan estratégico, los redactores del mismo necesitarán información acerca del mercado, los competidores y la propia empresa.

Sobre el proceso de búsqueda de información, dentro del capítulo referido al Plan de Negocio existe información suficiente acerca de qué información es necesaria y cómo obtenerla.

3.ª ETAPA. Definición de los objetivos y de las metas corporativas

Antes de que la pequeña y mediana empresa puedan desarrollar una estrategia coherente y adecuada, es necesario el establecimiento de objetivos corporativos. Las metas u objetivos fijadas aportan al gestor un horizonte de resultados y herramientas para evaluar la marcha de la compañía. Los objetivos estratégicos suelen establecerse a largo plazo y tienden a ser generales y de alguna manera abstractos. Objetivos como el de incrementar la cuota de mercado, mejorar la cuenta de resultados, acceder a nuevos mercados o aumentar la tasa interna de retorno, suelen ser fijados por muchas empresas sin mayor rigor.

Para que los objetivos estratégicos sean verdaderamente eficaces deben cumplir una serie de requisitos:

- Ser específicos y precisos: incrementar las ventas en un 15 por 100 anual en los próximos cinco años.
- Ser mesurables de forma sencilla.
- Ser alcanzables para motivar a la organización, lo cual no significa que su obtención esté exenta de dificultad.
- Ser realistas y significar un reto para la organización.
- Tener un horizonte temporal, qué objetivo y cuándo.
- Figurar por escrito y mantenerse en un número razonable.

A la hora de fijar los objetivos estratégicos es vital acudir a la información recogida en la 2.ª etapa. Los objetivos fijados deberán referirse a variables como la rentabilidad, la productividad, el crecimiento, la eficiencia de los procesos, los mercados, los recursos financieros, las infraestructuras, las compensaciones salariales, etc. Por último, en el desarrollo de la planificación estratégica debe intentar involucrarse al mayor número de empleados posibles y, en la obtención de los resultados, a toda la organización.

4.ª ETAPA. Formulación de opciones estratégicas

Al comenzar esta etapa, los responsables de la formulación estratégica, generalmente el propietario/directivo, deberán estar en condiciones de saber qué es lo que mejor hace su empresa y cuáles son sus ventajas competitivas. Igualmente, deben conocer las limitaciones y las debilidades de su firma. En este momento, corresponde evaluar las diferentes opciones estratégicas que acerquen la firma a la obtención de sus objetivos estratégicos y elegir la más adecuada.

Una estrategia no es otra cosa que un conjunto de acciones dirigidas a alcanzar los objetivos de una empresa. En un plan que cubre todas las áreas funcionales de una organización y las agrupa en la obtención de un objetivo. Además, un plan estratégico debe estar orientado hacia acciones concretas. Un eficaz plan estratégico identificará la serie de factores, financieros, operacionales, de marketing, de personal, etc., que, tratados de manera correcta, produzcan una ventaja competitiva a la pequeña empresa. El plan resultante diferenciará nuestra empresa de sus competidores mediante la explotación de nuestras ventajas competitivas y sus debilidades. El aspecto fundamental de todo plan de acción ha de ser el cliente. El desarrollo de ventajas competitivas han de comenzar en el cliente. Una PYME cuya estrategia competitiva se dirija a satisfacer las necesidades de sus clientes mejor que sus competidores habrá garantizado gran parte de su éxito.

Un ejemplo concreto de orientación al cliente lo encontramos en la industria del calzado en Estados Unidos. Entre 1970 y 1983 las importaciones de calzado se duplicaron hasta suponer el 60 por 100 del mercado. Más de 350 productores norteamericanos quebraron incapaces de competir. Sin embargo, una pequeña firma, S. R. Corporation, logró sobrevivir y todavía diez años después continúa aumentando su rentabilidad. S. R., dependiente en aquellas fechas del calzado infantil en un 100 por 100, identificó como su principal problema el descenso de natalidad. En 1982, habiéndose diversificado hacia el calzado deportivo (Pro-Keds), el zapato náutico (Top-Siders) y las botas de trabajo (Herman Survivors) había reducido su dependencia del calzado infantil hasta el 40 por 100 de su facturación. Para obtener la aceptación de sus productos, S.R. aumentó la distribución acercándola al cliente, diseñó productos siguiendo las especificaciones de éste y se posicionó con una estrategia de precios inferiores a los de la competencia.

5.ª ETAPA. Puesta en acción del plan estratégico

Ningún plan estratégico está completo hasta que se traslada a la acción. El propietario/directivo de la pequeña empresa debe trasladar el plan estratégico a un plan de operaciones que fije las actividades del día a día siguiendo la estrategia general de la compañía.

La implementación del plan estratégico es tan importante como la propia planificación a la hora de obtener los resultados y objetivos de la compañía.

A la hora de implementar la estrategia es necesario el desarrollo de instrumentos, procesos y presupuestos concretos que reflejen las líneas generales de la planificación. Este es el mejor momento para dar entrada a todos los trabajadores de la pequeña empresa involucrándoles en la implementación del plan y en la obtención de sus objetivos, que pasan a ser objetivos compartidos.

6.ª ETAPA. Establecimiento de controles de seguimiento

Una vez desarrollados los objetivos de la PYME y las estrategias específicas para su obtención, es fundamental el establecimiento de un procedimiento para el control de los resultados y desviaciones. La planificación sin control es de escaso valor operativo. Ambas funciones, planificación y control, están, de hecho, íntimamente ligadas. Para controlar las actividades, el pequeño propietario puede usar datos financieros, de producción, ventas, control del inventario, etc. La necesaria flexibilidad de la función estratégica ha de permitir al propietario/directivo efectuar correcciones en el plan original según cambien las condiciones del entorno, los resultados previstos o los objetivos. Los procesos de control son básicos para identificar las desviaciones no deseadas y la vuelta al «buen camino». Un buen sistema de control para una PYME ha de ser también uno de bajo coste. No hay necesidad para un sofisticado y, por tanto, caro sistema de control. Este además ha de ser tan sencillo que se integra en el proceso de gestión de manera natural.

Como conclusión, el proceso de planificación estratégica para PYMES aquí desarrollado ha de permitir a los responsables de la gestión aprender sobre la fortaleza y debilidades de su negocio, las oportunidades y amenazas de su entorno, las fuentes de ventajas competitivas existentes, y, sobre todo, acerca de sus clientes. Aunque la planificación estratégica no garantiza el éxito de las PYMES, incrementa de manera sustancial sus oportunidades de supervivencia y crecimiento.

5.4. EL MARKETING EN LAS PYMES

Si preguntamos a los expertos cuál es la función básica del marketing, casi todos coincidirán en señalar de forma abreviada que ésta es la de *«adecuar los productos y servicios de una organización a las necesidades de los clientes y del mercado»*. Ampliando esa definición podríamos definir la función de marketing como la que *«determina las necesidades y los deseos de los mercados para posibilitar la producción de los bienes y servicios adecuados para satisfacer aquellas necesidades»*.

Si bien la función de marketing está perfectamente estructurada y comprendida en el mundo de la gran empresa, en muchas ocasiones el propietario/directivo de una pequeña o mediana empresa, en adelante PYME, no llega a comprender y a utilizar adecuadamente esta función básica, llegando incluso a postergarla en comparación con otras áreas de gestión. Esta disfunción llega a determinar la supervivencia de muchas PYMES, especialmente en aquellos sectores caracterizados por una fuerte competitividad entre los actores.

5.4.1. El marketing y las PYMES

¿Cómo se desarrolla la función de marketing en una pequeña empresa? ¿Existe actividad de marketing en toda PYME? ¿El marketing desarrollado es intuitivo o responde a aspectos básicos de planificación?

En muchas pequeñas empresas se desarrollan actividades que podemos denominar intuitivas, pero no por ello menos importantes para la supervivencia de la firma. Por ejemplo, algunas firmas sobreviven únicamente ofreciendo un producto demandado por un pequeño segmento de un mercado; otras ofreciendo un producto masificado a un precio menor del de la competencia; otras entregando en mano un producto de gran consumo.

Todas éstas son lo que podemos denominar actividades de «marketing intuitivo» y, sin embargo, permiten sobrevivir en mercados competitivos a un buen número de PYMES.

Para identificar las principales diferencias existentes entre la pequeña y la gran empresa desde el punto de vista de la función de marketing podemos comenzar señalando las principales características de una PYME que ya han recibido un amplio tratamiento en este capítulo:

- *Mercados regionales*: las PYMES compiten de manera preferente en mercados locales o regionales frente a mercados nacionales e internacionales.
- *Tamaño de las operaciones*: las PYMES suelen ocupar una pequeña cuota de mercado.
- *Accionariado*: en la mayoría de las PYMES se suele concentrar la gran parte del accionariado en muy pocas personas. Además, tienden a ser dirigidas por el accionista principal, figura que en muchos supuestos coincide con el propietario.
- *Independencia*: la independencia de las PYMES proviene de que existen en sí mismas. No forman parte de un complejo grupo empresarial del que reciben directrices generales o específicas. En último lugar ello supone que el accionista/propietario/manager tiene la última palabra y total libertad a la hora de tomar decisiones.
- *Estilo de gestión*: las PYMES, por su reducida dimensión, suelen estar bajo un estilo de dirección personalizado. Este estilo suele incluir una gran cercanía a los empleados, aunque ello no conlleva que se comparta el proceso de toma de decisiones. El estilo de gestión en las PYMES suele estar aquejado, principalmente por una falta específica de formación, de problemas derivados de una falta de cualificación directiva y de perspectiva y comprensión de los mercados.
- *Escasez de recursos financieros*: escasez de instrumentos de financiación específicos y dificultad de acceso al mercado de capitales, todo lo cual limita y dificulta la expansión de las PYMES.

5.4.2. Las dificultades en la función de marketing en las PYMES

Una vez identificadas algunas de las características más comunes a las PYMES, características que encuentran un desarrollo más amplio en el apartado dedicado a «Herramientas para la gestión de PYMES», y centrándonos en su función de marketing, existen tres tipos de problemas compartidos en gran medida por las pequeñas y medianas empresas, que describimos a continuación:

1. *Recursos limitados*: éstos pueden ser de tipo financiero, de *know-how* específico, de acceso a tecnología punta, de tiempo, etc. Tales limitaciones contribuyen a que muchas PYMES se vean en desventaja frente a competidores de mayor tamaño a la hora de planificar y llevar a cabo sus actividades de marketing.

2. *Ausencia de especialistas*: los directivos de la PYME, cuando son otros que el propietario/directivo, tienden a tener una formación y unos conocimientos de tipo generalista. Operan en todas las áreas de la empresa no siendo especialistas de ninguna en concreto. Además, una pequeña empresa en expansión suele concentrar sus primeros esfuerzos en cubrir las funciones financieras y productivas (sobre todo si ésta está en el sector industrial), dejando para más adelante la incorporación de un experto en marketing.

3. *Impacto limitado*: el escaso volumen de negocio de muchas PYMES supone un limitado impacto en el mercado desde el punto de vista en un sector. Además, sus ya referidas limitaciones financieras y de *know-how* específico confieren a las PYMES una escasa presencia en los medios de comunicación y en la publicidad del sector.

5.4.3. Las etapas del marketing en las PYMES

A pesar de todas las dificultades que sufren las pequeñas y medianas empresas a la hora de comercializar sus productos o servicios, y como consecuencia de la creciente lucha competitiva que éstas desarrollan, las modernas PYMES han identificado la función de marketing como esencial en el proceso que les lleva desde su puesta en marcha hasta el momento de su consolidación como empresas de tamaño medio. La evolución del ciclo de vida de las PYMES pasa por una serie de estadíos que requieren cada uno una respuesta concreta desde el punto de vista de la actividad de marketing. Estos estadíos serían, en general, los que describimos a continuación.

a) La puesta en marcha del proyecto empresarial, el marketing inicial

Las pautas de entrada y comportamiento de las nuevas empresas en los respectivos sectores suelen estar dictadas por la estructura específica de dicho sector. Si hablamos del sector de la distribución, muchas pequeñas empresas entran mediante el sistema de franquicia para comenzar compitiendo con ciertas garantías de éxito. En el sector servicios, lo normal es la entrada de una nueva consultoría de la mano de un número de clientes «cautivos» obtenidos mediante relaciones profesionales o familiares anteriores. Si hablamos de una empresa en el sector de producción, por lo general, accederán a un mercado con un solo producto y con una estructura básica de distribución.

En la etapa inicial de toda PYME, los ingredientes fundamentales del marketing serán la calidad del producto, el precio y la distribución personalizada. No suele existir esfuerzo publicitario o promocional alguno ni actividad de venta. Incluso factores como la distribución son secundarios a la producción cualitativa, pues la distribución sólo comenzará a preocupar si y sólo si el producto existe y es competitivo y de calidad. Por último, la estrategia de precio suele tender al lanzamiento de producto con precios muy inferiores al mercado para capturar cuota, incidiendo en una baja tasa de retorno inicial. No podemos decir que en esta etapa las PYMES no realicen labores de marketing, sino que éstas se llevan a cabo de una forma muy primitiva y carente de coordinación.

La expansión de aquellas pequeñas empresas que en su etapa inicial hayan identificado de manera correcta las necesidades del mercado y consecuentemente ofrezcan un producto por éste demandado, de manera competitiva, provendrá en esta primera etapa de los nuevos clientes que se incorporan gracias a las recomendaciones de primeros usuarios o a la repetición de pedidos de los primeros clientes.

b) La segunda etapa. El marketing reactivo

Según va creciendo el número de clientes y se hace mayor la cobertura geográfica de la distribución de la empresa, las pequeñas empresas suelen comenzar a considerar más sus actividades de marketing. Empieza a ser necesario el desarrollo de políticas específicas de producto, precio, distribución, etc. En esta etapa, la empresa comienza a aportar más información sobre sus productos, produciendo material promocional y reforzando su sistema de ventas.

Esta etapa la definimos como de marketing reactivo porque responde a las necesidades de una demanda creciente. Este tipo de marketing es apropiado en tanto en cuanto nos encontremos con un sector caracterizado por una escasa competencia y por una firme necesidad de esos productos por parte de los clientes.

La transición hacia la siguiente etapa, caracterizada por un marketing más proactivo, se inicia casi siempre por una necesidad de incrementar ventas (a veces vía diversificación, por parte de la empresa. Esta necesidad suele provenir de la conjunción de diversos factores, entre otros:

— Incremento de los costes de producción de la empresa por la incorporación de personal adicional y la inversión en circulante.
— Creación de competidores de mayor tamaño alertados por el aumento de la actividad de la PYME.

— Saturación del nicho de mercado en el que comenzó la actividad de la empresa.

Todos estos factores pueden traer consigo una reducción de los beneficios llevando a la pequeña empresa a la necesidad de incrementar su tamaño al ser «demasiado pequeña» para competir.

c) La tercera etapa. La necesidad de la función del marketing

Con la necesidad de incrementar las ventas y la escasez de recursos humanos, la pequeña empresa en esta etapa suele vivir el protagonismo ejercido por el propietario/directivo en las tareas de marketing. Esto suele convertirse en un serio problema, pues en general, como antes pusimos de manifiesto, el propietario/directivo suele estar más orientado a la producción, con lo que las acciones de marketing emprendidas para aumentar la facturación se toman como un experimento que se realiza, por su coste, con absoluta precaución.

En esta etapa de necesidad, las acciones concretas de marketing suelen adolecer de falta de coordinación y de integración en la estrategia general de la empresa, aunque en muchas ocasiones vienen acompañadas del éxito inmediato en su objetivo de incrementar la facturación de la empresa.

d) La cuarta etapa. La integración del marketing

Esta es la etapa de madurez de la función de marketing en la PYME. Esta etapa se caracteriza por el establecimiento de objetivos comerciales a corto, medio y largo plazo y de una política específica de marketing diseñada para la obtención de los objetivos comerciales establecidos. Es la etapa del marketing profesional.

Esta etapa suele venir acompañada de la incorporación de profesionales de la función comercial, bien vía consultoría de marketing bien vía el establecimiento de una estructura comercial propia. Esta cuarta etapa, a la que muchas PYMES no llegan nunca a acceder, supone el despegue definitivo y la consolidación de la empresa en el mercado.

5.4.4. Cómo mejorar el marketing de las PYMES

Como ya hemos mencionado con anterioridad, la dimensión de las PYMES acarrea una serie de desventajas a la hora de competir en sus respectivos mercados. El tamaño de la operación, la regionalización de su actividad, la escasez de sus recursos financieros y humanos y la escasa cualificación profesional, en muchos supuestos, del propietario/directivo, suponen importantes desventajas para la PYME a la hora de competir.

Sin embargo, y desde el punto de vista del marketing, no todo son desventajas para las pequeñas empresas. En primer lugar, la pequeña empresa encuentra una ventaja basada en su tamaño en el hecho de encontrarse más próximo a su cliente y, por tanto, de conocer mejor sus necesidades, pudiendo satisfacerlas con prontitud y a un coste generalmente más bajo que el de sus competidores. Esta circunstancia se produce siempre que la pequeña empresa vende sus productos o servicios en un mercado local o regional, aunque algunas pequeñas empresas logran encontrar estas ventajas vendiendo a nivel nacional e incluso internacional.

El tamaño de las empresas y los mercados también permite a las pequeñas empresas competir con cierta facilidad en mercados demasiado infradimensionados para competidores de mayor tamaño. Por último, la cercanía al mercado permite a las PYMES poder responder con prontitud a los cambios en las tendencias del mercado y los consumidores, adaptando sus productos o servicios a las nuevas necesidades de los mismos.

Para poder identificar las necesidades antes mencionadas y adelantarse a los mercados, las pequeñas y medianas empresas necesitan ciertas labores de investigación de mercados. El marketing, en definitiva, siempre ocurre antes de que un producto sea elaborado o un servicio ofrecido. El marketing consiste en cierta medida en la identificación de un grupo de clientes potenciales con poder de compra y necesidades insatisfechas, un segmento de mercado. En definitiva, la investigación es una parte esencial de cualquier función de marketing y, aunque muchas PYMES confían las labores de investigación a la intuición de sus propietarios, las decisiones de marketing han de estar basadas siempre en los resultados de las investigaciones que sobre el mercado se puedan llevar a cabo.

El éxito de muchas PYMES dependerá en su fase de desarrollo de sus acciones de marketing. Estas van a ser las que dirijan el flujo de bienes o servicios desde el productor al consumidor. Para mejorar la política del marketing en el supuesto de las pequeñas y medianas empresas un grupo de consultores norteamericanos definieron siete pasos sencillos para perfeccionar las acciones de marketing de una pequeña empresa:

1.º Conocer lo que el mercado quiere antes de desarrollar un nuevo producto.
2.º Realizar investigaciones de mercados frecuentes. Si el tamaño de la compañía impide realizar estas acciones de manera frecuente acudir a información ya publicada y a fuentes como Cámaras de Comercio, Escuelas de Negocios, Universidades, anuarios de bancos, prensa especializada, etc.
3.º Analizar y aprender de los resultados de la investigación.
4.º Escuchar a los clientes y darles lo que demandan.
5.º Interrelacionar la estrategia de marketing: una medida inconexa puede echar por tierra una buena gestión anterior.

6.º Mantener una información actualizada sobre lo que sucede en el entorno empresarial, la legislación, los cambios en el comportamiento de los clientes, etc.
7.º Considerar cada transacción como el inicio de una relación a largo plazo con cada cliente.

Lo que estas siete recomendaciones nos indican es la importancia de orientar el plan de marketing de cada empresa de manera adecuada. Muchas pequeñas y medianas empresas españolas se plantean la producción de un bien o servicio como estrategia prioritaria, es el «vender lo que produzcas», independientemente de la existencia o no de un mercado para su producto o servicio. Aquellas empresas con más éxito siguen un planteamiento opuesto, «el producir lo que puedas vender», es la orientación hacia el mercado la que se desarrolla en el plan de marketing de las empresas de éxito.

Este enfoque, el de mejorar la acción de marketing de las PYMES, ha de basarse en una cuidadosa planificación que siga las siguientes premisas:

A) *La segmentación de los mercados*

En mercados como los actuales, caracterizados por una creciente competividad y complejidad, con una mayor oferta de bienes y servicios y un grado creciente de sofisticación en los consumidores, para poder satisfacer las necesidades del mercado la empresa debe comenzar por conocer dicho mercado y diferenciar y agrupar los diferentes tipos de clientes según sus preferencias.

La segmentación de los mercados puede convertirse en un arma de éxito importante para una PYME. Esta, en muchas ocasiones, no podrá satisfacer a todos los consumidores de un mercado al carecer de la amplia gama de productos que ello requería. Por otra parte, las grandes empresas compitiendo en un mercado determinado raramente se interesarán por segmentos específicos en base a su tamaño o especialización. Es aquí donde muchas PYMES pueden encontrar necesidades insatisfechas y, por tanto, entrar con sus productos. Cada vez es más difícil para una gran empresa cubrir todos los segmentos de un determinado mercado con un solo producto, con lo que ésta tenderá a ampliar su gama de productos para cubrir únicamente aquellos segmentos en los que por su tamaño le sea rentable actuar. El posicionamiento diferenciado para cada segmento del mercado se convierte en una importante oportunidad para las PYMES.

Este posicionamiento para ser eficaz ha de incluir:

— Una definición de producto o servicio desde la perspectiva del usuario, lo que exige un esfuerzo previo de investigación de mercados.
— Una distribución eficaz que responda a la estructura del mercado y a los requerimientos de servicio demandados por los clientes.

- Una política de precios competitiva y que responda al valor real percibido por el consumidor con respecto al producto o servicio ofertado y acorde con la posición competitiva de cada producto o servicio en el mercado.
- Una estrategia de comunicación (publicidad y promoción) que sea adecuada a las características diferenciales del producto y que canalice los mensajes adecuados a cada segmento de mercado servido por los productores o servicios ofertados.

B) *La orientación de las PYMES hacia el cliente*

Esta es una de las claves de todo plan de marketing. Como antes señalábamos, la empresa no puede diseñar una estrategia que prime la producción sobre la identificación del mercado. No podemos producir y luego buscar clientes, éstos han de estar previamente identificados. La orientación hacia el cliente requiere que la empresa defina e identifique las necesidades del cliente desde la perspectiva de éste, no desde las necesidades de venta. Para ello es fundamental realizar un profundo estudio de mercado que nos dé a conocer el tamaño y potencial de un mercado, su estructura competitiva, segmentación, las preferencias de los consumidores, la posición de los competidores, la existencia y fortaleza de los proveedores, etc.

Conociendo las preferencias de los consumidores, las cualidades que buscan en los productos, el precio que están dispuestos a pagar por los mismos, las fórmulas de distribución más adecuadas y las necesidades a cubrir una vez vendido nuestro producto o servicio, estaremos en condiciones de satisfacer al cliente. Para cualquier empresa, y más para las PYMES, es primordial retener al cliente. Para ello hemos de satisfacer sus necesidades y cubrir las expectativas que tienen sobre la empresa y sus productos. Un cliente satisfecho volverá a comprar nuestros productos, un cliente insatisfecho se irá hacia la competencia.

C) *La coordinación de las áreas de la empresa con la función de marketing*

El plan de marketing ha de ser el vehículo que coordine las diferentes funciones del marketing de la PYME (investigación, ventas, promoción, publicidad) entre sí, y debe hacer que, a su vez, éstas se coordinen con el resto de las áreas funcionales de la empresa. Un correcto enfoque de marketing requiere una acción coordinada de toda la empresa. Ha de ser el departamento, o en su caso, el responsable de la función de marketing quien, conociendo las necesidades del mercado, coordine con producción la estrategia de producto de la empresa.

En las pequeñas empresas la función de marketing y la responsabilidad en el área productiva suelen corresponder al propietario/directivo, con lo que cobra especial importancia la correcta comprensión del enfoque de marketing.

Una de las dificultades con la que se encuentran nuestras PYMES es la de hacer compartir a toda la organización una misma visión del negocio. Se han de intentar evitar la existencia de visiones contrapuestas en las diferentes áreas funcionales. Lo más habitual, una vez que la empresa ha desarrollado cierto tamaño operativo es que el embrionario departamento de ventas solicite a producción productos de altísima calidad a precios bajos, una gama amplia de productos y condiciones de pago extendidas. A su vez, producción exigirá una cantidad limitada de productos, con las menores opciones posibles. A su vez, el departamento financiero exigirá condiciones de pago estrictas, preferiblemente contado, minimizar la inversión en circulante y reducir todos los costes operacionales con las mayores ventas posibles. Por su parte, marketing requerirá presupuestos amplios para investigación, publicidad y promoción y un fuerte departamento de I+D, que a su vez necesitará amplios presupuestos para desarrollo de nuevos productos. Estos nuevos productos en la mayoría de las ocasiones plantearán grandes dificultades para ser producidos.

Para poder actuar con criterios claros de rentabilidad y para satisfacer las necesidades del cliente, los diferentes departamentos o, en las pequeñas empresas, la figura que asume la responsabilidad en todas las áreas funcionales, deben actuar de forma coordinada. Coordinación es la clave de la rentabilidad. En empresas que han superado el ciclo inicial y que han sofisticado más su gestión, muchos directivos piensan que el único objetivo de la empresa es el de obtener rentabilidad para el accionista, olvidando que este objetivo sólo se logra mediante la continuada satisfacción de las necesidades del cliente. La empresa que tenga bien enfocada su función de marketing se preocupará de detectar nuevas oportunidades de negocio, mediante un continuo análisis del mercado, que ofrezca el potencial de ventas necesario para obtener rentabilidad para la empresa.

6
Fórmulas alternativas para convertirse en empresario

6.1. INTRODUCCION

En el presente libro, el lector ha podido encontrar algunas de las claves para introducirse en el mercado con un nuevo proyecto empresarial y gestionar las primeras fases de vida de la empresa así surgida.

De forma implícita se podía presuponer que el empresario debía asumir todas las funciones necesarias para la puesta en marcha del proyecto. Entre ellas, a grandes rasgos, podemos destacar la génesis y evaluación de una idea de negocio, la búsqueda de los recursos humanos y técnicos, la financiación del proyecto y la gestión para la puesta en acción y crecimiento ulterior del mismo.

Existen, no obstante, fórmulas de «empresarización» diversas que permiten al emprendedor iniciar una aventura empresarial sin necesidad de pasar por todos y cada uno de los pasos que hemos enumerado someramente en el párrafo anterior.

Dos de estas modalidades cuentan con una gran importancia en la economía actual y como tal las vamos a dedicar atención especial: la franquicia y la empresa familiar.

La franquicia nace como un medio de distribución comercial en la medida que permite el acceso al cliente final de los productos o servicios de la empresa franquiciadora. Hoy, en términos de *Entrepreneurship* podemos considerar la franquicia como una vía para la creación de empresas en un doble sentido: al franquiciador le permite hacer crecer su negocio original y al franquiciado le facilita el inicio de una actividad empresarial basándose en una idea y una metodología desarrolladas y probadas con éxito por el franquiciador.

La empresa familiar presenta un interés relevante en economías caracterizadas por presentar un tejido empresarial medio de reducida dimensión, en las que alcanza un peso específico muy importante tanto por su número como por su contribución al producto interior bruto. Además, va ser el medio a través del cual muchas personas se van a convertir en empresarios aunque sólo sea por un simple proceso de sucesión generacional. A sus peculiaridades vamos a dedicar una parte importante de este capítulo.

Por último, también se van a dedicar algunos párrafos a fórmulas de empresarización como son la intracreación, esto es, la creación de empresas a partir de empresas ya existentes y la adquisición de empresas.

Indudablemente, el acceso al mundo de la empresa propia a través de estas fórmulas puede verse facilitado. Por ejemplo, ni el franquiciado ni el intracreador ni el empresario familiar deben buscar una idea de negocio, pues ya les viene dada, de igual manera que la adquisición de una empresa puede incluir la de los medios productivos de la misma. De manera genérica en el cuadro siguiente podemos resumir las peculiaridades que atañen a las diferentes fórmulas de empresarización que vamos a tratar en este sexto capítulo.

Cuadro 6.1. Fórmulas de empresarización. Características básicas

	Génesis idea	Estudio viab.	Búsqueda recursos	Financia	Gestiona
Empresario	Sí	Sí	Sí	Sí	Sí
Comprador	Sí	Sí	No	Sí	Sí
Intracreador	No	Sí	Algunos	Sí	Sí
Franquiciado	No	Ayudado	Algunos	Sí	Parcial
Familiar	No	¿?	No	No	Sí

No por ello es menos cierto que, con independencia de la metodología empleada, el empresario siempre va a asumir una cuota de riesgo, variable según cada caso. Si además responde a un perfil emprendedor, como el que se ha definido en la obra, estará en condiciones de generar empleo, riqueza y bienestar para el conjunto de la sociedad a través del desarrollo de las funciones que le son propias. Por tanto, nuestro respeto y admiración también para esta otra tipología de emprendedores, sobre los cuales vamos a extendernos en las próximas páginas.

6.2. LA FRANQUICIA

La franquicia es una de las metodologías a través de las cuales más personas se están introduciendo en el campo de la creación de empresas. Todo hace indicar que, en muchos países, esta tendencia se va a incrementar de manera muy significativa a lo largo de los próximos años.

En este punto vamos a pasar revista a los principales aspectos de esta fórmula que tanto interés despierta.

A) Concepto de franquicia

Aunque la denominación de *franchising* o franquicia es muy moderna, su origen se remonta a la Edad Media, con el otorgamiento en Francia de privilegios y autorizaciones en relación sobre todo con asuntos recaudatorios. De esta forma, los soberanos cedían franquicias a particulares para que éstos efectuasen la recaudación de impuestos beneficiándose de una parte proporcional de la misma. Esta es la idea que persiste detrás de las actuales concesiones de exclusividad territorial en los contratos de franquicia.

Estados Unidos es el país inventor del actual concepto de franquicia y el que mayor desarrollo ha conocido en lo relativo a franquicias. El primer caso conocido fue establecido en la Singer Sewing Machine a finales del siglo XIX. Un poco más tarde, General Motors implementó el sistema de franquicia para sus concesionarios y, en Francia, *La Lainiere de Roubaix* hacía lo propio para crear su red de distribución.

El origen de las franquicias pioneras es doble. Por un lado, es fruto de la carencia de capitales y financiación para desarrollar redes de distribución y venta en plazos de tiempo aceptables. Por otro, sobre todo, en el ejemplo norteamericano, nace como una alternativa eficaz para obviar los impedimentos que las leyes anti-monopolio ofrecían en los procesos de integración vertical de muchas empresas.

Por tanto, desde un punto de vista conceptual, cabe definir la franquicia como un sistema de distribución comercial, en la medida en que permite que los productos o servicios fabricados o prestados por una empresa franquiciadora lleguen al consumidor final de los mismos a través de sus franquiciados.

La complejidad del sistema nos permite contemplar también la franquicia como una fórmula válida para la creación de empresas, tanto por parte del franquiciador, quien además recurre a esta metodología para crear su propia red de distribución a través de la cual sustentará el crecimiento futuro de su organización, como del franquiciado.

Para profundizar en el concepto de franquicia podemos recurrir a la definición que ofrece la Asociación Internacional de Franquicias (IFA), agrupación de franquiciadores norteamericanos, según la cual «una operación de franquicias es una relación contractual entre el franquiciador y el franquiciado, en la cual el franquiciador ofrece o se obliga a mantener un interés continuado en el negocio del franquiciado, en áreas tales como conocimiento y experiencia sobre el producto, es decir, *know-how,* y formación personal del franquiciado; a cambio, el franquiciado va a operar bajo un nombre comercial, con un formato y un sistema operativo que pertenecen o son controlados por el franquiciador, y, además, llevará a cabo una inversión de capital propio en su negocio».

Si acudimos a los textos legales que rigen la franquicia en Europa encontramos, que, de acuerdo con el Reglamento n.º 4087/88 de 30 de noviembre de 1988 se entiende por franquicia «un conjunto de derechos de propiedad industrial o intelectual relativos a marcas, nombres comerciales, rótulos de establecimiento, modelos de utilidad, diseños, derechos de autor, *know-how* o patentes que deberán explotarse para la reventa de productos o la prestación de servicios a los usuarios finales».

En definitiva, en el sistema de franquicias coexisten dos figuras: franquiciador y franquiciado. El franquiciador cede:

- El derecho a la utilización de su marca comercial y otros elementos de la identidad corporativa.
- El *know-how,* los medios y la formación necesaria para poner en marcha y gestionar el negocio
- Una zona de exclusividad en la que llevar a cabo el negocio durante un período de tiempo prefijado de antemano.

Por su parte, el franquiciado se compromete a:

- Remunerar al franquiciador con unas contraprestaciones económicas, típicamente consistentes en un derecho de entrada y un *royalty* variable en función de las ventas obtenidas en el negocio franquiciado.
- Seguir las normas que le marque el franquiciador en todo lo relacionado con la operativa del negocio.

Por tanto, podemos resaltar algunos aspectos que consideramos diferenciales a la hora de definir la franquicia. Son los siguientes:

- Cesión de un derecho por parte del franquiciador a utilizar marcas, nombres comerciales, rótulos..., y cuanto puede constituir parte de la identidad corporativa del negocio franquiciado.
- Transmisión de un *know-how,* definido por los textos legales como «conjunto de conocimientos prácticos no patentados, derivados de la experiencia del franquiciador y verificados por éste, que debe ser secreto, sustancial e identificado». Consiguientemente, antes de iniciar el proceso de franquiciar un determinado negocio, éste ha debido pre-

viamente ser explotado con éxito por parte del franquiciador en sus establecimientos propios.
- Identidad común. Observese, por ejemplo, que las grandes franquicias como McDonald's pueden reconocerse a lo largo de los cinco continentes, precisamente por esa identidad común básica, sólo rota por ciertos aspectos puntuales con los que se tiende a aproximarse más a gusto o hábitos locales.
- Independencia jurídica de las partes: pese a contar con la identidad común externa a la que aludíamos en el punto anterior, franquiciador y franquiciado son unidades con su propia personalidad jurídica. No obstante, es norma en ciertos franquiciadores participar, siquiera testimonialmente, en la sociedad jurídica que explota el negocio franquiciado.
- Exclusividad geográfica: de alguna manera, el franquiciador dispone de un fondo de comercio por efecto de su experiencia en el sector, su imagen de marca, el prestigio, un concepto de negocio innovador y exitoso, etcétera, cuyo disfrute cede al franquiciado en una determinada zona geográfica. Esta zona de exclusividad puede tener en función de cada sector y cada compañía amplitudes muy diversas: desde unas pocas manzanas hasta una región entera.
- Asistencia permanente del franquiciador: el franquiciador debe formar a sus franquiciados tanto antes de iniciar la puesta en marcha de la actividad propia de la empresa como de forma permanente una vez que ésta comienza. Esto supondrá por parte de la empresa franquiciadora contar con la infraestructura, en equipos, instalaciones y recursos humanos, necesaria para ello. Además, el franquiciador debe elaborar un manual o «biblia» en el cual de forma gráfica se transmite al franquiciado todos los conocimientos requeridos para hacer funcionar su negocio, que han sido previamente testados para verificar su eficacia.
- Compensación final al franquiciado: por todo lo que el franquiciador aporta al franquiciado, y cuyos contenidos básicos hemos pasado revista en las líneas anteriores, el franquiciado efectúa una serie de contraprestaciones económicas. Estas suelen consistir en un derecho de entrada o *franchise fee,* que se abona con objeto de formalizar la entrada en la cadena, y un *royalty* sobre las ventas que se van realizando. No obstante, la casuística es enorme y existen otras muchas modalidades (franquicias sin derecho de entrada, o cuyo importe es variable, pagos periódicos fijos, o variables según los resultados, etc.). También existen franquicias que contemplan pagos por conceptos como puedan ser la publicidad o la investigación y desarrollo conjuntas de toda la red.
- Obligatoriedad del franquiciado a seguir normas de la cadena: la autonomía en la gestión de las principales variables del negocio vienen

impuestas por la política diseñada por el franquiciador. Así, pretende garantizar el mantenimiento de su propia identidad corporativa. Esto afecta desde a grandes decisiones como el empleo de una u otra marca comercial, cuestiones de política de producto o precio, hasta llegar incluso a un grado de minuciosidad enorme. Es el caso de ciertos franquiciadores que exigen a sus franquiciados la aprobación de cualquier trabajador que pretendan incorporar a su negocio.

Cuadro 6.2. La relación en una franquicia tipo

```
                    ■ PAGOS
                    ■ SIGUE NORMAS

   FRANQUICIADOR    ⇔    FRANQUICIADO

                ■ NOMBRE Y MEDIOS
                ■ KNOW-HOW
              ■ ZONA DE EXCLUSIVIDAD
                  ■ FORMACION
```

B) Clases de franquicias y fórmulas cercanas

El proyecto de Reglamento de la CEE de 30 de noviembre de 1988, aprobado y aplicable desde 1 de febrero de 1989, considera como acuerdos de franquicia aquéllos en los que una empresa, el franquiciador, concede a otra, el franquiciado, a cambio de una contraprestación económica, el derecho de explotar una franquicia para vender al por menor y/o prestar servicios a los usuarios finales.

La definición de la UE no contempla la franquicia industrial entre fabricantes, entendiendo que suponen, más que contratos de franquicia, licencias de fabricación basadas en una patente y en un *know-how* industrial.

Dejando a un lado la franquicia industrial, que en nuestra opinión constituye un tipo de franquicia más, tradicionalmente se reconocen tres tipos de franquicia:

— Franquicia de producto: el franquiciado vende los productos fabricados por el franquiciador y con las marcas comerciales pertenecientes al franquiciador. Sería el caso de LEVI'S CENTER, CAMPER, etc.

— Franquicia de distribución: se refiere a la venta al por menor por parte de los franquiciados de productos fabricados por terceros y seleccionados por el franquiciador, quien además se ocupa de obtenerlos a un precio muy competitivo. Los supermercados DIA o las tiendas COMPUTERLAND funcionarían bajo este régimen.
— Franquicia de servicios. Su objeto es la prestación de servicios en colaboración con el franquiciador y de manera subsidiaria el suministro de productos directamente vinculados a la prestación de dichos servicios: HILTON, HERTZ o BURGER KING son ejemplos de franquicias de servicios.

Además de la franquicia, se han desarrollado en los últimos tiempos otras fórmulas de comercio asociado que en muchos casos son difíciles de distinguir de la propia franquicia. Podemos señalar las siguientes fórmulas:

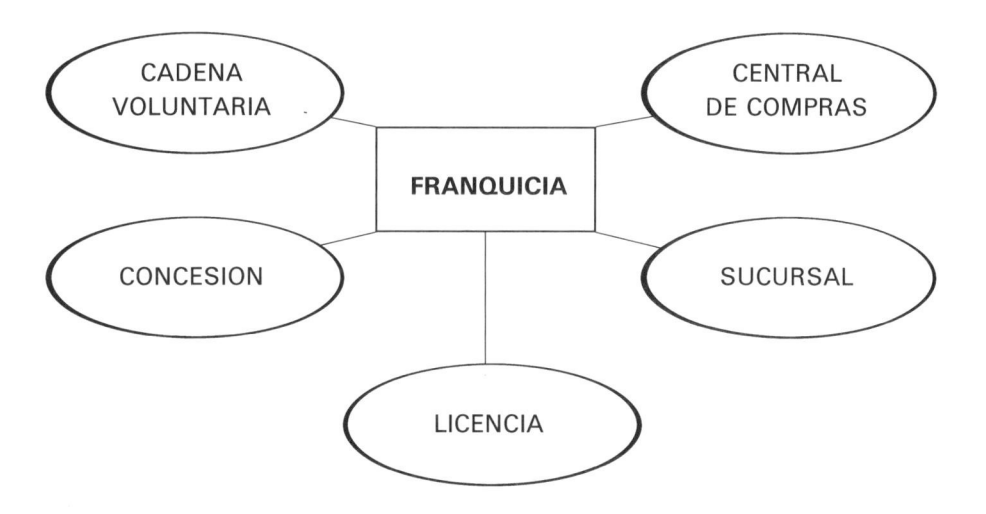

Figura 6.1. Fórmulas afines a la franquicia.

- *Las centrales de compras*

Los servicios de las centrales de compras se han extendido al uso de emblemas comunes, de surtidos y precios comunes, de servicios administrativos comunes y de publicidad nacional común, asemejándose cada vez más a la fórmula de franquicia. Las centrales de compra han sido fruto de la lógica evolución de pequeños grupos de detallistas, sobre todo de alimentación, que han buscado las economías de escala que este sistema supone. El factor original, la compra en común, deja de ser el único para convertirse en uno de los muchos servicios prestados por la organización.

La diferencia entre la franquicia en sentido estricto y las centrales de compra, radica en el hecho de que, en estas últimas, no se han desarrollado con tanta intensidad los aspectos de control de gestión de los franquiciados y de ayuda técnica, ni se da contraprestación alguna por el uso del emblema común ni por servicios prestados.

- *Las cadenas voluntarias*

El término voluntarias se aplica al existir una total independencia de todos los eslabones de la cadena. En la franquicia también existe cierta independencia, pero condicionada a una serie de acuerdos establecidos entre ambas partes. En las cadenas voluntarias, asociación de profesionales de un sector del comercio, existe una gran falta de uniformidad a la hora de utilizar los emblemas comunes e incluso a la hora de comercializar los productos o servicios.

- *La firma con sucursales*

Las diferencias entre franquicia y sucursalismo son tan tenues que muchos autores llegan a identificar ambas fórmulas. Al igual que la franquicia, la firma con sucursales extiende su denominación o emblema por diversos puntos dentro de una zona determinada y aplica en los diversos puntos de venta medios de gestión estandarizados. Hasta aquí, ambas fórmulas son idénticas, sin embargo, mientras que las sucursales de una firma son propiedad de la firma matriz, los franquiciados son los propietarios de sus unidades, esto es, también los empleados o el mobiliario son propiedad del franquiciado.

- *La concesión*

Al igual que ocurría con el caso anterior las diferencias son de matiz, hasta el punto que, en países como Estados Unidos se asocian ambos conceptos. La mayor diferencia respecto a la franquicia viene dada por la inexistencia de una identidad común entre franquiciador y franquiciado hasta el punto de que, suele ser común, que cada concesionario —piénsese sobre todo en la referente al sector del automóvil— mantenga su propio nombre comercial.

- *Las licencias*

El *licensing* consiste en la explotación de una marca comercial por parte de terceros a cambio de una contraprestación económica o canon en condiciones previamente pactadas por ambas partes. Aun siendo éste uno de los elementos típicos del contrato de franquicia, el *licensing* se diferencia de la franquicia porque no existe transferencia alguna de *know-how* ni de ayuda a la gestión.

C) Franquicia y creación de empresas desde la óptica del franquiciador

- *Ventajas e inconvenientes de la franquicia para los franquiciadores*

Desde la perspectiva de la creación de empresas la franquicia es una fórmula válida tanto para los franquiciadores como para los franquiciados.

Este sistema presenta una serie de ventajas para el franquiciador que señalamos a continuación:

- Permite un crecimiento más rápido de una empresa: una vez elaborado un plan de viabilidad de desarrollo de la cadena de franquicias, la mayor parte del trabajo de la expansión se centra en la búsqueda, selección y atención a los franquiciados. Por tanto, es más sencillo simultanear la apertura de diferentes unidades, ya que el franquiciado colabora mucho más en esta labor de lo que lo haría en caso de crecer exclusivamente con recursos propios.
- Se necesitan menores dotaciones de estructura: piénsese al franquiciado pertenecen todos los medios humanos y materiales que componen cada unidad de la red de franquicias. El franquiciador, además de sus establecimientos propios, sólo debe contar con la estructura necesaria para cubrir los aspectos señalados en el párrafo anterior.
- Acceso a economías de escala, derivadas del mayor volumen del que se puede hacer acopio al contar con toda una red de establecimientos. Aunque los más típicos se producen en compras, también hay que considerar economías de escala en producción, comunicación, etcétera.
- Reducción del riesgo comercial y financiero, ya que éste se comparte con los franquiciados. Además, si se seleccionan correctamente los franquiciados, éstos resultan ser mejores gestores de su punto de venta por conocer mejor el mercado local, así como sus hábitos o costumbres más específicas.

Por contra, el sistema presenta ciertos inconvenientes para el franquiciador que pasamos a enumerar:

- Comunicación más compleja entre unidades, puesto que hay que tratar con un gran número de franquiciados. Además el problema se agrava si pensamos que el franquiciado es un colaborador y no un inferior jerárquico.
- Cumplimiento continuo de un contrato: toda la relación entre las partes está sujeta al cumplimiento del contrato de franquicia, de cuyo contenido nos ocuparemos más adelante. Esto puede provocar situaciones incómodas, en especial, según nos enseña la experiencia, cuando los resultados económicos de un franquiciado son menores a los esperados.

- Menor beneficio por unidad, ya que el sistema implica que se compartan los márgenes comerciales entre franquiciador y franquiciado.
- Decisiones en manos del franquiciado: las grandes decisiones de una franquicia vienen impuestas por la propia política diseñada por la organización franquiciadora. Ahora bien, la gestión diaria corre a cargo del franquiciado, lo cual implica sino un inconveniente, al menos un riesgo.
- El éxito de la franquicia está en manos del franquiciado, como cabe deducir de lo dicho en el punto interior.

Si nos atenemos a la experiencia podemos concluir que, en general, el peso de las ventajas es mayor que el de los inconvenientes señalados. La mayor parte de los inconvenientes citados se pueden obviar contando con una adecuada organización para desarrollar la franquicia y cuidando especialmente la selección de los franquiciados, ya que a ellos se va a ligar la suerte de toda la compañía.

Por tanto, no es de extrañar el extraordinario auge del sistema. Baste pensar que en los Estados Unidos la franquicia representa casi el 40 por 100 del comercio detallista, el 10 por 100 en Francia o que en España el número de empresas franquiciadoras se ha triplicado a lo largo del último decenio y supone ya hoy más del 3 por 100 del comercio detallista.

- *Características necesarias para franquiciar una empresa*

Un simple vistazo a cualquier anuario de franquicias nos permite comprobar que, si bien existen determinados sectores en los que la franquicia ha tenido mayor tradición, como es el caso de las tiendas de moda o los restaurantes *fast-food,* cuyas empresas líderes han incorporado esta fórmula desde hace decenios, la franquicia se ha extendido a multitud de actividades y con creciente predominio del sector servicios. Hoteles, tintorerías, agencias matrimoniales, joyerías, guarderías, empresas de limpieza o de asistencia domiciliaria, imprentas, peluquerías, talleres, gimnasios, firmas de consultoría, etcétera, también funcionan bajo régimen de franquicias.

Lo que debe tener claro el empresario es que, aunque en casi todos los sectores de actividad operan franquicias, no cualquier negocio es franquiciable. En principio, el empresario debe cuestionarse si existen otros sistemas de distribución comercial que se adecuen más a su propio negocio que la franquicia. La creación de una red de franquicias obliga a realizar una serie de inversiones para garantizar un sistema eficaz de búsqueda y selección de potenciales franquiciados, para dar asistencia a los mismos, para implantar un sistema de aprovisionamiento de las distintas unidades de la cadena, para llevar a cabo un eficaz sistema de control de gestión de la franquicia, para crear sus unidades piloto en cuyo éxito se cimienta el *know-how* que posteriormente se traslada a los franquiciados...

La propia dinámica del sistema obliga a mantener una relación de mutua confianza entre franquiciador y franquiciado. Desde la firma del contrato de franquicia, el franquiciador cede, entre otras cosas, su propio *know-how* y pone en manos de los franquiciados la gestión diaria (ya se comentó que las decisiones más importantes vienen impuestas por la compañía franquiciadora) de la unidad franquiciada, con lo que se hace depender de los mismos el éxito de la empresa del que obtenga cada franquicia. Por tanto, para empresarios con estilos de dirección muy personalistas y poco delegadores no puede considerarse esta fórmula como la más adecuada.

El proceso de franquiciar exige tiempo, en primer lugar, para comprobar el éxito del negocio y, además, para acumular la experiencia suficiente para estar en disposición de transmitir al franquiciado todo el *know-how* necesario para gestionar con éxito la franquicia. También sobre este particular conviene apelar a la ética del empresario: vender una franquicia es vender un concepto probado y de éxito.

Los mercados más indicados para aconsejar este sistema deben reunir dos características esenciales. En primer lugar, ser suficientemente amplios para contar con una base importante tanto de potenciales clientes como de potenciales franquiciados. En segundo término, contar con márgenes comerciales elevados para que permitan la rentabilidad de los negocios de las dos partes pese a que, en virtud de las contraprestaciones económicas ya aludidas, en franquicia dichas partes se reparten los márgenes. Esta última característica se suele observar con más frecuencia en negocios caracterizados por su alto valor añadido, de ahí que sea ésta una última característica que deba reunir una actividad económica para desarrollarse bajo el sistema de franquicia.

En definitiva, la creación de una red de franquicias debe ser fruto de un estudio y planificación meditada por parte del potencial franquiciador para poder estar en condiciones de llevar a cabo el proceso con éxito.

D) Franquicia y creación de empresas desde la óptica del franquiciado

• *Ventajas y desventajas del sistema de franquicia para los franquiciados*

Desde el punto de vista del franquiciado, el sistema de franquicia ofrece las siguientes ventajas:

— Adquiere un negocio de éxito acreditado, del cual recibe todo el *know-how* para hacerlo funcionar de manera correcta. Con ello se reduce el riesgo de iniciar una actividad empresarial.
— Se beneficia de la imagen de marca de la empresa franquiciadora.
— Se beneficia de mejores condiciones de compra de las materias primas por la existencia de economías de escala en los precios de compra.
— Cuenta con una zona de la exclusividad territorial.

- Recibe toda la formación del franquiciador para montar y gestionar el negocio.
- Mayores posibilidades de obtener financiación.
- Disponibilidad de asesoría continua en marketing, producción, publicidad, etc.

El sistema también presenta ciertas desventajas con respecto a la fórmula empresarial privada. Las desventajas más significativas se recogen a continuación:

- El derecho de entrada exigido por el franquiciador supone una fuerte inversión inicial.
- Existen una serie de pagos periódicos durante la vida del negocio.
- No fija las grandes políticas de la compañía y debe guardar la disciplina derivada de la uniformidad de la cadena.
- No es dueño ni del nombre ni de la marca del negocio que explota.
- La limitación temporal del contrato.
- Si la franquicia fracasa, el franquiciado se verá arrastrado por la caída.

En la práctica, existe una profunda interrelación entre los aspectos positivos y negativos de una franquicia. A una mayor imagen de marca y prestigio, los derechos de entrada y las cuotas serán más exigentes y viceversa. Cuanto mayor sea el apoyo en su gestión para el candidato, menor será la cuota de independencia que le reste para su actuación. Finalmente, cuanto mayor sea la imagen de exclusividad de la franquicia, mayor será la disciplina de grupo exigida.

Existe un punto de equilibrio donde el candidato a franquiciado se encontrará satisfecho en función de sus recursos propios y/o ajenos, en función de lo que esté dispuesto a pagar por las ventajas a obtener del sistema, y en función de la parte de independencia que el candidato esté dispuesto a sacrificar para convertirse en franquiciado. Es en ese punto de equilibrio donde el emprendedor aspirante a franquiciado debe situar su punto de mira.

Sin embargo, no toda franquicia lleva aparejada el éxito empresarial. Junto a sectores económicos en los que las cadenas existentes llevan asociados una estela de éxito, calidad y prestigio: los McDonald's, Kentucky Fried, Exxon, BP, etc., encontramos sectores en los que las franquicias son consideradas inversiones de alto riesgo. En estas franquicias, el inversor habrá de tener en cuenta que el éxito de su operación no dependerá exclusivamente del sistema del franquiciador, sino que el empresario habrá de aportar una considerable capacidad de gestión para garantizarse el éxito.

El riesgo es una de las características diferenciadoras del sistema de franquicia con relación a cualquier otro tipo de negocio. Para comenzar, el riesgo inicial de una franquicia consolidada es muy bajo en comparación con el derivado de una apertura de negocio propio. Para el franquiciado existen estudios de viabilidad previos, consejo a la hora de seleccionar local, ayuda y guía en la decoración y distribución de la unidad, procesos de formación previos de los empleados y del propietario del negocio, ayuda publicitaria en la apertura, suministro de los productos objeto del negocio, utilización de un nombre y una imagen de marca consolidados y, lo más importante, prolongación en el tiempo de todos estos conceptos que forman el núcleo de la franquicia.

De hecho, es sabido que todo error en la planificación del negocio conduce en un alto porcentaje al cierre del mismo. Como dato, podemos señalar que en Estados Unidos, la tasa de mortandad de nuevos negocios supera durante el primer año el 35 por 100 de los inscritos en el Registro de Nuevas Empresas, cifra que se eleva a más del 80 por 100 durante el segundo. También existen fracasos dentro del sector franquicia, pero el porcentaje de negocios fracasados es sensiblemente inferior al que se da en la puesta en marcha de negocios individuales. Por ejemplo, el índice de mortandad de franquicias en USA se reduce al 3 por 100 el primer año y al 10 por 100 durante el segundo.

Seguramente ésta es la razón que puede explicar que el sistema de franquicia haya visto potenciada su expansión al ser elegido por muchas personas para adentrarse en el campo de la creación de empresas.

La cobertura de riesgos que contiene el sistema de la franquicia se suele convertir, paradójicamente, en uno de los mayores riesgos del sistema. Es muy frecuente que el franquiciado, creyéndose amparado por el sistema, no crea necesario realizar el esfuerzo propio del empresario individual. Lo que debemos tener claro es que el franquiciador aporta de manera fundamental un equipo de expertos, un saber hacer y una experiencia transmisible, pero ello no exime al franquiciado de realizar los mayores esfuerzos. El franquiciado es un empresario dueño de su propio negocio y no un empleado y directivo al servicio del franquiciador. En definitiva, al dirigir su negocio, el franquiciado está gestionando parte de su patrimonio.

Por otra parte, en una franquicia bien llevada, el propio establecimiento es un activo de inmediata realización en el mercado. Existen, sin duda, infinidad de posibles adquirientes para el negocio, adquirientes que en muchos casos puede ser el propio franquiciador, siempre interesado en convertir establecimientos franquiciados rentables en unidades propias. Todos estos elementos hacen que en el sistema de franquicia prevalezcan fuertes vínculos de tipo asociativo, vínculos que minimizan los riesgos de iniciación, puesta en marcha y continuidad del negocio.

- *Criterios para la elección de franquicias*

Como se puede deducir fácilmente, todas las ventajas que esta metodología aporta al franquiciado se cumplirán efectivamente en la medida en que el

188   *La creación de la empresa propia*

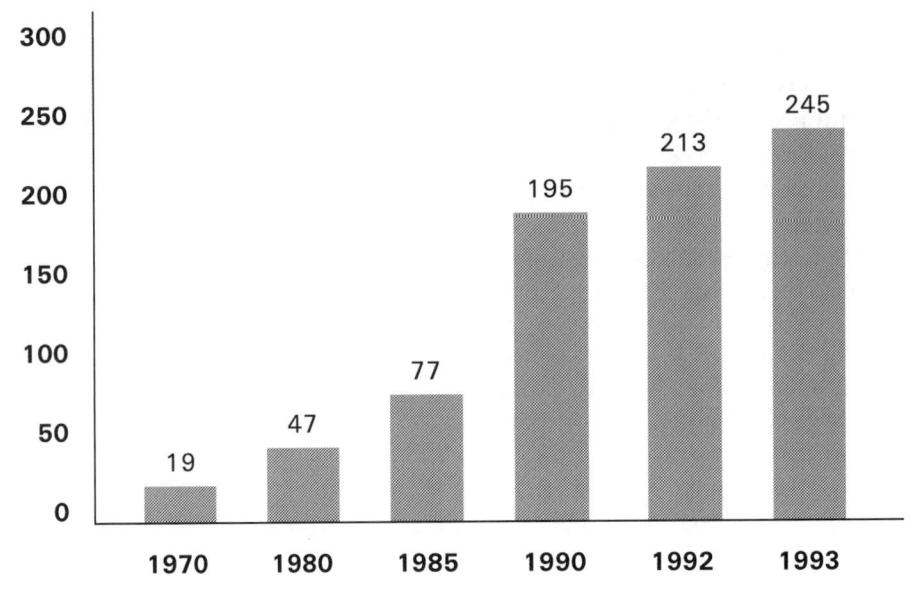

Año	Valor
1970	19
1980	47
1985	77
1990	195
1992	213
1993	245

Fuente: FRANCHISA.

Figura 6.2. Evolución de las cadenas de franquicia en España.

franquiciador disponga de los medios, la organización o la experiencia necesaria para ello, cosa que, por desgracia, no siempre ocurre. De ahí la importancia de cuidar en extremo el proceso de selección de franquicias a través de un análisis minucioso.

Esta cuestión se acentúa en una situación como las que se viven en lugares donde el sector todavía no ha alcanzado la madurez. Es común en esas circunstancias, la existencia de un conocimiento del sistema muy superficial para la opinión pública en general, tanto de la propia definición y características de la franquicia como de las compañías franquiciadoras, con excepción de unas pocas compañías archiconocidas, en su mayoría multinacionales.

Por otra parte, ésta es una fórmula válida para un amplio espectro socioeconómico de población. Muchos excedentes laborales de empresas en crisis o sujetos a jubilaciones anticipadas reciben sus correspondientes indemnizaciones y, en caso de desear continuar una actividad profesional activa, están invirtiendo esas cantidades para convertirse en franquiciados.

De igual manera, son numerosos los pequeños comerciantes que han transformado sus negocios para convertirse en franquiciados como una fórmula —bastante acertada, por cierto— de competir con las grandes superficies con unas mayores garantías de éxito.

En otros casos, están siendo importantes grupos de inversores quienes apuestan por la franquicia, si bien en este caso no tanto como pequeños franquiciados, sino como *master franquiciado* (franquiciado que ha obtenido el derecho a explotar una franquicia captando subfranquiciados dentro de su zona de exclusividad, que suele ser de una amplia extensión, generalmente todo un país distinto al de origen de la franquicia).

Incluso, son cada vez más los jóvenes quienes, pese a sus limitaciones económicas, ven en la franquicia una salida profesional interesante.

En todos los casos, conviene insistir en la necesidad de proceder de manera seria y analítica a la hora de elegir una u otra franquicia. Pasamos a continuación a exponer y desarrollar los criterios que deben considerarse para la elección de una franquicia. Se han agrupado a efectos didácticos en cuatro grandes epígrafes: las capacidades del potencial franquiciado, la naturaleza del negocio objeto de la franquicia, el análisis de la empresa franquiciadora y el estudio de los aspectos económicos y financieros del acuerdo de franquicia.

- *Las capacidades del potencial franquiciado*

En primera instancia, un potencial franquiciado debe cuestionarse si está capacitado psicológicamente para acceder a un sistema en el cual es dueño de un negocio, pero no de muchas y de las más importantes decisiones que se toman relacionadas con su gestión. Qué productos se venden, cómo se venden, con qué precio recomendado, qué publicidad o promociones se llevan a cabo, etc., son algunas de las decisiones que típicamente están en manos del franquiciador. Personas con un carácter eminentemente emprendedor han encontrado inconvenientes en el sistema debido a que coarta su propia creatividad, si bien es cierto, que en muchas ocasiones ésta es la gran ventaja que aporta el *franchising* a juicio de muchos franquiciados.

La propia capacidad de asumir riesgos, inherentes a la actividad empresarial, ha de ser también considerada, pues un franquiciado no deja de ser un empresario, si bien con menores riesgos si efectivamente selecciona una buena franquicia que le preste nombre comercial reconocido o un concepto innovador y con potencial de éxito, un *know-how,* un fondo de comercio, etcétera. Este punto ha de ser atendido más cuidadosamente en los casos en que se trate de personas que jamás han desarrollado una actividad empresarial.

La formación y la experiencia profesional debe tenerse en cuenta para detectar aquellos sectores en los que uno pueda sentirse más cómodo o motivado. No obstante, algunos franquiciadores han establecido sus propias políticas sobre el particular y, por ejemplo, prefieren reclutar a franquiciados que no hayan tenido experiencia previa en el sector para evitar ciertos «vicios adquiridos».

Se ha de valorar también cuál es el papel que se quiere jugar al invertir en franquicias. Algunas cadenas obligan a sus franquiciados a dirigir personalmente el negocio, mientras que otras les permiten ser más bien gestores que dejan en otras manos la operativa diaria. Un análisis de la capacidad económica debe ayudar a discernir el rango de la inversión que se quiere realizar, con lo cual se acota automáticamente las franquicias a las que puede acceder en condiciones aceptables de riesgo. Además los franquiciadores suelen exigir que una proporción importante de la inversión requerida para iniciar la actividad se efectúe con fondos propios del franquiciado para conseguir la mayor involucración de éste en la buena marcha del negocio.

- *La naturaleza del negocio*

Ante la tesitura de optar por una franquicia, se deben considerar también cuestiones que atañen a la naturaleza del negocio. No debe valorarse de igual manera un negocio ya conocido, que cuenta con una base de usuarios importantes, que otro basado en un concepto innovador, cuyo éxito no ha sido aún absolutamente probado, y que además va a requerir de un esfuerzo extra en materia de comunicación.

Este último es el caso de muchas franquicias importadas de países en los que han demostrado una enorme rentabilidad, pero cuyo éxito no pueda extrapolarse automáticamente en España por existir factores diferenciales (otros hábitos de consumo, distinta normativa legal, etc.). Un caso paradigmático en este sentido lo constituye el sector del *fast-food,* que, de manera general, se introdujo a principio de los ochenta en España a través de franquicias americanas de reconocido éxito en USA y otros muchos países y cuyo desarrollo ha sido más lento del inicialmente previsto. Las causas cabe encontarlas en unos hábitos y gustos en las comidas muy diferentes en España frente a los países anglosajones.

Debe verificarse si se trata de un producto o servicio adaptado a las necesidades reales del mercado, si se trata de un negocio estacional con los riesgos que ello conlleva, si existen competidores, cuáles son, cómo está repartido el mercado entre ellos, si hay competidores que también estén creciendo mediante franquicias. En este último caso debe realizarse un pormenorizado estudio comparativo entre los mismos.

- *El análisis del franquiciador*

Ya que todo franquiciado va a depender de forma decisiva de su franquiciador y a él va a ligar su suerte, éste ha de ser objeto de un pormenorizado análisis.

En primer lugar, verificar la protección jurídica de la marca y cuantos elementos sean susceptibles de ello es una obligación inexcusable. No se olvide que esa marca comercial conocida, publicitada y capaz de atraer por sí misma a los potenciales clientes constituye uno de los mayores atractivos para incorporarse a una cadena de franquicias.

Debe considerarse cuál es la trayectoria seguida por el franquiciador: cuánto tiempo lleva en el mercado, desde cuándo vende franquicias, cuántas franquicias tiene, cuál es su situación financiera, etc.

La actitud del franquiciador ha de ser también tenida en cuenta: ¿se justifica mi perfil como potencial franquiciado al perfil del franquiciado tipo de esa empresa?, ¿demuestra el franquiciador una gran prisa por cerrar la operación?, ¿cuál es el grado de involucración del franquiciador en el negocio?, ¿se ajustan las promesas habladas con las escritas? Estas, entre otras, son preguntas que siempre ayudan a decidir en uno u otro sentido, pues permitirán valorar la solidez empresarial y humana de los franquiciadores. Otro dato que debe pedírsele al franquiciador es el listado de franquiciados, tras lo cual es muy aconsejable entablar contactos con ellos para verificar cuál es su grado de satisfacción. Cualquier oscurantismo al respecto debe siempre ser considerado sospechoso pues, en principio, no hay mejor fórmula para vender una franquicia que a través de la propia venta que pueden efectuar unos franquiciados satisfechos con su cadena y con la subsiguiente buena marcha de su negocio.

En la media en que es el elemento en que se plasman todas las relaciones, en este sistema ha de estudiarse detalladamente el contrato de franquicia, para constatar que se ajusta a lo prometido y a las normas legales y códigos deontológicos internacionales. En ciertas ocasiones, el contrato sólo se permite ver en el momento de la firma, en cuyo caso es conveniente acudir a este acto acompañado de algún experto que constate lo dicho anteriormente.

También ha de verificarse cómo se va a producir la asistencia a los franquiciados, especialmente en aquellos negocios más complejos. Contar con una denominada «tienda escuela», con un buen «manual de franquicia» y con un departamento específico dedicado a la formación de los franquiciados siempre debe considerarse muy favorablemente.

- *El estudio de los aspectos económicos y financieros*

De acuerdo con las condiciones pactadas, se debe construir una cuenta de resultados provisional que contemple las condiciones ofrecidas por el franquiciador. Ha de constituir la base para analizar la inversión en una determinada franquicia, con independencia de que la decisión final al respecto contemple otros aspectos como los que ya se han apuntado en los apartados anteriores.

Debe hacerse notar que, en muchos casos, la denominada inversión inicial para el franquiciado, que aparece en los directorios de franquicia o en los documentos informativos proporcionados por los franquiciadores, no incluye aspectos tan importantes como la inversión en locales. Por tanto, siempre debe comprobarse que la información de orden económico-financiera sea completa, incluyendo cualquier aspecto inherente a la actividad del negocio.

En todo caso, hay que comprobar cuál será el importe real para cada franquiciado de todas las partidas que aparecen en la información que entregan los franquiciadores, ya que, por ejemplo, los alquileres o los salarios pueden presentar importantes variaciones en cada ciudad.

Una vez definida esa cuenta de resultados provisional y la estructura de costes del negocio, deben calcularse aquellos parámetros financieros de rentabilidad que se consideren oportunos, comprobando siempre que el período de recuperación de la inversión en condiciones no catastróficas sea menor que la duración del contrato.

En los casos en que el franquiciador presente cifras de ventas provisionales debe profundizarse en esta materia para tratar de convertir esas unidades monetarias en unidades físicas de productos que deben venderse y, posteriormente, considerar en los que la información de otros franquiciados nos puede resultar de más interés, aunque siempre matizada en función de las posibilidades de cada uno (experiencia, ubicación del negocio, posible cartera de clientes...).

También deben estudiarse cuáles son los pagos que se le deben abonar al franquiciador. Generalmente se trata de un derecho de entrada para incorporarse a la cadena y unos pagos periódicos que se suelen fijar como porcentaje sobre las ventas del franquiciado. Hay que estudiar en concepto de qué se estipulan esas cantidades para poder hacer una valoración lo más ajustada posible de la relación beneficio/coste.

La valoración del derecho de entrada debe contemplar factores como la penetración de la marca en el mercado, la competencia existente, la extensión de la zona geográfica de exclusividad, el nivel de la inversión requerida y el plazo de duración del contrato.

Algunas enseñas contemplan la posibilidad de pagos en otros conceptos. Tal es el caso de los pagos para contribuir a la publicidad conjunta de la cadena, o en raras ocasiones, a la investigación y desarrollo. En estas situaciones habrá que estudiar cuál ha sido la trayectoria del franquiciador respecto a estos ámbitos de actuación.

Si existe obligación de comprar los suministros al franquiciador, conviene verificar que se hace a precios realmente competitivos en relación con lo ofrecido por otros posibles proveedores de idénticos productos.

Un último aspecto que debe contemplarse dentro de este apartado es el referido a los derechos de renovación o reventa de la franquicia.

En definitiva, se trata de comparar la rentabilidad de la inversión en la franquicia objeto de estudio con otras oportunidades de negocio, desde otras franquicias hasta la creación de un negocio propio.

E) Contenido del contrato de franquicia

Una relación tan compleja como es la franquicia no puede estar contenida en un contrato-tipo, por lo que a la hora de analizar el contenido de un contrato de franquicia hemos de tener en cuenta los contenidos más usuales que se presentan, recordando que los siguientes contenidos propuestos son susceptibles de reformarse o mejorarse.

Lo que a continuación nos proponemos es definir el cuerpo principal de un contrato de franquicia, de manera que aquellos lectores interesados en esta fórmula tengan una primera aproximación al respecto.

a) Preámbulo, objeto y motivación del contrato

El preámbulo debe contener las siguientes definiciones:

- Identidad de los contratantes. Pueden ser sociedades o personas jurídicas. El franquiciador ha de tener capacidad legal suficiente para hacer cesión de los derechos derivados del contrato.
- Objeto del contrato. Debe contener una descripción de la franquicia y de la zona de exclusividad a la misma atribuida.
- Motivación para la firma del contrato. Aquí debe constar por parte del franquiciador una descripción actual de la red de franquicia, con responsables y direcciones. Por parte del franquiciado se han de especificar circunstancias personales que puedan afectar el entorno de la franquicia, por ejemplo, si el franquiciado es propietario de alguna explotación comercial en sectores paralelos o si posee alguna otra franquicia en la misma zona.

b) Concesiones realizadas: marca, enseña y exclusividad

- Uso de marca. Se harán constar los datos de inscripción de la marca en el registro, cláusulas de protección frente a apropiaciones indebidas, etc.
- Uso de la enseña. El franquiciador suele acompañar arte final del grafismo que el franquiciado utilizará con especificaciones de colores, tamaños, etc. También se recoge la cláusula de retirada de todo tipo de elementos de identificación con la franquicia en el supuesto de finalización del contrato.
- Exclusividad territorial. Además de la cesión de exclusividad territorial por parte del franquiciador y de la indicación del territorio comprendido en tal cláusula, se incluyen también las obligaciones de las partes en cuanto a aprovisionamiento y suministro de productos, obligándose ambas partes a servir en exclusiva, una, y a comprar exclusivamente, la otra, y las condiciones en que el franquiciado puede servirse de un proveedor diferente al franquiciador.

c) Obligaciones por ambas partes

    c.1) Previas a la apertura del negocio

        — Por parte del franquiciador:

            • Asistencia en cuanto a la decoración del local.

- Formación del franquiciado y de sus empleados.
- Administración y contabilidad.
- Elaboración de un plan financiero.
- Plan de apertura y publicidad de lanzamiento.
- Definición y actualización del surtido, sobre todo en franquicias de distribución.

— Por parte del franquiciado:
- Obtención de licencias y permisos.
- Aportación de fondos en el plazo previsto.
- Pago de la cuota de entrada o *Franchise Fee*.

c.2) Posteriores a la apertura

— Por parte del franquiciador: en el momento de la firma del contrato, el franquiciador habrá entregado el Manual de Operaciones o «Biblia», posteriormente se revisará el cumplimiento de las obligaciones mutuas previas a la apertura. En el supuesto de que exista conformidad, se procederá a la firma del contrato final, en el que como obligaciones posteriores por parte del franquiciado se suelen recoger las siguientes:

- Aprovisionamiento. En el contrato constará de forma clara la obligación del franquiciador en cuanto a la entrega de mercancías, plazos, etc.
- Exclusividad. Debe constar en el contrato la obligación de exclusividad del franquiciador hacia el franquiciado en la zona delimitada. El franquiciador no podrá vender sus productos a terceros dentro de esa zona.
- Asistencia técnica permanente. El contrato de franquicia suele establecerse por un período de al menos cinco años. Durante este tiempo, la asistencia técnica por parte del franquiciado ha de ser continua. La evolución del comercio y la progresiva mejora de los sistemas del franquiciador obligan a éste a mantener esa asistencia constante, bien enriqueciendo de forma periódica el Manual de Operaciones bien ofreciendo cursos de reciclaje al franquiciado y sus empleados. La asistencia técnica se extenderá a otros conceptos, como los relacionados con las mejoras tecnológicas, nuevas fórmulas de comercialización, adaptación continua del local a las últimas tendencias del mercado, etc.

— Por parte del franquiciado:
- En el contrato y de forma explícita, el franquiciado ha de acordar someterse a las normas de tipo comercial emanadas del

franquiciador en aspectos como precios, stocks, surtido, publicidad y promociones, etc.
- Otra obligación del franquiciado será la exclusividad debida al franquiciador o a proveedores concertados a la hora del aprovisionamiento. En este mismo sentido, el franquiciador se comprometerá a mantener los estándares de calidad y presencia exigidos por el franquiciador en las tiendas de la cadena. Este punto se refiere a aspectos como los de exposición de la mercancía, estética de venta, higiene en el local, uniformidad de los vendedores, etc.
- Ausencia de competencia. Esta cláusula es consecuencia directa de la concesión de exclusividad por parte del franquiciador. A cambio de ésta, el franquiciado se ha de comprometer a no vender dentro de la zona de exclusividad productos que supongan competencia directa a la franquicia, y también a no vender fuera de la zona de exclusividad los productos o servicios que comercializa en ésta.
- Otro compromiso importante que asume el franquiciado es el del seguimiento de las normas administrativas y contables emanadas por el franquiciador y la facilitación de cuantos datos les fueran solicitados a este respecto.
- Formación. Como consecuencia de la obligación del franquiciador de asistencia continuada, el franquiciado ha de mantener viva la puesta al día recibida mediante su asistencia a las sesiones formativas, el estudio de las propuestas de mejora y la aceptación de innovaciones presentadas.

d) *Duración, renovación y ruptura del contrato*

— La duración del contrato de franquicia viene establecida por una serie de factores como pueden ser el tipo de franquicia (lógicamente una franquicia industrial tendrá mayor duración que una de servicios), la amortización de las inversiones necesarias y la duración del alquiler de los locales sede de los negocios.

En cualquier caso, lo normal en una franquicia de distribución o servicios es una duración entre tres y cinco años, creciendo esta duración hasta los diez años en casos de franquicias de fabricación.

— Una vez ha vencido el plazo estipulado de duración del contrato de franquicia y en el supuesto de que ambas partes estén satisfechas con el sistema, lo normal es que se produzca una renovación tácita del contrato por un período igual al inicial.

Para poder rescindir el contrato a su finalización, alguna de las partes habrá de proceder a denunciar el contrato en el plazo de tiempo establecido. Para estos supuestos, se suele considerar un plazo de preaviso de seis meses. El contrato debe especificar claramente los procedimientos de denuncia y normalmente contendrá una serie de cláusulas protectoras como las de prohibición temporal de afiliarse a marcas competidoras, preferencia o derecho de tanteo del franquiciador frente a terceros, obligatoriedad de hacer desaparecer todo rótulo, cartel o vestigio de la franquicia no renovada, etc.

— Además, el contrato deberá contener las consecuencias del incumplimiento de obligaciones contractuales que puedan dar lugar a la ruptura anticipada del mismo. La cláusula resolutoria, que se debe incluir en todo contrato de franquicia, ha de detallar las obligaciones cuyo incumplimiento podrá dar lugar a la ruptura del contrato, y también las sanciones que cada incumplimiento lleva aparejadas. A continuación vamos a exponer de forma telegráfica los incumplimientos contractuales más frecuentes por ambas partes.

- Por parte del franquiciador:
  — Desacuerdo en cuanto a la cesión de derechos.
  — Disolución de la empresa franquiciadora.
  — Graves retrasos o falta de aprovisionamiento.
  — Falta de asistencia continuada o de información.
  — Pérdida de control sobre los elementos diferenciadores de la franquicia.
  — Ruptura del pacto de exclusividad.

- Por parte del franquiciado:
  — Desacuerdo en cuanto a la cesión de derechos.
  — Incumplimiento de las normas impuestas, tanto en aspectos técnicos como a nivel de funcionamiento.
  — Inasistencia a procesos de formación.
  — Impago continuado de proveedores en plazo.
  — Impago de cánones o *royalties* al franquiciador.
  — Ruptura de las cláusulas sobre competencia.
  — Disolución de la empresa franquiciada.

Queda claro, por la enumeración de estas cláusulas, que una eventual variación de cualquiera de los firmantes del contrato y que afecte al objeto del negocio, habrá de quedar prevista en el contrato con las consecuencias que de ella se deriven para las partes. En este sentido, el franquiciador suele exigir que su consentimiento sea necesario si el franquiciado pretende vender la sociedad a un tercero, bien sea una persona física bien una sociedad. Se entiende, que el consentimiento del franquiciador sólo será necesario en tanto en cuanto se circunscriba al ámbito de la franquicia. Obviamente, la venta de la sociedad por parte del franquiciado sin el consentimiento del franquiciador será un negocio válido, y podrá provocar, en su caso, la ruptura del contrato de franquicia pero nunca la nulidad de la venta.

Lo dicho aquí es aplicable también para el supuesto inverso, la venta de la sociedad franquiciadora.

e) Cesión del contrato de franquicia y cláusulas de arbitraje

El contrato de franquicia tiene un aspecto personalista. Las partes contratan basándose en un lazo de confianza mutua que se puede ver defraudada si alguna de las partes contratantes se ve sustituida. Por ello, en el contrato de franquicia debe figurar de forma explícita el mecanismo de cesión de derechos a terceras partes, tanto del lado del franquiciador como del franquiciado. La parte afectada deberá, en todo caso, dar su consentimiento a la cesión de derechos, y en caso contrario se aplicará la ruptura del contrato con las consecuencias derivadas de la misma.

Finalmente, para la resolución rápida de conflictos entre las partes, se suelen incluir en los contratos cláusulas de arbitrajes. Existen dos alternativas posibles en este punto: la más común es la inclusión de un mediador aceptado por ambas partes. En caso de litigio, las partes someten la cuestión al mediador y éste en el plazo de tiempo más breve ha de emitir un fallo vinculante. En el segundo supuesto, las partes acuerdan remitirse a los tribunales, con el inconveniente de una excesiva demora en el fallo.

6.3. LA EMPRESA FAMILIAR

Son muchas las personas que en virtud de la pertenencia a una determinada familia o grupo familiar pueden encontrarse en algún momento en la tesitura de formar parte de un determinado proyecto empresarial. Bastaría para ello con que comenzaran a funcionar los más elementales mecanismos de la sucesión.

En esas circunstancias, la experiencia nos enseña la diversidad de posibilidades que se pueden presentar. En muchas ocasiones, el proceso se simplifica hasta el punto de que el denominado empresario familiar se convierte en un mero tenedor de acciones sin ningún interés por proseguir con la marcha del negocio que, en el mejor de los casos, se delega en alguno de los empleados de la empresa, o bien se trata de vender al mejor postor.

Otras veces, se produce un efecto de dispersión de las acciones de la compañía en manos de los diferentes miembros de la misma que conduce a situaciones insostenibles para el correcto funcionamiento de la empresa, de manera que la gestión empresarial deja paso a la intriga y a las luchas fraticidas.

Estas situaciones y otras semejantes justifican predicciones de muchos detractores de la empresa familiar, según las cuales una generación funda la empresa, la siguiente la disfruta y la tercera la dilapida.

Desde estas líneas nos gustaría lanzar un mensaje de esperanza para los empresarios familiares o quienes se encuentren en disposición de serlo. También a raíz de una empresa heredada por la vía de la sucesión familiar se puede llevar a cabo cuanto se ha puesto de manifiesto en esta obra. En definitiva, se puede ser un verdadero empresario, familiar si queremos, con todo lo que ello implica de positivo tanto para éste como para el conjunto de la sociedad. Para ello, nada como tratar de convertir en fortalezas las debilidades inherentes a este tipo de organizaciones. Como ocurre siempre en el ámbito de la creación de empresas, todo pasa por tener una firme voluntad de emprender que, en este caso, pasa por crecer con la empresa familiar, aunque, entendemos, que en determinadas circunstancias la venta de la empresa pueda resultar interesante, justificada o necesaria.

En las próximas páginas vamos a presentar algunas de las características diferenciales de la empresa familiar, haciendo especial hincapié en sus aspectos más problemáticos, y reflexionaremos sobre las posibilidades de este tipo de compañías, basadas siempre en sus fortalezas propias.

A) *Concepto de empresa familiar*

Al hablar de la empresa familiar, conviene, en primer lugar, señalar que no existe entre los expertos un concepto homogéneo que defina lo que se entiende por la misma. Con el fin de aglutinar las diferentes acepciones existentes de este concepto podemos definir la empresa familiar como aquélla en la que la propiedad de los medios y la dirección están en manos de una familia, que generalmente se ha identificado con la misma durante al menos dos generaciones, existiendo una mutua influencia entre los intereses y objetivos del grupo familiar y la marcha de la compañía.

Sobre la base de esta definición, podemos considerar empresa familiar desde un pequeño negocio de venta al detalle de bombones en el que la propiedad es exclusiva de una familia hasta un banco, aunque en este último caso bastaría con la familia dispusiese de un cierto paquete de acciones para controlar la marcha del negocio.

Aplicando un criterio flexible y según el concepto de empresa familiar arriba planteado, un 85 por 100 de las empresas españolas podrían ser consideradas como empresas familiares, dato que revela claramente la importancia de las mismas dentro de nuestro tejido empresarial. Además, las empresas familiares generan casi el 60 por 100 del PNB español y ocupan aproximadamente un 65 por 100 de la población activa. Estas cifras, e incluso mayores, se dan también en otras economías similares a la española o con menor desarrollo en las que la presencia de las grandes corporaciones multinacionales es menor y el tejido empresarial se encuentra muy disperso, con predominio de pequeñas y medianas empresas.

Aunque un alto porcentaje de la empresa familiar entra generalmente dentro de la categoría de pequeña y mediana empresa, la empresa familiar ha representado hasta hace no mucho tiempo una parte importante de la industria. Sin embargo, la masiva toma de posiciones en los grupos industriales por parte de corporaciones nacionales y multinacionales ha desvirtuado el carácter familiar de muchas empresas industriales que, de esta manera, han perdido su condición de grupos familiares, pasando éstos a ser accionistas minoritarios en muchas ocasiones de grandes conglomerados. Este es un fenómeno que se observa en cualquier economía en vías de desarrollo, ya que suele ser empleado por las multinacionales como alternativa de crecimiento de su cuenta de explotación.

B) *Características de la empresa familiar*

Las empresas familiares comparten una serie de características que las diferencian de otro tipo de organizaciones y que van a influenciar de manera decisiva la gestión de las mismas:

- En lo referente a su tamaño, como hemos visto, suelen pertenecer a la categoría de PYMES. Incluso aquellas empresas familiares que escapan por tamaño a esta clasificación, suelen tener un menor tamaño que aquellas empresas no familiares que operan en el mismo sector.
- En lo referente a sus sectores de actividad, es mayoritaria en sectores que no requieren grandes inversiones, sector servicios en general. En sectores industriales como el metalúrgico, papel o vidrio, las empresas familiares han desempeñado un papel preponderante hasta relativamente poco tiempo.
- Están bastante orientadas a la exportación, si las comparamos con otras empresas no familiares en sus respectivos sectores de actividad.
- Sus resultados suelen equipararse a los normales en el sector, sin embargo, están menos endeudadas al no repartir dividendos y reinvertir los beneficios.
- Crean más empleo directo al ser intensivas en mano de obra e igualmente se integran verticalmente poco, generando más empleo satélite. Ambos factores son resultado de su aversión a la inversión.

Las diferencias «externas» entre las empresas familiares y otras en las que la titularidad de las mismas está en manos «no familiares» no parecen justificar el específico tratamiento que se les da a la hora de su estudio. Las particularidades de las empresas familiares van más allá de su posicionamiento en sus mercados respectivos o los resultados económicos de su gestión. El entramado de relaciones personales y profesionales en las mismas es lo que determina su complejidad y la necesidad de un tratamiento diferenciado.

C) Las empresas familiares: razones de su complejidad

La tarea de gestionar una empresa familiar, con los problemas añadidos de su generalmente reducida dimensión, se ve muchas veces dificultada por las fricciones producidas en el grupo familiar, fruto en algunas ocasiones de la rivalidad entre los diferentes miembros del grupo, y en otras, de la falta de separación entre los objetivos corporativos y los del grupo familiar. No es exagerado, por tanto, afirmar que las empresas familiares son las que mayores complejidades ofrecen a la hora de ser gestionadas.

A continuación, y sin ánimo de ser exhaustivos, repasaremos algunas de las más situaciones comunes que interfieren la gestión de este tipo de empresas.

Cuadro 6.3. Los riesgos típicos en una empresa familiar

- DERECHO FAMILIAR A OCUPAR PUESTOS DIRECTIVOS
- NEPOTISMO
- CONCENTRACION DE PODER EN EL CABEZA DE FAMILIA
- IDENTIFICACION DE OBJETIVOS EMPRESARIALES Y FAMILIARES
- POLITICAS FAMILIARES PRIMANDO EXCLUSIVAMENTE LA FIDELIDAD

a) Se identifica la pertenencia al grupo familiar con «el derecho» a ocupar puestos de responsabilidad a nivel directivo.

Si examinamos los cuadros directivos de destacados grupos de empresas familiares, comprobaremos que muchos de los puestos clave en la dirección de la misma están ocupados por personas integrantes del grupo familiar. A veces, éste es un factor positivo al concentrarse en estos gestores la motivación que sólo da el contribuir al desarrollo y crecimiento de la propia empresa. Sin embargo, en la mayoría de las ocasiones, estos «directivos familiares» adolecen de la preparación, excelencia y experiencia del directivo profesional que gestiona las empresas no sometidas a esta imposición.

Además, en la mayoría de los casos, la ventaja en cuanto a motivación que la gestión del propio patrimonio puede suponer suele convertirse en conformismo, apatía y aversión al cambio. Por el contrario, el directivo «no propietario» al tener como baremos de su actividad los resultados de la empresa, maximiza su esfuerzo y se fija objetivos de crecimiento corporativo que permitan su desarrollo profesional. En muchas ocasiones, la presencia de los miembros del grupo familiar en los puestos directivos implica un aumento considerable de los costes estructurales y un acusado solapamiento de funciones, lo que en última instancia contribuye a aumentar las tensiones personales entre los miembros de la organización.

b) En la línea de lo anteriormente expuesto, en las empresas familiares suele producirse un elevado grado de nepotismo que condiciona y determina la jerarquía directiva y la sucesión en la empresa, generándose elevadas cuotas de enfrentamiento que saltan del plano familiar al profesional o viceversa, contribuyendo a dificultar la marcha de la compañía.

En esta jerarquía, el cabeza de familia, sucesor más directo en la mayoría de los casos del fundador de la misma, ocupa, independientemente de su capacitación profesional, el puesto de mayor responsabilidad. La unión de diferentes «sagas» del grupo, con el objeto de reunir la mayoría accionarial y controlar la compañía, suele añadir nuevos elementos distorsionantes que en algunos casos significan la muerte de la empresa.

c) La permanencia en el tiempo de la empresa familiar y sus liturgias particulares producen como resultado la identificación de los objetivos o valores institucionales de la familia con los de la compañía.

Esta identificación convierte las reuniones directivas o los consejos de administración en verdaderas reuniones familiares en los que se tratan más los problemas familiares que los estrictos de gestión de la empresa. Además, la identificación de la compañía con la tradición de la familia impide en muchas ocasiones que la empresa aborde planes de diversificación, modernización de su actividad o crecimiento, al entenderse que los mismos desvirtuarían el espíritu fundacional de la compañía. Esta actitud, si perdura en el tiempo, conlleva la desaparición de la empresa al no haberse adaptado a los cambios en el mercado, a las nuevas tecnologías o a los desplazamientos en los hábitos de consumo predominantes hasta entonces.

d) La relatada identificación entre los objetivos familiares y los de la empresa, lleva a asociar el buen nombre de la compañía con el de la familia que la posee.

La posibilidad de endeudarse en el mercado financiero es en muchos casos deshechada ante la «pretendida» deshonra que acarrearía la solicitud de recursos ajenos para la empresa y, por tanto, para la familia, dejando pasar de esta manera grandes oportunidades de negocio y manteniendo obligatoriamente estructuras financieras y dimensiones inadecuadas para competir en el mercado de que se trate. El mantenimiento del buen nombre familiar y la fidelidad a la obra del fundador llegan incluso a significar el mantenimiento artificial de empresas deficitarias y de demostrada inviabilidad.

Por supuesto, la capacidad de innovación y una actitud positiva ante el cambio no son muy habituales en este tipo de empresas.

e) La política salarial global de la compañía se basa en criterios del tiempo de permanencia en la misma, en el caso de los empleados de base, y en la jerarquía dentro del grupo familiar entre el estamento directivo que pertenece el grupo.

El sentido de pertenencia de la empresa que confluye en el grupo propietario, produce con demasiada frecuencia la confusión entre la caja de la empresa y la propia. La acertada, en la mayoría de las ocasiones, política de reinversión, en lugar del reparto de los beneficios vía dividendos, se ve de esta manera muy mermada.

La política de distribuir dividendos ocultos se ve aumentada vía remuneraciones extra salariales en forma de bonos. Toda esta pretendida reinversión de beneficiar se reduce al final a un irregular comportamiento fiscal.

f) La excesiva acumulación de poder ejecutivo en el cabeza de familia hace prevalecer su criterio en la mayoría de las ocasiones.

Criterio que generalmente se basa en suposiciones u opiniones personales sin base en un estudio detallado del problema o de las áreas funcionales de la empresa que se ven afectadas. A la toma de decisiones contribuyen también la falta de sistemas de información ejecutivos, que en caso de existir se ven entorpecidos por motivos de protagonismo, tensiones o enfrentamientos entre los socios o directivos. A falta de canales fluidos de información también suele contribuir el estilo del fundador generalmente orientado a una dirección rígida y personalista transmitida durante generaciones.

Naturalmente todos estos problemas, aunque muy extendidos entre ellas, no son exclusivos de las empresas familiares, muchos de los cánceres que afectan a la gestión de pequeñas y grandes empresas hoy pueden identificarse en los párrafos anteriores. Igualmente muchas empresas familiares, gestionadas por el grupo o por directivos ajenos, son un ejemplo continuo de conocimiento del mercado, planificación estratégica, capacidad de innovación y crecimiento sostenido.

D) *¿Cómo evitar los errores más comunes en la gestión de empresas familiares?*

No existen recetas mágicas. Podemos identificar una serie de errores que habitualmente inciden en la gestión de las empresas familiares, pero el reconocimiento de errores de gestión no es el remedio si no viene acompañado de cambios en el entramado de relaciones que configuran el aspecto humano de la empresa familiar.

Entre otros, podemos citar las siguientes soluciones en los problemas identificados:

a) Ante el abuso de las prerrogativas que concede la pertenencia al grupo propietario, el nepotismo en la sucesión, el uso y abuso de la caja corporativa y la falta de motivación gestora, algunas empresas optan por el establecimiento de medidas restrictivas de las perrogativas familiares en favor de directivos ajenos al grupo que diferencian los objetivos corporativos de los familiares. Los criterios de acceso a puestos directos por los integrantes del grupo familiar pasan a establecerse en función de la valía de los mismos y se subordinan al gestor profesional que está al frente de la compañía como cualquier otro directivo.

El gigante químico De Pont estableció un sistema de acceso de los familiares a la compañía en función de un complejo sistema de formación y de méritos en responsabilidades inferiores anteriormente desempeñadas. Tal es, con ciertas variaciones, el modelo del pequeño empresario que hace algunas décadas y como reflejo de su progresión desde los niveles más bajos, ascendió a base de trabajo y sacrificio. Según tal modelo, el sucesor, generalmente mejor preparado que su progenitor deberá «formarse» desde las labores de base hasta llegar a la sucesión del fundador.

Para grupos familiares reacios a la incorporación de directivos ajenos, una solución válida para recuperar una estrategia adecuada y solucionar disfunciones en cualquier área del negocio puede ser la contratación de una consultoría externa, cuyas recomendaciones sean aceptadas bajo previo compromiso por las diferentes «sagas» del grupo familiar, dándose la opción de la salida del negocio a aquellos que discrepen de las medidas a adoptar y de los objetivos a conseguir.

b) El inmovilismo a la hora de diversificar o crear, la inexistencia de actividad de I+D, las políticas conservadoras en la actividad de marketing, la ausencia del tan necesario espíritu innovador y sus consecuencias, que suelen suponer la desaparición en el medio plazo de la empresa tienen su origen, en la mayoría de los casos, en la excesiva atención que los problemas estrictamente familiares demandan. En muchas ocasiones impiden la puesta en marcha de medidas que conlleven cambios profundos en la actividad de la empresa, especialmente en lo relativo a la política financiera de muchas empresas familiares, que no permite su endeudamiento, y por tanto reduce sus posibilidades de inversión y crecimiento.

Todos estos factores convierten a la empresa familiar en una empresa muy vulnerable, muchas dependen excesivamente del producto o mercado original, con la consiguiente concentración de riesgos que ello supone.

La atención al entorno, el estudio continuo del mercado, la generación y el desarrollo y fomento de I+D e I+C y la entrada en nuevos mercados son las opciones que a medio plazo pueden evitar la muerte o marginación de la empresa. Muchas empresas familiares en el área de Extremadura, pequeños productores en el sector de alimentación y de gran calidad, han experimentado un espectacular crecimiento en su facturación con una simple modernización de su imagen corporativa auspiciada por el gobierno extremeño. Un productor de quesos, cuyo proceso productivo era intensivo en mano de obra, ha reducido en un 80 por 100 sus costes de producción y en un 15 por 100 las mermas en su proceso gracias a la incorporación de una cadena *custom-designed,* que además ha homogeneizado el producto final.

El único, y mayor problema, en la mayoría de los casos suele ser la fidelidad a la obra del fundador y los conflictos familiares que imposibilitan cualquier innovación.

c) La especial problemática de las empresas familiares se refleja también en las políticas financieras de las mismas. Una gran mayoría, al igual que sucede con las PYMES, adolecen de una pobre disciplina financiera. Los márgenes de contribución en las empresas familiares se reducen hasta un 30 por 100 de los que empresas no familiares en el mismo sector alcanzan. Por lo general el estrechamiento de los márgenes se debe a una excesiva orientación hacia un criterio de calidad «no estándar» en el mercado y que ya no exige el consumidor. La obsolescencia que deriva de la falta de inversiones «productivas» aumenta los costes de fabricación e imposibilita competir en precio en el mercado, necesitándose, por lo general, una inversión extra en publicidad o promoción al canal o cliente que reducen más los márgenes de contribución.

La inflación de personal poco productivo, pero muy ligado a la familia, imposibilita la incorporación de tecnología, al darse incluso el derecho de incorporación de los descendientes del trabajador jubilado.

La implementación de sistemas de control de costes eficaces, el conocimiento de lo que el mercado demanda, la incorporación de procesos productivos tecnológicamente desarrollados que maximicen la calidad y eficacia del proceso y generen economías de escala en producción, homogenización y aumento de productividad, la implantación de programas de jubilación anticipada o bajas incentivadas que permitan una progresiva reducción de los costes salariales y el paso de empresas intensivas en mano de obra a empresas tecnológicamente integradas y el desarrollo e implementación de sistemas contables adecuados deben contribuir a sanear la actividad y permitir competir en condiciones de igualdad en mercados crecientemente complejos.

d) Para crecer y diversificar los riesgos que muchas empresas monoproducto y familiares confrontan, es imprescindible disponer de recursos financieros pocas veces generados por la propia actividad. La incorporación de un experto financiero y la necesaria aceptación de un razonable nivel de endeudamiento, que incluso reduzca el coste de los recursos financieros son casi la opción obligada para sobrevivir y en tiempos de crisis, por motivos exógenos o endógenos, aparecen como la única solución si el grupo familiar no está en condiciones de ampliar el capital y no se quiere dar acceso a nuevos socios.

Como podemos comprobar, las soluciones a los problemas de la empresa familiar son aplicables a otro tipo de empresas, son recetas comunes que, sin embargo, encuentran una gran dificultad a la hora de ser aplicadas, e incluso a la hora de reconocer la existencia de problemas de gestión.

Es aquí donde radica el verdadero problema de las empresas familiares. Su estructura jerarquizada de poder, basada no en la capacidad directiva, sino en la posición dentro del grupo y las tensiones que la relación diaria con el grupo directivo familiar generan, no sólo dificulta el diseño de estrategias adecuadas, sino que imposibilita la identificación y el análisis de los problemas que inciden en la empresa.

E) *La empresa familiar: las fortalezas de un proyecto común*

No todo son inconvenientes en lo referente a las empresas familiares. Muchas han obtenido posiciones de liderazgo aprovechando ventajas inherentes a su propia condición.

En efecto, en muchas ocasiones, factores como el orgullo familiar, la identificación con la tradición de la empresa y la obra del fundador, y la separación de los intereses familiares de los corporativos, han dado lugar a la consolidación de grandes empresas que con criterios de gestión avanzada, pero respetando su estructura familiar, han triunfado ocupando una posición de privilegio en su sector de actividad.

El buen nombre y el escaso apalancamiento de muchas empresas familiares las pone en una magnífica posición a la hora de obtener recursos financieros que les permitan equilibrar su salud en determinados momentos o acometer las necesarias inversiones.

La propia tradición de la empresa familiar, su orientación hacia la calidad de sus productos o servicios y su identificación con generaciones de consumidores les suelen aportar una sólida imagen de marca que supone toda una garantía de supervivencia o de aceptación de nuevos productos lanzados al mercado.

El personal, el cual generalmente lleva en la empresa gran parte de su vida laboral, suele estar altamente identificado con la función de las empresas habiendo desarrollado estrechos lazos de fidelidad con el fundador y sus sucesores, fidelidad que se traduce en motivación en el trabajo, bajo absentismo laboral y flexibilidad en lo referente a las puntas de actividad y a las revisiones salariales. Por supuesto, los conflictos se resuelven dentro de la propia empresa y las medidas de presión son inexistentes. En sectores intensivos en mano de obra, como hostelería, construcción y otros, la empresa familiar adquiere una importante ventaja competitiva.

Finalmente, el grupo propietario, en muchas ocasiones enfrentado por su pertenencia a una generación posterior al fundador, con mayores posibilidades de acceder a una formación directiva y por su conocimiento de la empresa y del sector desde su infancia, puede constituir un grupo de gestión altamente cualificado y motivado en un proyecto común, con lo que ello puede significar en la marcha de la compañía.

Dos de las principales cadenas españolas de hoteles configuran este esquema, empresa familiar, con el cabeza de familia o sucesor del fundador al frente y el grupo de propietarios familiares, desde siempre integrados en el negocio, asumiendo las funciones directivas, altamente motivados por su condición de propietarios, por el carácter innovador del grupo y por el ambicioso proyecto de futuro que están llevando a cabo. El resultado es un grupo en constante crecimiento ocupando una posición de liderazgo sostenido en el sector con tasas de crecimiento espectaculares y sorprendentemente saneados en lo financiero. Todo ello manteniendo el control sobre el 100 por 100 de su compañía.

6.4. LA ADQUISICION DE EMPRESAS

En determinadas circunstancias, la actividad empresarial se inicia mediante la adquisición de alguna empresa en funcionamiento. Esta es también una estrategia de crecimiento bastante empleada, sobre todo, por grandes corporaciones. No obstante, en el marco de la presente obra no es este último el enfoque que pretendemos dar a este apartado, pues para ello el lector puede disponer de la bibliografía al uso sobre fusiones y adquisiciones. En principio, la adquisición de algún negocio en marcha puede presentar varias ventajas: ya se cuenta con el personal necesario, los equipos y medios materiales, un nombre, una cierta clientela, etc. Claro que en la mayor parte de las ocasiones quien vende no lo hace por gozar de una posición privilegiada, antes al contrario, su propósito puede ser dar salida a una situación difícilmente sostenible.

Por tanto, una primera medida que debe tomar el comprador es el estudio pormenorizado del sector y de la situación de la empresa que pretende adquirir, para tratar de verificar hasta qué punto las ventajas teóricas asociadas a la compra pueden plasmarse en la realidad y, en caso contrario, plantearse posibles alternativas para la resolución de esos problemas, así como el coste de implementar esas medidas. Este último es un aspecto que no debe nunca descuidarse y que debe tenerse en cuenta a la hora de iniciar la negociación del precio de la operación.

También ha de cuestionarse el comprador si es posible que alguno de los problemas existentes en la empresa puedan subsanarse con su propia presencia al frente de la misma. Una formación adecuada, una experiencia sólida en el sector, unos posibles contactos con potenciales clientes, por ejemplo, pueden constituir elementos valiosos para encauzar el discurrir de algún negocio en situación incluso crítica para sus actuales propietarios. En todos los casos, siempre se debe jugar con el factor precio en la negociación de compraventa para tratar de buscar el punto de equilibrio entre las partes. Desde el punto de vista instrumental, la adquisición de empresas puede revestir variadas formas en función de la forma jurídica de la empresa, el objeto de la adquisición, etc. De forma básica, podemos señalar dos grandes fórmulas: la adquisición de acciones, o la adquisición de activos. Esta última es aconsejable cuando se constate o se sospeche la existencia de determinadas partidas del balance poco claras, pues en este caso únicamente se adquiere una parte de la empresa, generalmente de índole material.

Particular interés presentan en términos de *Entrepreneurship* los denominados *management buy out* o compras apalancadas, que consisten en la adquisición de una empresa por parte de los propios directivos de la misma, quienes acuden para ello a financiación externa con el propósito de pagarla con los fondos generados por la actividad propia del negocio. La necesidad de financiarse a costes muy elevados debido al alto riesgo de este tipo de operaciones y, más aún, si la solvencia de los compradores es escasa —como suele ser habitual en estos casos— dificulta el éxito en este tipo de operaciones.

Utilizar expertos en estos procesos de compraventa de empresa debe considerarse como una obligación, salvo que la experiencia del adquirente en esta materia sea sólida, para evitar situaciones desagradables una vez consumada la operación.

6.5. LA INTRACREACION

La intracreación se define como la creación de pequeñas unidades empresariales independientes surgidas de unas compañías en funcionamiento, con personas, oportunidades y ayudas de la propia compañía, la cual acude a esta metodología por presentar necesidades de reestructuración o porque han escogido como sistema de crecimiento la creación de nuevas empresas.

En ocasiones, la intracreación ha surgido como consecuencia de un proyecto previamente planteado y meditado dentro de la organización, con ayuda incluida de un equipo de consultores que son los encargados de implementar el proceso.

Otras veces, la intracreación ha surgido de una manera más o menos espontánea, a iniciativa de los propios empleados de la empresa matriz. También se da esta circunstancia cuando, en el caso de una adquisición de una empresa, los nuevos propietarios facilitan la salida de la organización de toda una división de escaso interés para ellos, cuyo equipo comienza a desarrollar sus funciones de forma autónoma.

Cuadro 6.4. Esquema del proceso de implementación de la intracreación en grandes corporaciones

```
           COMUNICACION DEL PROYECTO
                      ⇩
      ESTUDIO DE LAS POSIBILIDADES DE INTRACREACION
                      ⇩
             DESARROLLO DEL PROGRAMA
                      ⇩
             LANZAMIENTO DEL PROYECTO
```

Se trata, en definitiva, de que los empleados de la empresa abandonen ésta para iniciar de forma independiente la labor que venía ejerciendo dentro de la organización matriz, si bien es habitual que pasen a tener como primer cliente a la propia empresa madre, quien además les cede o vende los equipos necesarios para llevar a cabo la actividad. A través de procesos de intracreación han surgido muchos negocios, como imprentas, gabinetes técnicos, consultores, mensajerías, academias de idiomas, restaurantes...

Para el nuevo empresario la intracreación puede suponer un medio que, no sólo le puede ayudar a no perder su empleo, sino que le posibilita un reto profesional apasionante, como lo es el derivado de cualquier actividad emprendedora. Por supuesto, para embarcarse en una aventura de estas características, se debe contar con un perfil emprendedor de acuerdo con los criterios ya expuestos en anteriores capítulos, puesto que al final del proceso el intracreador se constituye en propietario de una empresa, creada con ciertas ayudas de partida, pero con todos los riesgos inherentes a la propia actividad. La gran empresa busca en la intracreación, sobre todo, un sistema alternativo a los despidos o a las bajas incentivadas para llevar a cabo una reestructuración de plantillas. Aunque la efectividad de estos métodos tradicionales es notable, la intracreación añade unos menores costes, tanto sociales como económicos, y evita inestabilidad social, pérdida de imagen, descenso de la productividad, clima de malestar, etc., siempre y cuando sea el resultado de un proceso consensuado por ambas partes.

Bajo la perspectiva de sistema de crecimiento, la intracreación constituye para las empresas una alternativa a estrategias más clásicas como la diversificación o la integración vertical.

Bibliografía

ARQUER ARMANGUÉ, J.: *La empresa familiar.* Universidad de Navarra, Bañarain-Pamplona, 1979.
CLIFFORD Jr., DONALD K.; CAVANAGH, Richard E.: *Estrategias de éxito para la pequeña y mediana empresa.* Ediciones Folio, Barcelona, 1989,
KENT, Calvin A.; SEXTON, Donald, y VESPER, K.: *Encyclopedia of entrepreneurshship.* Prentice Hall Inc., New Jersey, 1982.
KESTER, W. Carl: *Las absorciones de empresas.* McGraw-Hill, Madrid, 1993.
MARCOS DE LA FUENTE, J.: *El empresario y su función social.* Fundación Cánovas del Castillo, Madrid, 1983.
MCLAUGHLIN, Harold J.: *Building your Business Plan.* Library of Congress Cataloging-in-Publication Data, USA, 1985.
PREGEL, Gert; SUÑOL, R., y NUENO, P.: *Instrumentos financieros al servicio de la empresa.* Ediciones Deusto, Bilbao, 1989.
STAPLETON, J.: *Cómo preparar un plan de marketing.* Ediciones Deusto, Bilbao, 1988.
STEVENSON/ROBERTS/GROUSBECK: *New Business Ventures and the Entrepreneur.* Library of Congress Cataloging in Publication Data, USA, 1974, 1984 and 1989.
STONICH, Paul J.: *Cómo implementar la estrategia.* Instituto de Empresa, Madrid, 1983.
TIMMONS, Jeffry A.: *New Venture Vreation.* Library of Congress Cataloging in Publication Data, USA, 1990.
VESPER, Karl H.: *New Venture Strategies.* Prentice-Hall Inc., New Jersey, 1990.
VINADER ZURBANO, R.: *La toma de decisiones en la empresa.* Instituto de Empresa, Madrid, 1982.
WALTON, Ricahrd E.: *Innovating to Compete.* Jossey-Bass Limited, California, 1987.

OFICINAS DEL GRUPO IBEROAMERICANO

USA
McGRAW-HILL IBEROAMERICAN GROUP
28 th. floor 1221 Avenue of the Americas
New York, N.Y. 10020

BRASIL
MAKRON BOOKS EDITORA, LTDA.
Rua Tabapua 1105, Sao Paulo, S.P.
Telf.: (5511) 280 66 22 Fax: (5511) 829 49 70

ESPAÑA
McGRAW-HILL/INTERAMERICANA
DE ESPAÑA, S.A.
Apartado Postal 786 F.D.
Edificio Valrealty, - 1.ª planta - c/Basauri, 17
28023 Aravaca (Madrid)
Telf.: (341) 372 81 93. Fax: (341) 372 84 67

ARGENTINA, PARAGUAY Y URUGUAY
McGRAW-HILL EXPORT ESPAÑA
Apartado Postal 786 F.D.
Edificio Valrealty, - 1.ª planta - c/Basauri, 17
28023 Aravaca (Madrid)
Telf.: (341) 372 81 93. Fax: (341) 372 84 67

CHILE
McGRAW-HILL/INTERAMERICANA DE CHILE, LTDA.
Seminario, 541
Casilla 150, Correo 29
Santiago
Telf.: 222 94 05. Fax: (56-2) 635-4467

PORTUGAL
EDITORA McGRAW-HILL DE PORTUGAL, LDA.
Av. Almirante Reis, 59, 6.º, 1100 Lisboa
Telf.: (3511) 315 49 84. Fax: (3511) 352 19 75

COLOMBIA
McGRAW-HILL/INTERAMERICANA
DE COLOMBIA, S.A.
Apartado 81078, Santafé de Bogotá, D.E.
Transversal 42B, 19-77, Santafé de Bogotá, D.E.
Telf.: (571) 268 27 00. Fax: (571) 268 55 67

ECUADOR, BOLIVIA Y PERU
McGRAW-HILL EXPORT COLOMBIA
Apartado 81078, Santafé de Bogotá, D.E.
Transversal 42B, 19-77, Santafé de Bogotá, D.E.
Telf.: (571) 268 27 00. Fax: (571) 268 55 67

VENEZUELA
McGRAW-HILL/INTERAMERICANA
DE VENEZUELA, S.A.
Apartado Postal 50785, Caracas 1050
Calle Vargas, Edificio Centro Berimer
Planta 1.ª Boleíta Norte. Caracas
Telfs.: 238 24 97 - 238 34 94. Fax: 238 23 74

MEXICO
McGRAW-HILL/INTERAMERICANA
DE MEXICO, S.A.
Apartado Postal 5-237, México 5, D.F.
Atlacomulco 499-501
Fracc. Industrial San Andrés Atoto,
Naucalpan de Juárez, Edo. de México, 53500
Telf.: (525) 576 90 44. Fax: Ventas (525) 576 08 15

CENTROAMERICA Y CARIBE
McGRAW-HILL EXPORT MEXICO
Apartado Postal 5-237, México 5, D.F.
Atlacomulco 499-501
Fracc. Industrial San Andrés Atoto,
Naucalpan de Juárez, Edo. de México, 53500
Telf.: (525) 576 90 44. Fax: Ventas (525) 576 08 15

Envíe la tarjeta por correo a la dirección apropiada

McGraw-Hill Le ofrece

- Administración
- Arquitectura
- Biología
- Contabilidad
- Derecho
- Economía
- Electricidad
- Electrónica
- Física
- Informática
- Ingeniería
- Marketing
- Matemáticas
- Psicología
- Química
- Serie McGraw-Hill de Divulgación Científica
- Serie McGraw-Hill de Electrotecnologías
- Serie McGraw-Hill de Management
- Sociología
- Textos Universitarios

Sí envíenme el catálogo de las novedades de McGRAW-HILL en

☐ Informática ☐ Economía/Empresa ☐ Ciencia/Tecnología

☐ Español ☐ Inglés

Nombre .... Titulación ....
Empresa .... Departamento ....
Dirección .... Código postal ....
Localidad .... País ....

¿Por qué elegí este libro?

☐ Renombre del autor
☐ Renombre McGraw-Hill
☐ Reseña en prensa
☐ Catálogo McGraw-Hill
☐ Buscando en librería
☐ Requerido como texto
☐ Precio
☐ Otros ....

Temas que quisiera ver tratados en futuros libros McGraw-Hill:
....
....
....
....

Este libro me ha parecido:

☐ Excelente ☐ Bueno ☐ Malo

Comentarios ....

Por favor, rellene esta tarjeta y envíela por correo a la dirección apropiada.

BRV